本书是国家社会科学基金项目"中国西部地区农村老年贫困问题研究"（项目批准号：12XRK005）的研究成果

农村老年贫困问题研究

中国西部地区

A STUDY ON THE
POVERTY OF THE AGED
IN THE RURAL AREAS
OF WESTERN CHINA

章晓英　著

经济管理出版社
ECONOMY & MANAGEMENT PUBLISHING HOUSE

图书在版编目（CIP）数据

中国西部地区农村老年贫困问题研究/章晓英著．—北京：经济管理出版社，2019.12
ISBN 978 - 7 - 5096 - 6957 - 0

Ⅰ.①中⋯ Ⅱ.①章⋯ Ⅲ.①农村—老年人—贫困问题—研究—西北地区②农村—老年人—贫困问题—研究—西南地区 Ⅳ.①F323.8

中国版本图书馆 CIP 数据核字（2019）第 301567 号

组稿编辑：李红贤
责任编辑：李红贤
责任印制：黄章平
责任校对：张晓燕

出版发行：经济管理出版社
　　　　　（北京市海淀区北蜂窝 8 号中雅大厦 A 座 11 层　100038）
网　　　址：www. E - mp. com. cn
电　　　话：（010）51915602
印　　　刷：三河市延风印装有限公司
经　　　销：新华书店
开　　　本：720mm×1000mm/16
印　　　张：14.75
字　　　数：240 千字
版　　　次：2019 年 12 月第 1 版　　2019 年 12 月第 1 次印刷
书　　　号：ISBN 978 - 7 - 5096 - 6957 - 0
定　　　价：78.00 元

前　言

关于贫困和如何反贫困的研究一直以来方兴未艾，也是各国政府长期关注的重点，各种研究和现实数据充分说明，贫困主要在农村。贫困率最高的是那些缺乏劳动能力的老年人口，尤其是农村老年人，老年贫困是国际化的普遍现象。我国的贫困当然也主要集中在农村，其中一半以上的农村贫困人口集中在西部地区，而贫困最严重的群体是老年人，也就是说，西部农村的老年人成为全国贫困率最高的一个群体。由于西部农村自然条件不好，经济相对落后，社会保障制度不够完善，老年贫困现象十分普遍，解决起来也有很大的难度。

本书旨在通过对我国西部 12 个省份农村老年人展开抽样调查和典型调查，同时对比从东部农村抽样调查得到的结果，充分了解西部农村老年人的收入、消费、健康、养老以及各种生活困难情况，估计西部农村老年人的贫困线和贫困率，分析贫困现状和特征、贫困的影响因素，详细研究贫困的成因，提出一系列解决西部农村老年贫困的对策。

本书的主要结论如下：

第一，根据 2013 年底到 2014 年初的调查资料，选用收入比例法（国际标准贫困线法）估计我国西部农村 60 岁及以上老年人的贫困线为 1722.4 元，贫困率为 29.97%，贫困人数总量在 1629 万人左右。

第二，从调查统计分析、假设检验和模型实证的结果可以看出，西部农村老年人口贫困与否，与性别、年龄、民族、文化程度、婚姻状况、子女数量、与子女的关系、子女经济状况、各种收入（劳动工作收入、财产性收入、转移性收入等）、身体健康状况、生活自理能力等诸多因素有显著关系。

第三，西部农村老年贫困的主要成因包括：由于区域经济发展比较落后，区域贫困造成家庭、个人贫困；国家区域政策的不平衡，社会保障制度的不完善，基层干部队伍建设存在一定问题；受贫困文化的影响，陋习严重，农村教育条件差，农民文化程度低；家庭规模和结构的变化、家庭养育中心由"养老"向"育小"的转移、子女经济条件较差、子女赡养老人的意识淡薄等；多数老年人由于个人储蓄不足，再加上身体差、自理能力不足、个人劳动能力差、个体素质不好等原因，个人收入不足或者完全没有，极易造成贫困。

第四，解决西部农村老年贫困的对策分别从政府、社会、家庭、个人四个方面来研究。①政府方面：首先需要加大对西部的政策倾斜力度，加快发展西部农村经济；加强对西部农村贫困地区、贫困家庭和个人的扶贫力度，增加农民收入；完善农村社会养老保险制度、农村社会医疗保险制度、农村社会救助制度，让农村贫困老年人老有所养、病有所医、遇到大病大灾可及时得到救助，不但要帮助他们脱贫，还要避免脱贫返贫的现象发生。②社会方面：发挥社会机构的筹资作用，通过多种渠道筹集资金，更好地解决社会保障方面资金短缺的问题；发挥民间组织（非政府组织）的作用，非政府组织在解决农村贫困问题方面有资金、管理和经验优势，是政府扶贫上的良好合作伙伴。③家庭方面：要充分发挥家庭养老功能，建立和谐的家庭代际关系，加强代际之间的交流与沟通，增强子女的赡养意识；家庭和全社会都要平等对待老年人，避免出现老年歧视；同时要加快西部农村社区建设。④个人方面：要解决西部农村老年贫困，老年人的个人能力很重要，老年人应该努力提高自身素质，多学习，积极参与力所能及的劳动，同时应该改变部分传统观念，避免不必要的贫困。

目　录

第1章 绪 论

1.1 本书的研究目的和意义

1.1.1 研究目的

通过对我国西部 12 个省份农村老年人的抽样调查和典型调查，充分了解西部农村老年人的收入、消费、健康、养老以及各种生活困难情况，估计西部农村老年人的贫困线和贫困率，分析贫困现状和特征、贫困的影响因素，详细分析贫困的成因，提出一系列解决西部农村老年贫困的对策，力求所提对策系统、全面、针对性强、可操作性强，能为政府制定西部农村老年扶贫政策提供参考。

1.1.2 研究意义

世界银行将贫困界定为"缺少达到最低生活水平的能力"，其主要表现是收入水平低，生活困难。国内外关于贫困和如何反贫困的研究一直以来方兴未艾，包括贫困线的确定、贫困率和贫困人口数量的估计、贫困的成因分析、扶贫政策的制定和实施等。各种研究和各种现实数据充分说明，贫困主要在农村，因此目前大量的研究都把重点放在农村贫困。随着经济的发展、社会的进步，各国各地区扶贫力度的一再加大，贫困线在提高，贫困率和贫困人口数量在下降。2011

年,我国开始实施《中国农村扶贫开发纲要(2011—2020 年)》,按照"两不愁,三保障"的扶贫开发工作目标,将国家农村扶贫标准提高到 2300 元(2010 年不变价),从此扶贫开发工作进入巩固温饱成果、加快脱贫致富的新阶段,贫困人口大幅度减少。21 世纪以来,我国农村贫困人口减少 4.1 亿,2015 年减少 1442 万人。按照 2010 年的标准,我国农村 2013 ~ 2015 年的贫困率分别为 8.5%、7.2% 和 5.7%,而西部各省份均超过 10%。不过要注意的是,扶贫开发的对象不是全部人口,而是年人均纯收入低于国家农村扶贫标准、具备劳动能力的16 ~ 60 岁的劳动力人口,因此,农村 60 岁及以上的贫困老年人口的生活状况并没有得到有效改善。

实际上,贫困率最高的就是那些缺乏劳动能力的老年人口。改革开放以来,随着我国社会经济的快速发展和各项扶贫政策的有效实施,我国在贫困治理方面已经卓有成效,贫困发生率大幅降低。但是,相对于其他群体,老年人群的贫困发生率下降不明显,某些地区可能还有恶化的趋势,尤其是农村老年人。从 21 世纪初中国进入老龄化社会以来,老年人口的总量和比重都在持续上升,成为世界上唯一一个老年人口总量超过 1 亿的国家(王瑜、汪三贵,2014)。据国家统计局统计,2015 年我国 65 岁及以上老年人就已经超过 1.4 亿,如果按 60 岁为界限计算该数字将更大,其中农村老年人口比重远超过城市。在农村人口老龄化程度迅速加深的同时,农村老年人的经济赡养、医疗保健、生活照料等又尚未得到有效保障,使农村老年贫困成为一个不容忽视的严重问题。虽然政府和社会各界已经给予老年贫困较多关注,但更多集中于城镇老年贫困,对处于更加弱势地位的农村老年人的贫困问题则关注较少,需要引起各界的高度重视。

老年贫困是国际化的普遍现象,是世界各国社会经济发展过程中不可避免的一种经济、社会和政治问题,它引起了国际社会的广泛关注。第二届世界老龄大会明确提出,国际行动的一个基本目标就是要"反老年贫困",最终目标是要消除老年贫困(罗遐、于立繁,2009)。由于我国很多农村尤其是经济相对落后的西部农村的老年人缺乏足够的经济收入来源,再加上农村社会保障体系的不完善,养老保障水平较低,农村老年人在经济上普遍处于弱势地位,很容易陷入贫困。

我国的贫困主要集中在农村，而一半以上的农村贫困人口集中在西部地区①，其中贫困最严重的群体是老年人，也就是说，西部农村的老年人成为全国贫困率最高的一个群体。随着我国人口老龄化的加剧，农村老年人口还将持续增加，如果不及时采取措施解决农村老年贫困问题，那么我国农村老年贫困现象将十分普遍，尤其是西部地区的农村。老年人尤其是农村老年人多数依靠家庭养老，因此老年贫困会影响家庭的和谐，而普遍的老年贫困现象会影响社会以及国家的和谐稳定，因此重视农村老年贫困问题，对农村减贫和促进社会和谐发展具有重要意义（曾学华，2016）。作为贫困人口比较集中的西部地区，农村老年贫困更是当前急需解决的现实问题。因此，本书专门研究西部农村的老年贫困，具有很强的现实意义。

理论意义：丰富和完善了农村老年贫困的研究资料、研究方法和研究内容。①本书的西部地区农村老年贫困抽样调查资料、有新意的研究方法可为其他学者研究提供参考。②关于国内外农村老年贫困研究成果的梳理，首次对西部农村老年贫困的全面、系统的研究，可作为其他学者及相关部门研究的基础和参考。

实践意义：为制定科学的缓解和消除农村老年贫困的政策提供参考。①本书可以帮助政府相关部门充分了解西部农村贫困老年人的生活现状、贫困成因、贫困老年人的各种诉求等，为国家及西部各省市区各级政府的扶贫决策提供丰富的决策依据。②本书提出的一系列解决西部农村老年贫困的对策，系统、全面、针对性强、可操作性强，具有很强的实践应用价值，能为国家及西部各省份制定西部农村老年扶贫政策提供参考，同时也能为解决其他地区、其他群体的贫困提供参考。

1.2 研究思路

本书研究的主要思路是：理论研究—调查分析—现状、特征和成因分析—对策研究（见图 1-1）。

---

① 国家统计局住户调查办公室. 中国农村贫困检测报告 2016［M］. 北京：中国统计出版社，2016.

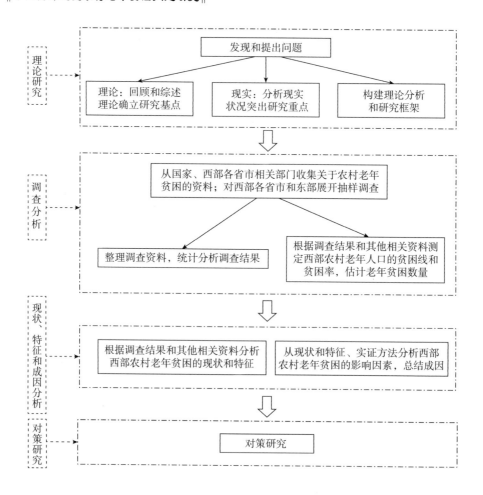

图 1-1　本书研究思路

1.3　主要研究方法

1.3.1　文献综述法

对现有的国内外相关研究成果进行全面系统的梳理、归纳、总结，确立本项目的研究方向、研究内容及研究重点。

1.3.2 实地调查

本书采用两种调查方式：抽样调查和典型调查。抽样调查的目的是了解西部农村老年贫困现状，估计老年贫困率和贫困人数，分析贫困成因，帮助寻求对策；典型调查的目的是获得贫困的典型个案，通过与贫困老年人的充分交流，全面了解贫困老年人的生活现状、贫困原因，进一步支撑研究结论。

抽样调查共做了三次：先做一次试调查，确认调查方案可行后再进行一次规模较大的正式调查，共收回问卷 1617 份，经过核查和回访，确定有效问卷 1575 份，有效率为 97.4%；为了让研究结果更有说服力，必须要有比较，因此又在东部做了一次抽样调查，收回有效问卷 200 份。

反复多次的调查，为本书提供了翔实的资料保证，也确保了研究资料的真实性、可靠性。

1.3.3 定性分析与定量分析相结合

本书除了常规的定性分析和统计分析外，还运用了数理统计的假设检验方法，检验西部农村老年贫困与哪些因素显著相关；进一步运用计量经济学分析方法，建立二元离散选择模型分析西部农村老年贫困影响因素。二者相互支撑，最终确定显著影响因素，为后面的成因、对策分析提供了有力的依据。

1.4 本书结构及主要内容

第1章，绪论。主要介绍了本书研究目的和意义、研究思路、主要研究方法、主要内容、可能的创新点和不足等。

第2章，相关理论和研究综述。这一部分首先介绍贫困和老年贫困的界定方法，包括老年的界定和本书所采用的老年定义，贫困的定义、类型与标准，老年贫困、农村老年贫困的界定与衡量等；其次介绍关于贫困形成和解决的主要理论基础；最后进一步对国内外关于农村老年贫困的研究进行综述。

第3章，西部农村老年贫困的调查统计分析。国内外研究贫困的成果很多，但研究老年贫困的很少，而本书主要研究西部农村老年人的贫困，目前还没有任何关于农村老年人收入的统计资料，因此必须要自己组织调查，以获得第一手资料，用来估计和分析西部农村老年人的贫困数量、贫困特征和贫困原因等。所以，这一部分主要介绍调查方案以及对调查结果进行统计分析。

第4章，西部农村老年贫困率和贫困数量的估计。参考国内外学者的研究，结合西部农村老年贫困的特点，采用主观感觉法、1天1美元的国际标准、平均低保标准、收入比例法（国际标准贫困线法）四种方法分别计算贫困线和贫困率。经过比较后采用了收入比例法（国际标准贫困线法）作为西部农村老年贫困的测量方法，并进一步与东部农村老年贫困进行了比较。

第5章，西部农村老年贫困的特征分析。这一部分的分析是以调查资料为依据，比较分析贫困与非贫困老年人的各方面差异，包括个人特征、家庭特征、收入特征、健康医疗特征、养老方式等。从中可以了解哪些特征与贫困有关，也就是说，可以基本了解贫困与哪些因素相关、贫困老年人的生活现状等。这里除了常规的统计分析方法外，还使用了数理统计的假设检验，对贫困影响因素的显著性进行初步判断，为后面的实证分析、贫困成因综合分析、对策分析提供了有力的现实依据和支撑。

第6章，西部农村老年贫困影响因素的实证分析。这一部分是前一部分的一个补充和深入，根据前面的分析，利用计量经济学模型对所有的影响因素进行实证检验，进一步确定它们的显著性。结果显示，前后两部分的结论是基本一致的。

第7章，西部农村老年贫困的成因分析。结合前面的研究分析和国内外学者的研究成果，全面总结、梳理西部农村老年贫困的成因，分为区域方面、政策制度方面、文化方面、家庭方面、个人方面，最后利用四个西部农村老年贫困的典型案例，进一步支撑贫困成因和贫困老年人的生活现状分析。

第8章，解决西部农村老年贫困的对策。解决贫困问题是一个长期的系统工程，必须要有从政府到个人的全社会参与，因此，本书是从政府方面、社会方面、家庭方面和个人方面分别展开详细的对策研究，所提供的对策全面、系统、紧密结合现实，有很强的可操作性。

1.5 可能的创新点和不足

1.5.1 可能的创新点

1.5.1.1 研究内容和研究视角的创新

目前国内对于贫困和农村贫困的研究比较多，对于老年贫困尤其是农村老年贫困的研究很少，西部农村老年贫困的研究就更为少见。本书通过深入西部农村进行抽样调查和典型调查，取得丰富的第一手资料，估计贫困线和贫困率，然后全面、系统地研究西部农村贫困老年人的现状特征、贫困成因，提出解决西部农村老年贫困的对策。本书的成果应该是目前研究西部农村老年贫困的最为全面、系统的一项实证性研究成果。

1.5.1.2 研究数据和方法的创新

关于农村老年人的收入，目前还缺乏比较权威的数据。因此，对于西部农村老年人的贫困调查，本书先有抽样调查，再有典型调查，在西部应该是首次。为了让研究结果更有说服力，又在东部做了一次抽样调查，用于与西部作比较。同一项研究对两个不同区域进行调查，这可能又是一个创新。

与子女住在一起的老年人，吃住随子女，有些收入也无法区分，导致不少老年人的收入过低或者过高，贫困的估计比较困难。因此，本书在计算贫困线、估计贫困率时，区分了是否与子女同住，并采用两种方法的结合；在分析特征和影响因素时，也区分了是否与子女同住，并在实证分析贫困影响因素时，共构建了三个模型：全部数据、与子女同住、不与子女同住，然后进行三个模型的异同比较分析，因为是否与子女同住对其贫困影响有差异。其他很多学者虽然也意识到了与子女同住可能产生的问题，但还没有发现有学者把是否与子女同住分开研究，因此，这也是本书的又一创新之处。

1.5.2 存在的不足

首先，由于本书针对的是西部地区农村老年贫困问题，老年人的收入资料需要自己组织调查，而且又涉及 12 个省份，所以工作量很大。本书在西部、东部进行了多次抽样调查、典型调查，因而前后持续时间较长。随着经济的发展、社会的进步，我国扶贫力度的加大，西部农村居民的生活水平逐步提高。因此，西部农村老年人的贫困程度可能已经有所改善，本书测量的贫困线、贫困率等数据跟现在可能有一定差别，但是总体规律和特征是不变的，存在的问题、可采取的对策等是紧密结合实际变化的。

其次，由于研究工作量大，本书对调查资料的信息挖掘还不是十分充分，分析还可以进一步深入，这将在后续研究中进行弥补。

第 2 章　相关理论和研究综述

2.1　贫困与老年贫困的界定

2.1.1　老年的界定

要研究老年贫困，首先要对老年进行界定，世界各国的学者和各个不同组织对于老年的定义有各自不同的标准。瑞典人口学家桑德巴（Sundbarg）早在 1900 年就提出以 50 岁作为界限来划定老年人，他是最早界定老年人年龄的学者，后来很多国家规定以 50 岁或 55 岁作为老年人的临界点。1956 年，联合国在《人口老龄化及其社会经济后果》一书中，将老年年龄的下限确定为 65 岁（UN，1956）。考虑到发达国家和发展中国家之间年龄结构的差异，联合国于 1982 年在维也纳召开的"世界老龄问题大会"上将下限重定为 60 岁。20 世纪 90 年代，世界卫生组织（WHO）又对人口的年龄阶段提出了新的划分标准：44 岁及以下的人群称为青年人，45 ~ 59 岁的人群称为中年人，60 岁为老年人的起点。老年人口又按其年龄的高低被分为三个层次：低龄老人、中龄老人和高龄老人。低龄老人是指年龄在 60 ~ 69 岁的老年人，中龄老人是指年龄在 70 ~ 79 岁的老年人，高龄老人是指年龄在 80 岁及以上的老年人。

本书的老年人是指年龄在 60 岁及以上的老年人群，基本沿用联合国的定义，而且60岁是男性法定退休年龄，是开始领取养老金的年龄。随着经济的发展、社会的进步，人民的生活水平越来越高，平均寿命显著提高，学术界普遍认为以60岁作为老年的起点似乎有点年轻，很多领域的研究和数据统计都以65岁作为老年的起点了，统计年鉴也是如此。但是由于本书研究的是西部农村的老年人，经济条件较差、相对比较贫困，衰老相对较快。而且，年龄越大，接受调查的能力越差。因此，为了确保调查的顺利完成、扩大调查对象的范围，本书以60岁为老年人的起点。

2.1.2 贫困的定义与标准

2.1.2.1 贫困的定义

人类认识贫困以及与贫困作斗争的历史由来已久，2000多年前，中国古代对"贫穷"和"贫困"已有解释。春秋末年左丘明在《左传·昭公十四年》中写道："大体贫穷相类，细言穷困于贫，贫者家少财货，穷谓全无家业。"这可以说是我国古代最早的关于贫困的论述。战国时期思想家庄周认为"无财谓之贫"，荀况认为"多有之者富，少有之者为贫，至无有者为穷"（赵曦，2009）。从贫困概念的发展历程来看，随着人们对贫困问题认识的加深，其内涵也在不断扩大。世界银行（1991）在《1990年世界发展报告》中将贫困界定为"缺少达到最低生活水平的能力"。国家统计局在研究贫困的几个课题中都将贫困界定为"物质生活困难，即一个人或一个家庭的生活水平达不到一种社会可接受的最低标准。他们缺乏必要的生产资料和服务，生活处于困难的境地"。乔晓春等（2005）认为，贫困是指勉强度日、缺乏再生产和抵抗风险能力的人，可以从收入水平低、缺乏可持续发展的能力、与整个社会发展不协调三个层次来定义，但是收入水平低、生活困难决定着后两个层次，它是贫困的根源。

随着研究的深入，贫困的定义开始扩大到包括生活指标在内的其他方面，如健康、寿命、读写能力等（吕文婧，2003；童星、林闽钢，1994；张莉莉，2006）。其实早在20世纪50年代，蒂特马斯、斯密斯、汤森等学者已经对贫困的理解进行了扩展：贫困不再是基于最低的生活需求，而是基于社会的比较，即相对贫困（王飞跃，2012）。世界银行于2001年重新定义了贫困，新的贫困定义包括以下三个特征：一是缺少参与经济活动的机会，二是没有话语权，三是缺乏保障。阿玛蒂亚·森（2001）指出，贫困主要表现为文化程度低、技能不足、缺乏社会保障、心理压力大、身体健康差等。

本书从物质需求出发，将贫困定义为：收入水平低，生活困难，难以达到最低的生活需求。

2.1.2.2 贫困的类型

贫困是一个多维概念，根据不同的标准，贫困有不同的类型。

（1）区域贫困和个体贫困。按照涉及的主体，贫困可分为区域贫困和个体贫困（郭熙保，2005），本书研究的是个体贫困。当然，区域贫困会影响个体贫困，因此本书有些地方也要分析区域贫困。

（2）经济贫困和社会贫困。按照表现形式，贫困可分为经济贫困和社会贫困。经济贫困是指个体的生活水平低于社会公认的"最低"或"最起码"的生活标准；社会贫困是指由于"物质和服务"的缺乏而引起的经济、社会、文化、身体和精神等各方面的"落后"或"困难"（Amartya，1999）。目前学术界和政府部门对贫困的认识和研究主要局限于经济贫困，对社会贫困的认识和研究十分不足。造成该现象的主要原因之一是不知如何界定社会贫困（杨菊华，2010），迄今为止，学术界对"何谓社会贫困"并无统一认识。因此，本书研究的是经济贫困，以收入高低作为界定贫困的依据。

（3）绝对贫困和相对贫困。按贫困的程度，可把贫困分为绝对贫困和相对贫困（主要指经济贫困）。绝对贫困是指缺少基本生活保障，依靠个人能力不能满足衣、食、住、行的基本需求；相对贫困是指相对于社会平均生活水平而言，一般按收入低于社会平均收入的一定百分比来衡量，指处于社会最底层的生活状态（乔晓春等，2005）。陈宗胜等（2013）在文章中是这样描述的：学者倾向于将贫困划分为绝对贫困（生计贫困和基本需求）和相对贫困（相对剥夺）。生计贫困概念始于20世纪初期，是指家庭总收入不足以维持家庭成员所需的最低生活必需品数量的状态，包括食品、衣服、住房等。到了20世纪中期，考虑到贫困者的社会需求，产生了基本需求概念。认识到贫困不仅仅意味着吃不饱、穿不暖，还意味着遭受相对排斥和相对剥夺，由此提出了相对贫困理论，根据该理论，那些在物质和生活条件上相对于他人匮乏的状态即为相对贫困。老人的绝对经济贫困影响他们的生活质量、健康水平、心理满意度等各个方面，绝对经济贫困是其他类型贫困之源。因此，在探讨老年贫困问题时，首先需要关注绝对经济贫困（杨菊华、陈志光，2010）。本书主要关注绝对贫困。

（4）暂时贫困和长期贫困。洪兴建等（2013）又提出了暂时贫困和长期贫困的概念。暂时贫困是指一个人在一生中的某个阶段由于生病、失业、自然灾害、家庭变故或其他因素等暂时处于贫困线以下的贫困；长期贫困是指一个人的一生或大部分时间都处于贫困线以下，其不利影响要远远大于暂时贫困。本书研究的贫困主要是长期贫困，但也会适当研究暂时贫困。

另外，也有人提出健康贫困、心理贫困以及精神贫困等（王翠琴，2016）。

综上所述，本书研究的贫困主要是西部农村老年人个体的绝对经济贫困。

2.1.2.3 贫困的标准

在贫困研究中，使用不同的贫困标准线会极大地影响到贫困的水平、结构和趋势（Brady，2003，2004；Smeeding 等，2001）。很多学者提出了关于贫困线的划定需要遵循的原则：能够与不同国家和地区的实际情况相结合（乔晓春等，2005）；计算方法既要有科学性又要有可操作性（Citro and Michael，1995）。具体衡量标准包括国际标准贫困线法、恩格尔系数法、市场菜篮子法、马丁法（Martin，1998）、数学模型法、最低生活保障线（适合于城市）和社会指标法等。不发达国家还广泛采用世界银行的"1 天 1 美元"的国际标准（极端贫困标准）。2008 年，世行将标准提高到 1.25 美元。另外，世界银行还制定了一个相对贫困标准，即"1 天 2 美元"。

特别要强调的是，国际贫困标准根据物价水平有所调整。以极端贫困标准为例，1990 年为 1.01 美元，1993 年为 1.08 美元，2005 年为 1.25 美元，按 2011年价格为 1.9 美元。2008 年开始，世界银行发布了按 2005 年价格计算的"1 天 2美元"标准，如用 2011 年价格则为"1 天 3.1 美元"。但无论如何，目前对于贫困标准的设定并不完美，还在不断的探索完善中。有学者建议，贫困临界值应该根据物价指数的改变而改变，或者应该用消费水平来定义和测量贫困（Carr，2004）。

2000 年以来，在我国的扶贫实践中，我国政府采用的农村贫困标准有两条，一条被称为绝对贫困标准，另一条被称为低收入标准。很多学者称前一条标准为生存标准或极端贫困标准，后一条标准为"温饱标准"。2007 年以前，我国政府一直采用绝对贫困标准作为扶贫工作标准，用于确定扶贫对象、分配中央扶贫资金。2008 年，根据党的十七大关于"逐步提高扶贫标准"的精神，我国正式采用低收入标准作为扶贫工作标准[①]。2011 年召开的中央扶贫开发工作会议宣布，把农民人均收入 2300 元（2010 年不变价）作为新的国家扶贫标准，这个标准比 2009 年提高了 92%。该标准同时满足两个假设：一是标准中的食品支出不仅要让人吃饱，而且要适当吃好，从营养上讲，不仅可满足维持生存的基本需要，还应该与小康社会相适应，可以满足健康基本需要；二是恩格尔系数，如果按照食品支出比重为 60% 的贫困标准，应该保障一定数量的非食品支出（王萍萍等，2015）。这个新标准相当于"1 天 1 美元"的国际标准，各地又根据当地实际先后明确了地方扶贫标准，允许高于国家扶贫标准[②]。

不过要注意的是，扶贫办的扶贫对象不是全部人口，而是部分 16～60 岁的劳动力人口，其扶贫标准不是贫困线，但可以作为参考。

按照世界银行方法换算，用 2005 年 PPP 指数将美元标准换算成人民币标准，同时考虑中国城乡差异，然后用我国居民生活消费价格指数进行年度更新，那么我国现行农村贫困标准约等于每天 1.6 美元。因此，从数值上看，我国现行贫困标准高于每天 1.25 美元的极端贫困标准，低于每天 2 美元的相对贫困标准。如果考虑到我国的"三保障"，即保障义务教育、基本医疗和住房的情况，中国农村现行贫困标准代表了"不愁吃、不愁穿"的稳定温饱生活水平。这与世界银行每天 2 美元的国际贫困标准所代表的生活水平是基本一致的（王萍萍等，2015）。

2.1.3 老年贫困的界定与衡量

衡量特定年龄段人群的贫困状况，需要明确对贫困人口的界定。老年贫困是指年龄在 60 岁或者 65 岁及其以上的老年人的贫困问题。关于贫困的定义和类型前面已经介绍，这里不再赘述。与其他人群相比，老年贫困有其自己的特点。由于年龄大、身体素质差、精神状态不好等原因，老年人一般容易与快速变化和发

[①] 国家统计局住户调查办公室. 中国农村贫困检测报告 2011 [M]. 北京：中国统计出版社，2011.
[②] 国务院扶贫开发领导小组办公室. http://www.cpad.gov.cn/.

展的现代社会脱节，适应能力和调整能力都相对较弱，极易陷入贫困（罗遐、于立繁，2009）。

对老年贫困的定义有从收入和消费两个角度的观点。老年人作为一个特殊群体，其收入的定义不仅应该包括劳动收入、退休金等，也应该包括政府的各种社会救助金、老年人的子女和亲属提供的经济支持等。然而，老年人的收入很难统计，容易被低估，尤其是对于与子女同住、家庭收入共享的老年人（王德文、张恺悌，2005）。若用消费支出定义贫困，则需要同时考虑中国的国情和地区差异（杨菊华，2011），由于中国老年人有勤俭持家的传统，多数老年人在生活开支方面特别节约（乔晓春等，2005），从他们的消费支出水平上可能看不出贫困与否。鉴于此，对于中国的老年人来说，单纯用消费数据来界定贫困、估计贫困数量就会有一定的问题（王德文、张恺悌，2005）。在本书的研究中，是从收入的角度来衡量贫困的。

对老年贫困的测量，目前常用的方法有：①贫困线法（王宁、庄亚儿，2004；乔晓春等，2005）。乔晓春等又把贫困线具体分为相对贫困线（老年人月均可支配收入乘以0.5）、绝对贫困线（最低生活保障标准，农村采用将城市最低保障标准乘以0.3的办法）和消费贫困。杨立雄（2011）用最低生活保障线和"1天2美元"标准估计城市老年贫困人数，用农村贫困线法和"1天1美元"标准估计农村老年贫困人数。②恩格尔系数法（王宁、庄亚儿，2004）。与一般贫困的测量定义相同。③主观感觉法、主观评价法（王宁、庄亚儿，2004；王德文、张恺悌，2005）。它是以调查中各年龄组的人口对自己家庭所处的经济状况自我评价中感觉到"贫困"和"十分贫困"的比例作为划分贫困与否的标准。④收入比例法（国际标准贫困线法）。该方法是1976年由经济合作与发展组织提出，以中位收入或平均收入的50%～60%作为贫困线，它也是贫困线法的一种。另外还有市场菜篮子法（必需品法）、马丁法〔由美国的贫困专家马丁提出，分为高低两条贫困线（Martin，1998）〕、数学模型法等。

2.1.4　农村老年贫困的测量标准

关于农村老年贫困的测量，除了前面的方法，还有学者采用了以下方法：一是根据国家统计局计算的农村贫困线：1985年为206元，之后根据物价指数变动

逐年调整（杨立雄，2011）；二是乔晓春等（2005）曾用城市最低保障标准作为城市老年绝对贫困的界定标准，而农村采用将城市最低保障标准乘以 0.3 的办法。2008 年底，我国全面建立了农村最低生活保障制度，因此也可以用农村最低保障标准作为农村老年人的贫困线。

2.1.5 西部农村老年贫困的测量标准

虽然西部农村经济相对落后，贫困率也相对较高，但关于农村老年贫困的测量方法是基本一致的，前面谈到的关于老年贫困的测量方法都可以选择使用。本书在选择西部农村老年贫困的测量方法时遵循了以下原则：一是注意不同区域、不同群体之间的差异。相对于城市和其他区域农村，西部农村生活成本相对较低，而对于西部农村的老年群体，他们维持最低生活的标准远低于其他群体。二是计算方法既要有科学性和可操作性，还要结合实际（乔晓春等，2005）。三是由于我们国家自 2011 年起已经把农民人均收入 2300 元（2010 年不变价）作为国家新的扶贫标准，不再采用绝对贫困标准和低收入标准来测量农村贫困，所以本书也放弃使用这两个标准。四是由于我国的老年人有勤俭持家的传统，多数老年人倾向于低消费，而且由于消费支出范围广，比收入更不易统计，所以本书不使用消费支出来估计老年贫困。恩格尔系数法、市场菜篮子法、马丁法等也涉及消费支出，所以也未被使用。

本书拟采用以下四种方法来测量西部农村的老年贫困：一是主观感觉法、主观评价法。二是"1 天 1 美元"标准或者我国 2300 元的扶贫标准：按照 2014 年的人民币对美元的汇率，"1 天 1 美元"相当于 2300 元。这里有两个问题需要说明：首先，关于美元与人民币的换算，一种观点认为应该考虑购买力平价指数（PPP），根据表 2 - 1 可以推算，2014 年的 2300 元相当于每天 1.307 美元，1 天 1 美元相当于人民币每年 1760 元；但另一种观点认为，由于 PPP 的更新不定期，用 PPP 换算有局限、不够准确，建议不使用（王萍萍等，2015）。其次，2300 元是 2010 年的标准，应该按物价调整，则按国家住户调查数据测算，2014 年相当于 2800 元，但由于西部农村老年人的低收入低消费特征，2300 元可能已经偏高，所以具体用哪个数字要根据调查结果。三是西部农村老年人的最低生活保障标准。四是收入比例法（国际标准贫困线法）。

第 4 章将根据西部农村老年人的收入调查数据逐一计算，对比不同方法的计算结果再进一步选择最合适的测量方法。

2.2 贫困形成和解决的理论基础

贫困研究由来已久，但真正将贫困问题作为主题展开系统研究始于第二次世界大战后的发展经济学研究，以发展中国家的经济发展为主要研究对象，而发展中国家经济发展的本质就是消除贫困（赵曦，2009）。下面介绍学术界几种主要的观点和理论[①]。

2.2.1 "贫困恶性循环"理论

该理论是由美国哥伦比亚大学教授拉格纳·纳克斯于 1953 年首先提出的，可以说是经济学家解释发展中国家贫困问题的最早尝试之一。他在《发展中国家的资本形成》一书中系统地研究了发展中国家的贫困问题，探讨贫困形成的根源和摆脱贫困的途径。纳克斯认为，发展中国家在经济运行过程中存在若干恶性循环系列，导致发展中国家长期存在贫困。其中最为严重的是"贫困恶性循环"，而资本形成不充分是产生"贫困恶性循环"的关键。他从资本的供给和需求两方面阐述恶性循环的过程。从供给方面，低收入导致低储蓄水平和资本形成不足，从而影响生产规模和效率，进而形成低产出、低收入，周而复始形成恶性循环；从需求方面，低收入意味着生活水平低下，造成购买力有限，投资和资本形成不足，从而影响生产规模和效率，形成低产出、低收入，周而复始又形成恶性循环。

纳克斯认为，发展中国家摆脱贫困的途径是要打破"贫困恶性循环"，大幅度增加储蓄和投资，加速资本形成，拉动经济增长。

---

① 这里的理论主要参考赵曦（2009）、李瑞华（2014）、闫坤（2016）等的著作。

2.2.2 "低水平均衡陷阱"理论

1956 年,美国经济学家纳尔逊发表了《发展中国家的一种低水平均衡陷阱理论》,提出"低水平均衡陷阱"理论。该理论指出,如果人均收入增长低于理论值,国民收入的增长就会被人口增长抵消,使人均收入退回到维持生存的水平,且保持不变;当人均收入增长高于理论值、国民收入增长超过人口增长时,人均收入就会增加,直到国民收入增长下降到人口增长之下,两者达到一个新的均衡。纳尔逊认为,发展中国家的经济一般都是呈现为人均收入处于维持生命或接近于维持生命的低水平均衡状态,即"低水平均衡陷阱"理论,在这个"陷阱"中,任何超过最低水平的人均国民收入的增长都将会被人口增长抵消。如果其他条件不变,这种"低水平均衡"是稳定的。

"低水平均衡陷阱"理论指出了资本形成不足、人口增长过快是发展中国家经济发展的障碍,只有进行大规模的资本投资,让投资和产出的增长超过人口增长,才有可能冲出这个"陷阱",摆脱贫困。

2.2.3 "循环积累因果关系"理论

瑞典经济学家冈纳·缪尔达尔是著名的贫困问题研究专家,他的著作《富国和穷国》(1957 年出版)和《亚洲的戏剧:对一些国家的贫困问题研究》(1968年出版)中重点研究了一些发展中国家的经济贫困、制度落后等问题。在分析发展中国家贫困原因时,缪尔达尔提出了"循环积累因果关系"理论。该理论认为,经济的发展是一个动态的各种因素互相影响、互为因果、循环积累的过程。在发展中国家,由于收入很低,导致生活水平低、身体健康状况差、教育水平低,从而使人口质量下降、劳动力素质低下、生产效率不高,进而引起产出下降,低产出又进一步导致低收入,低收入又进一步加深经济贫困,使发展中国家总是陷入低收入与贫困的积累性循环困境中。缪尔达尔认为,发展中国家贫困的主要原因是收入低下,而造成收入低下的重要原因是资本形成不足和不公平的收入分配制度。

因此,缪尔达尔主张通过改革不平等的社会权力分配、土地分配制度、教育体系等,逐步实现收入平等,拉动穷人消费,刺激投资、储蓄,增加资本形成。

同时，应该制定政策缩小地区经济差距，消除二元经济结构。

2.2.4 "权利贫困"理论

印度的经济学家阿玛蒂亚·森从发展中国家的视角研究绝对贫困问题。森认为，绝对贫困的存在是由于缺乏基本交换权利，而每个人在社会经济等级结构中的地位和所使用的生产方式影响其基本权利的获得，不过，政府提供的各种社会保障有助于基本交换权利的获得和提升。森提出，贫困不能简单地等同于低收入，更重要的是个人能力的欠缺。增加收入可以帮助获得个人能力，同时，个人能力的提高更有助于获得较高的收入。

因此，森认为，贫困者摆脱贫困的主要手段是提高自己的个人能力，也就是说解决贫困主要靠自身。但个人能力的提高肯定与良好的教育、健康的身体有关。

2.3 农村老年贫困研究综述

2.3.1 我国农村老年贫困现状

2.3.1.1 贫困规模的估计

世界银行用每天 1.25 美元的国际标准测算中国的贫困人口：首先用购买力平价指数（PPP）确定 2005 年（2005 年 PPP 为 1 美元 = 4.09 元）每天 1.25 美元共计约相当于人民币每年 1865 元。由于 PPP 调查只在中国城镇开展，因此世界银行用每年 1865 元测算中国城镇贫困状况；其次将城镇标准下调 27%，使用每年 1362 元用于测算中国农村极端贫困状况。测得中国 2005 年生活在每天 1.25 美元极端标准以下的贫困人口为 20560 万人，比重为 15.8%。2005 年以后根据居民消费价格指数再进行更新（王萍萍等，2015）。

国家统计局对世界银行网站 2014 年的数据进行整理得出：2011 年生活在每天 1.25 美元的极端贫困标准以下的中国贫困人口规模是 8410 万人，贫困人口比重是 6.3%。

表 2 - 1 世界银行换算的以人民币表示的国际贫困标准 （每天 1.25 美元）

单位：元/年·人

年份	2005	2010	2014
城镇	1865	2460	3000
农村	1362	1800	2200

注：2010 年和 2014 年为国家统计局推算数。

关于我国农村的贫困数量，国家统计局以绝对贫困标准和低收入标准分别测量，测得我国农村贫困人口数量如表 2 - 2 所示。

表 2 - 2 2000 ~ 2010 年我国农村贫困人口规模及贫困发生率

年份	按低收入标准测量			按绝对贫困标准测量		
	标准 （元/人）	规模 （万人）	发生率 （%）	标准 （元/人）	规模 （万人）	发生率 （%）
2000	865	9422	10.2	625	3209	3.5
2001	872	9029	9.8	630	2927	3.2
2002	869	8645	9.2	627	2820	3
2003	882	8517	9.1	637	2900	3.1
2004	924	7587	8.1	668	2610	2.8
2005	944	6432	6.8	683	2365	2.5
2006	958	5698	6	693	2148	2.3
2007	1067	4320	4.6	785	1479	1.6
2008	1196	4007	4.2	895	1004	1.0
2009	1196	3597	3.8	—	—	—
2010	1274	2688	2.8			

资料来源：《2011 中国农村贫困检测报告》。

2011 年，我国开始实施《中国农村扶贫开发纲要（2011—2020 年）》，将国家农村扶贫标准提高到 2300 元（2010 年不变价）。因此，按 2010 年标准，2015 年我国农村贫困人口为 5575 万人，比上年减少 1442 万人，贫困发生率由上年的 7.2% 下降到 5.7%。我国 2010 ~ 2015 年分地区农村贫困人口如表 2 - 3 所示，西部的农村贫困率一直高居榜首。

表 2 - 3   2010 ~ 2015 年分地区农村贫困人口

地区	农村贫困人口规模（万人）			农村贫困发生率（%）		
	东部	中部	西部	东部	中部	西部
2010	2587	5551	8429	7.4	17.2	29.2
2011	1655	4238	6345	4.7	13.1	21.9
2012	1367	3446	5086	3.9	10.6	17.5
2013	1171	2869	4209	3.3	8.8	14.5
2014	956	2461	3600	2.7	7.5	12.4
2015	653	2007	2914	1.8	6.2	10

资料来源：《2016 中国农村贫困检测报告》。

　　无论是城市贫困还是农村贫困，各国、各地的贫困基本是以老年贫困尤其是农村老年贫困最为严重。2010 年经济合作与发展组织（OECD）国家 65 岁以上老年人口的贫困率平均为 12.8%，其中一些 OECD 国家的老年贫困率非常高：墨西哥为 28%，澳大利亚为 36%，韩国为 47%（柳如眉等，2016）。据美国社会保障局介绍，在 21 世纪初，美国的老年贫困率是 11% 左右，而如果没有社会保障制度，将有 50% 的老年人生活在贫困线以下。如果根据国际粮农组织标准（恩格尔系数超过 60% 为贫困），我国 60 岁以上城市老年人口的贫困率为 27.8%，农村则高达 41.6%（穆治锟，2004）。

　　全国老龄工作委员会办公室"全国城乡贫困老年人状况调查研究课题组"测算结果表明：2002 年，城镇贫困老年人有 150 万，农村贫困老年人 860 万。于学军（2003）利用中国老龄工作委员会和中国老龄协会对城乡老年人口状况进行的一次性抽样调查数据（2000 年），分别按照恩格尔系数法、老年人基本生活标准和主观感觉法测算老年贫困数量，虽然不同的测算方法结果有所差别：城市贫困人数最低为 931.5 万人（主观感觉法）、最高为 1327.5 万人（恩格尔系数法），农村贫困人数最低为 2337 万人（恩格尔系数法）、最高为 3353.8 万人（主观感觉法），但总的来看，全国老年贫困发生率为 28% ~ 35%，其中城市为 21% ~ 30%，农村为 27% ~ 39%。王德文等（2005）利用相同的资料，改进测算方法，把贫困发生率进行加权调整，重新测算的结果比于学军低了很多：全国老年贫困人口数量为 921 万 ~ 1168 万，贫困发生率为 7.1% ~ 9.0%，其中城市贫困发生率为 4.2% ~ 5.5%，农村贫困发生率为 8.6% ~ 10.8%（数量为 736 万 ~ 922 万）。乔晓春等（2005）也使用相同的资料利用贫困线法测得全国贫困老年人口总量为 2274.8 万人，其中农村老年贫困人口为 1608.7 万人。乔晓春和王德文都认为自己的测算结果比较可信。王宁等（2004）于 2002 年在对黑龙江、甘肃、四川和湖北四省的 11618 个农村家庭户调查中得出，用自我感觉法测算的贫困率为 20.4%，用收入贫困法测算的贫困率为 34.9%，用恩格尔系数法测算的贫困率为 50.8%。朱庆芳（2005）通过对国家统计局公布的 2003 年对农村 6 万多住户的调查数据重新测算后发现，老年贫困率为 13% ~ 17%。杨立雄（2011）用农村贫困线法和"1 天 1 美元"标准估计农村老年贫困人数，虽然因采用不同标准，得到的农村老年贫困人口数量存在一定差距，但都超过了 1400 万，用最低生活保障线和"1 天 2 美元"标准估计城市老年贫困人数得到的数据约为 300 万人。

总结上述关于贫困规模的研究成果可知，由于调查资料的误差、估计方法的不同，无论是贫困率还是贫困人口总数，不同学者、不同部门的估计结果有较大差异。即使是使用同样的调查资料，结果也各不相同，没有绝对的标准答案。所以，本书是根据课题组自己的调查资料计算的贫困线和贫困率，得出的结论也许有误差，但是经多方调研和验证，是基本符合实际的。

2.3.1.2 中国农村老年贫困的特点

目前，农村贫困的新特点主要表现为：绝对贫困减少，相对贫困突出；长期贫困减少，暂时贫困突出；贫困家庭脱贫后返贫问题突出（刘颖，2013）。

与青壮年群体的贫困不同，老年贫困的主要根源在于：部分老年人已经脱离生产部门，没有参与劳动和工作，主要依靠社会保障体系支持。仅仅依靠政府的转移支付，在发达国家目前尚有可能维持体面的生活，但在发展中国家，尤其是在农村，能够勉强生存都很难，根本不可能过上体面的生活（陈友华等，2015）。

老年群体是很复杂的，其内部高度分化，甚至高于社会整体的分化程度（李若建，2000）。调查资料显示，我国农村老年人口的基尼系数在 2000 年已达 0.48，高于全国平均水平（朱庆芳，2005）。老年贫困存在年龄差异，老年人群贫困的比例随着年龄的提高而增加，高龄老人比低龄老人更容易遭遇贫困（李若建，2000；乔晓春等，2006）；老年贫困存在性别差异，许多理论和研究表明，在老年贫困人群中，妇女的状况更差（李若建，2000；乔晓春等，2006；王琳，2006），不过根据《2016 中国农村贫困检测报告》，我国农村女性群体的贫困发生率与男性群体的贫困发生率差异不明显；老年贫困存在婚姻差异，丧偶老人遭遇贫困的风险高于再婚老人（李若建，2000；乔晓春等，2006）；老年贫困还与受教育程度有关，贫困的老年人，多数是那些文化程度低或者没有受过多少教育的人（乔晓春等，2006），农村老年人受教育程度更低，所以贫困率会更高。

农村老年人一旦陷入贫困，他们的生活会有很多共同点：收入严重低下，物质生活难以维持基本生活；居住条件差；自理能力差，健康状况令人堪忧；遭歧视、排斥、虐待现象时有发生，合法权益得不到保障；精神文化生活低值化，活动内容单一，心理问题突出，主要表现为抑郁、孤独、焦虑等心理问题（严佩升，2014；王飞跃，2012）。

2.3.2 农村老年贫困成因

农村老年贫困是一个历时已久的问题，要解决这一问题，对原因的分析是必不可少的，很多学者从不同角度做出了分析。例如，罗遐在《我国农村老年贫困原因分析与对策思考》中把农村老年贫困的成因分为结构、文化和老年人自己三类。综述各种文献，把农村老年贫困的成因分为以下几方面：

2.3.2.1 区域方面

农村贫困是中国农村老年人口贫困的根源，我国自新中国成立以来长期实行重城市轻乡村、重工业轻农业的城市化与工业化发展战略，导致我国农村经济发展后劲严重不足，农民增收缓慢，生活水平难以提高（周忠等，2009）。农村生态环境脆弱是导致我国农村贫困的一个重要因素，这从我国农村贫困的分布情况可以看出（汪晓文，2012）。罗遐认为，许多农村贫困老人生活在交通不便、土地贫瘠、严重缺水的地区，资源匮乏导致的地区性贫困使老年人最终无力脱贫。即使农村资源并不缺乏，但由于人力资本的开发以及公共资源的投入严重不足，结果导致"富饶的贫困"（罗遐等，2009）。我国西部很多地区恶劣的自然环境对农作物自然生长极为不利，再加上政府对西部经济建设及公共事业投入不足，导致西部地区经济发展和社会发展相对比较缓慢，西部农村贫困规模成为全国之首（张映芹等，2015）。

2.3.2.2 政策制度方面

我国社会保障制度不健全，保障水平低，是老年人口致贫的原因之一，认为社会保障对于减缓老年人口贫困至关重要（王宁等，2004；杨菊华等，2010）。部分农村居民由于缺少养老保险、农村最低生活保障和医疗保障等，年老时不能获得稳定的收入来源（孙文中，2011）。即使有养老金，但由于微薄的养老金收入根本不足以维持基本生活，老年人不得不从事繁重的体力劳动来获取一些收入。但随着年龄的增长，老年人劳动能力逐渐丧失，导致收入来源不稳定，难以维持基本的物质生活（陈友华等，2015）。朱玲（2011）认为，制度设计不合理、创新性不够造成了中国农村的贫困问题。

2.3.2.3 社会文化方面

有学者认为，贫穷落后跟文化价值观、信念、生活方式等有关系。人类学家刘易斯首先提出"贫困文化"的概念，它的意思是在既定的历史和社会的脉络中，穷人共享着一种有别于主流文化的生活方式。由于贫困文化的影响，有相当一部分的穷人心甘情愿地生活在自己相对落后的文化圈中（周怡，2004）。一些偏远农村地区的老人思维传统，遵循祖祖辈辈都不出远门的规矩，不让子女外出，这种落后的社会文化不仅造成了老人自己的贫困，也使贫困具有了世代的延续性（罗遐等，2009）。孙文中（2011）指出，农村孝道文化的衰落、传统"养儿防老"观念的固化是农村老年贫困的次生性因素。张立东（2013）研究发现，中国农村存在非常显著的贫困代际传递现象。

2.3.2.4 家庭结构和规模方面

从家庭层面讲，家庭结构的变化对亲子之间的代际支持有很大影响（Stecklov，1999），这里的家庭结构包括家中老年人口比例、子女结构、家庭形式和居住安排等。由于社会保障功能强，发达国家的家庭在照料老人方面的核心作用不断减弱，但在发展中国家，由于社会保障水平不够，家庭仍是老年人养老的最重要经济来源（杨菊华、陈志光，2010）。与以前子女分担养老任务的情况相比，目前的农村养老负担加重：一方面是子女数量的减少，单个的子女在经济、时间和精力上需要投入更多，而且要同时照顾夫妻双方的老人（道吉曼、王沙，

2011）；另一方面，由于受"轻老重幼"的代际关系的影响，家庭物质资源在代际间的分配严重不公，老年人经常处于被忽视、被排斥的地位（道吉曼、王沙，2011；孙文中，2011）。如此一来，在本来就收入微薄的农村家庭中，老人的经济来源就更少了。

家庭规模也是影响老年人口获得经济支持的重要因素。一般来讲，成年子女数量较多有利于改善老年人的经济状况。但也有学者认为，小家庭的子女可能可以获得更多的学习机会，可以拥有更高的文化程度和更好的工作机会，从而能增强他们赡养父母的能力，故没有确切的证据证明家庭规模的缩小会影响老年人的福利（杨菊华、陈志光，2010）。有 2 个以上子女的老年人从子女那里获得的经济支持，与只有 1 个或 2 个子女的老年人没有实质性的差别，但独生子女家庭的老年人面临更大的子女赡养风险，其出现"空巢家庭"的概率要远远大于非计划生育老年人（杨菊华等，2010）。

2.3.2.5　老年人自身方面

老年人由于生理功能退化，疾病多发，甚者无生活自理能力，劳动能力降低或者完全没有劳动能力；有些老年人智力素质低下、文化技术低下，有的老年人个人素质（品德、性格等）低下。因此，老年人属于贫困易发群体，这在世界各国具有普遍意义（罗遐、于立繁，2009）。

2.3.2.6　其他方面

刘生龙和李军（2012）认为，中国农村居民的社会保障制度很不完善，使农村老年人只要身体条件允许仍要参与劳动，而健康状况对劳动参与有着显著的影响，所以农村落后的医疗卫生水平和对身体健康的不够重视也成为农村老年贫困的一个重要原因。Gregorio（2002）利用中国 1988～1995 年 18 个省份的数据进行研究，发现农村居民教育支出的增加导致低收入家庭教育负担太重，不利于消除农村贫困。Teal（2001）和 Winegarden（1972）的研究证明，教育并未显著缓解农村贫困。M. Makiwane, S. A. Kwizera（2006）对南非 Mpumalanga 省的研究结果如下：老年人生活质量差的主要原因在于低收入和繁重的照顾家庭成员的负担。

阿玛蒂亚·森（2001）认为，农村贫困人口不仅仅是贫困人口收入低的问题，也不只是社会资金和资源缺乏的问题，而是因为贫困人口没有能力来换取其所需要的食品（或资源）的问题。缪尔达尔全面研究了发展中国家产生贫困的政治、经济、社会与文化等多方面的原因，虽然很多数据和资料都来自于南亚和东南亚国家，但是对处于发展中的中国来说，仍然有非常重要的借鉴意义（李瑞华，2014）。

2.3.3 解决农村老年贫困的对策

探讨如何解决老年贫困，是对老年贫困问题调查分析的落脚点，是许多专家学者坚持不懈研究的主题。目前，对于收集到的研究成果中对策的分析，主要包括以下几个方面：

2.3.3.1 从政府的角度

区域贫困、农村贫困等会引起老年贫困，因此，发展地方经济、解决农村贫困就一定能改善农村老年贫困。胡兵等（2005）通过实证分析表明，经济增长、收入分配状况改善对减贫有很大的影响。要大力发展西部经济尤其是西部贫困地区的经济，加大对西部文化教育事业的财政投入和西部农村信贷的扶持力度，要赋予西部农村居民更多的社会权利和发展权利（张映芹等，2015）。郭荣丽（2012）认为，解决农村老年贫困问题应首先发展农村经济，在使农村大量脱贫的同时，可促使劳动力流动更加合理，减少留守老人的数量。西方经济学家主要从经济发展的角度研究农村贫困问题，重点围绕贫困产生的根源进行研究，Drury（2008）、Boaz（2005）都认为，应采用综合治理的方法解决农村贫困、农村老年贫困的问题。

社会保障对降低老年人口经济贫困的发生率具有十分重要的作用，能够弥补子女赡养能力的不足，显著改善老年人口的生活状况，降低发生经济贫困的风险（Zimmer and Kwong，2003；House，1988）。政府尤其应该重视农村老年人的生活困难问题，完善农村救助制度，增加救助基金的财政预算，加大救济力度，扩大救济范围，让所有的农村贫困老年人都能得到救助（杨菊华、陈志光，2010）。政府应该发挥社会管理职能，调节资源分配，让弱势群体也享受到经济发展的成果（罗遐、于立繁，2009）。为农村贫困老年人建立全国统一的以财政为基础的、非缴费型的农村老年贫困津贴制度；加大医疗救助投入，提高农村贫困老年人医疗费用的报销比例，对于新农合报销后的自负部分，政府相关部门应当给予一定比例的医疗救助（曾学华，2016）。

各国、各地的贫困基本是以老年贫困最为严重，诸多国家都有自己的应对措施。针对日益严重的老年贫困问题，韩国政府一方面积极完善老年人的各种社会保障制度，另一方面不断增加适合老年人的工作岗位，鼓励老年人就业（丁英顺，2016）。社会救助、失业救助、住房福利及寻求庇护者福利共同构成了德国综合社会救助体系，德国的经验告诉我们，社会救助是老年贫困的最后一道有效安全网（柳如眉等，2016）。

2.3.3.2 从社会的角度

我国应培育良好的敬老、助老、养老的社会风尚，谴责不孝行为。同时，增强老年人的自我保护意识，帮助老年人正确运用社会舆论和法律武器来维护自己的合法权益（杜丽红等，2007；罗遐、于立繁，2009）。应该完善对贫困老年人的社会救助，包括物质生活救助、医疗救助、心理救助等（郭荣丽，2012），尤其要重视独居的贫困老年人的救助（孙陆军、张恺悌，2005）。政府还应该制定更加人性化的住房政策，尽可能让老年人住在其子女附近（Jiang，1995）。借鉴国外经验，引导非政府组织和民间力量参与到老年人事业中来，各种社会民间组织在扶贫助困等方面可以发挥重要的作用（王飞跃，2012）。农村社区组织尤其是民间性质的农民互助组织要充分发挥社区帮困、老年服务等方面的作用，社会反贫困的力量要依靠新闻媒体发挥舆论监督、募捐与倡导社会文明风气等方面的积极作用（罗遐、于立繁，2009）。

2.3.3.3 从家庭和个人的角度

家庭养老是农村贫困老年人最主要的养老方式，子女应该承担起赡养父母的责任，即使子女的经济条件很有限，养老金主要由国家提供，也得尽量保证老年人能居家养老，积极倡导敬老、助老、养老的家庭美德（罗遐、于立繁，2009）。倡导子女具有同等的养老义务，增强女儿赡养父母的能力，保证有女无儿的老年人安享晚年（杨菊华、陈志光，2010）。

从个人层面来看，需要转变一些传统思想观念：放弃"多子多福""养儿防老"的传统观念，在年轻的时候把更多的精力投入到经济活动中去，注重个人储蓄，增强自我养老能力（罗遐、于立繁，2009），这样既能减轻子女的抚养负担，还能防范由于子女不孝而导致的老来无靠的风险。老年人应该保持健康的生活习惯，追求乐观豁达的心理（刘生龙、李军，2012），增强自我保护意识，敢于用法律武器维护自己被子女赡养的权利。

2.3.4　小结

上述研究成果无疑对本书的研究具有重要的参考价值，为本书的研究提供了许多重要的基础性资料和研究方法。但对国内外学者的研究成果经过全面仔细的梳理以后发现，目前世界各国对贫困的研究、对农村贫困的研究都已比较成熟，但是对老年贫困的研究相对较少，尤其是关于农村老年贫困的研究成果更少。

国内外学者对农村老年贫困的研究尚有以下不足：第一，对于农村老年贫困的研究，部分学者以描述性分析为主，欠缺数据支撑；有些学者是利用个体访谈或者少数贫困人群的调查数据来分析的，数据的整体代表性不够。第二，目前国内外学者对于老年贫困的研究主要集中在经济贫困，而经济贫困的界定是要以收入水平或者消费水平来衡量的，但部分研究由于缺乏实地调查，没有农村老年人的收入和消费数据，所以贫困的测量极为困难，也无法估计贫困人口数量。第三，由于对贫困和老年贫困的测量方法较多，即使是使用同样的调查数据，不同的测量方法所得结果也有较大差异，因此在选用测量方法的时候必须考虑农村老年贫困的实际情况和我国现有的农村贫困标准。第四，部分国内外学者对农村老年贫困影响因素进行了实证研究，不同的学者使用不同的模型得出不尽相同的结果，但还没有发现专门针对西部农村老年贫困的系统的研究成果。本书正是从这四点不足出发，希望能弥补目前研究中的不足，为其他学者的后续研究提供参考。

近年来，西部经济的发展、农村经济的提速、贫困与反贫困问题、老龄化背景下老年人的生活和养老问题等都是我国政府和全社会关注的重点。因此，我们研究西部地区农村老年贫困问题正是切合了国家关注的重点、热点，充分体现出了本书的重要性和紧迫性。

第3章　西部农村老年贫困的调查统计分析

研究老年人的贫困首先要知道他们的生活状况，尤其是收支情况。目前国内外研究贫困的成果很多，但研究老年贫困的成果较少，也没有专门针对老年人的收入调查数据。本书研究的是西部农村老年人的贫困，同样也没有西部农村老年人的收入统计资料。因此，本书的研究需要自己组织调查，以获得第一手资料，用来估计和分析西部农村老年人的贫困数量、贫困特征和贫困原因等。这里所做的统计分析全部是针对西部农村老年人的抽样调查问卷，不包括其他时间所做的一些典型调查案例。

3.1　调查方案

为了确保调查方案的可行性，首先查阅国内外大量文献资料，咨询同行专家，然后走访了重庆市统计局、重庆市民政局、重庆市扶贫开发办公室、重庆市老龄工作委员会、重庆调查总队农村住户调查处等单位，于 2013 年上半年确定了调查方案和调查问卷。

3.1.1　调查目的

调查我国西部农村老年人的收支情况，以确定他们是否贫困。同时，为了了解贫困的原因，我们还调查了他们的个人和家庭信息、健康状况、医疗保障、养老现状及需求等；除了上述信息，我们还特别设计了一个开放式问题，询问被调查老年人对自己的晚年生活有什么诉求和意见，为后面的对策研究提供更加丰富的依据。

3.1.2 调查对象和调查项目

我国西部地区包括以下 12 个省份：陕西、宁夏、甘肃、四川、重庆、贵州、广西、云南、西藏、青海、新疆、内蒙古。我们的调查对象是西部 12 个省份的农村 60 岁及以上常住老年人口：户口在农村，长期居住在农村，以务农和基本务农为主的；以前是农村户口，现在已经农转非，但还是住在农村的。不包括户口和工作都在城镇，只是住在农村或者退休后在农村养老的老年人。

本次调查总共包含 40 个问题，共分为四个部分（见附录）：个人及家庭信息，经济收入与支持信息，健康与医疗保障，生活照顾和满意程度，最后还有一个开放式问题。

3.1.3 调查组织方式

由于调查区域范围广，内部差异大，因此不能采用完全随机抽样，为了确保调查结果的代表性和可靠性，我们采用分阶段分层抽样的组织方式。首先，根据西部 12 个省份 2010～2012 年农村居民的收入高低，分别选取了高收入（重庆、四川）、中等收入（广西、云南、陕西、西藏）、低收入（甘肃、贵州、青海）9 个省份进行调查，由于每个省份内部的区县贫困程度有差异，我们列出了每个省份的贫困监测县，按比例分配贫困县和非贫困县的调查数量，具体村庄不作限制；其次，从家住在这些省份的县农村的在校大学生中招募调查员，共招募了 59 个符合条件的学生（所有的学生都参与了正规的调查培训），在他们家所在的村庄进行调查（也有少数城镇学生专门深入贫困农村进行调查）；最后，每个调查员又随机从本村中抽取一个片区或者一个村民组进行调查，被抽到的片区或组中，家中有符合条件的老年人的家庭必须全部调查，一家若有多个老人只调查一个。根据调查员所在村庄的规模大小，每人完成 30 份左右的问卷。

3.1.4　调查实施过程和问卷回收情况

调查问卷确定后，为了检验问卷的可行性，依据调查组织方式，在调查员中首先选择了少量学生于 2013 年下半年做了一次试调查。把试调查得到的问卷进行整理和初步分析，没有发现大问题，调查问卷和调查结果都可行。于 2013 年底到 2014 年初进行正式调查，前后共收回问卷 1617 份，经过核查和回访，确定有效问卷 1575 份，有效率 97.4%。特别注意，这里没有回收率的数字，因为被调查者都是老年人，所以没有发放问卷让老年人自己填，每一份问卷都是调查员上门调查，在访谈中由调查员填写的，实际被调查的人数就是回收问卷数。

3.2　调查统计分析

下面的分析是针对调查得到的 1575 份问卷的所有问题进行的简单统计分析，主要分析每一个问题的选项分布。通过分析，可以了解被调查的西部农村老年人的个人、家庭、经济收入、健康与医疗、保险与救助、生活照顾与满意程度、养老意愿与需求等信息以及分布情况，最后通过开放式问题可以了解老年人的各种诉求。这些信息虽然不能直接看出老年人是否贫困，但能基本了解老年人的生活现状。通过各选项的分布情况还可以了解调查结果是否符合实际，并进一步确认调查的随机性和有效性。

下面的所有数据的时间节点如下：如果是时点数据（如年龄、人数、拥有住房等），指的是被调查当时（2013 年底或 2014 年初，从统计的角度来看，这两个时间认为是一样的）；如果是时期数据（如各种收入），指的是 2013 年；其他有些关于自我判断方面的问题（如是否满意、关系好不好等），没有明确的时间，但一般还是老年人当时的判断。

3.2.1　调查区域分布

本项目调查收回有效问卷 1575 份，涉及重庆、四川、广西、云南、陕西、西藏、甘肃、贵州、青海 9 个省份的 53 个市县，其中有 24 个为国家农村贫困监测调查单位。调查问卷数量的区域分布如表 3-1 所示。

表 3-1 调查样本区域分布

省份	重庆	四川	广西	云南	陕西	西藏	甘肃	青海	贵州	合计
问卷数量（份）	326	78	115	354	21	31	364	111	175	1575
比重（%）	20.70	4.95	7.30	22.48	1.33	1.97	23.11	7.05	11.11	100

由于区域范围广，内部差异大，虽然采用了分层抽样，但由于人力、物力、财力的限制，不能保证每一个省份的样本量都很大。因为我们主要研究西部总体情况，不分省份，所以样本容量以及分布是符合要求的。

3.2.2 个人及家庭信息

3.2.2.1 基本信息

本次接受调查的 1575 位老年人中，女性有 650 位，占 41.27%；男性有 925 位，占 58.73%。老年人的年龄分布如表 3-2 所示。

表 3-2 调查样本年龄分布

年龄段	60~64 岁	65~69 岁	70~74 岁	75~79 岁	80~84 岁	85 岁及以上	合计
人数	407	373	326	243	161	65	1575
比重（%）	25.84	23.68	20.70	15.43	10.22	4.13	100

随着年龄的增长，老年人的人数越来越少，呈现反"J"形分布，这是符合实际情况的。

调查样本中，少数民族 283 人，占 17.97%；汉族 1292 人，占 82.03%。老年人的文化程度和婚姻状况如表 3-3 所示。

从表 3-3 可以看出，西部农村老年人的文化程度普遍偏低，超过一半的老年人连小学文化都没有，只有 10.48% 的老年人有初中及以上的文化程度。文化程度低下一定会影响老年人的脱贫能力，造成老年人的持续贫困。

从婚姻状况来看，西部农村老年人不结婚或者离婚的现象比较少，有近60%的老年人夫妻健在，有36.76%的老年人丧偶，丧偶老年人的年龄主要集中在70岁以上。进一步统计丧偶老年人的性别发现，女性占62%，男性占38%。这也证实了一个事实：女性平均寿命高于男性，丧偶老年人中女性占大多数。

表3-3　老年人的文化程度和婚姻状况分布

文化程度	不识字或识字很少	小学	初中	高中及以上	合计
人数	917	493	135	30	1575
比重（％）	58.22	31.30	8.57	1.91	100
婚姻状况	从未结婚	已婚（夫妻都健在）	离婚	丧偶	合计
人数	39	942	15	579	1575
比重（％）	2.48	59.81	0.95	36.76	100

3.2.2.2　家庭规模与子女

由表3-4可知，西部农村老年人子女数偏多，71.05%的老年人有3个及以上的子女。农村家庭子女数偏多是全国普遍现象，关键问题是更多的子女数是否有利于脱贫，还有待后面分析。

表3-4　老年人子女数分布

子女数	0	1个	2个	3个及以上	合计
人数	56	95	305	1119	1575
比重（％）	3.56	6.03	19.36	71.05	100

有些老年人由于没有老伴而独居，有些与老伴同住，有些与子女同住，因此由表3-5可知，家庭人数变化较多。从各组的比重可以看出农村老年人的居住特点：两个人同住的老年人最多，其次是一个人居住的。两个人同住包括与老伴同住、与子女同住、与亲戚朋友同住、带孙子同住等，但多数还是与老伴同住。

由此可见，西部农村老年人的空巢现象比较严重。关于这一点，表3-6也说明了同样的问题，有一半多的老年人没有与子女同住。

表3-5 家庭常住人口数

常住人口数	1个	2个	3个	4个	5个	6个	7个及以上	合计
人数	227	476	212	186	222	163	89	1575
比重（%）	14.41	30.22	13.46	11.81	14.10	10.35	5.64	100

表3-6 老年人的居住安排统计

居住安排	独居	与老伴同住	与子女同住	与亲戚朋友同住	合计
人数	238	571	746	20	1575
比重（%）	15.11	36.25	47.37	1.27	100

注：本表的统计口径与表3-5不一样，如与子女同住也可能家里只有2人，与老伴同住家里可能还有孙子，常住人口可能超过2人。

对于没有与子女同住的老年人，我们需要进一步了解他们的子女是否离得远、是否经常来看望他们、照顾他们。剔除没有子女的56位老年人，在773位没有与子女同住的老年人中，有一半老年人表示子女离自己很远（见表3-7），多数是因为外出打工。由于西部经济相对落后，农村年轻人外出打工比例大，这对农村老年人照顾造成了很大的难度。

表3-7 是否有子女住在附近统计

是否有子女住在附近	有	没有，外出打工	没有，外出经商	其他	合计
人数	385	348	14	26	773
比重（%）	49.81	45.02	1.81	3.36	100

在没有与子女同住的773位老年人中，约有45%的老年人表示子女经常来看望，49%的老年人反映子女很少来看望，甚至有44位（5.7%）老年人控诉子女基本上不去看望他们。进一步询问与子女的关系，发现与子女关系好坏和是否经

常看望有较强的一致性（见表3-8）。因此，子女不关心老年人势必对老年人的晚年生活造成影响。

表3-8 老年人与子女关系统计

老年人与子女的关系（全部）	很好	一般	不好	合计
人数	876	581	62	1519
比重（%）	57.67	38.25	4.08	100
老年人与子女的关系（不与子女同住）	很好	一般	不好	合计
人数	400	331	42	773
比重（%）	51.75	42.82	5.43	100
老年人与子女的关系（与子女同住）	很好	一般	不好	合计
人数	476	250	20	746
比重（%）	63.81	33.51	2.68	100

表3-8显示，与子女同住的老年人与子女的关系更好一些。

3.2.2.3 住房

调查显示，有70.54%的老年人有自己的住房，有29.46%的老年人没有自己的住房。关于住房条件的回答，只有15%的老年人住的是比较好的楼房，住砖瓦房和土坯房各有40%左右，剩下5%老年人的住房就更差一些。

3.2.3 经济收入与支持信息

3.2.3.1 劳动工作与收入

有工资性收入的劳动称为工作，以务农为主的统称为劳动，由于有工作的农村老年人很少，所以我们合在一起调查和分析。从事有收入的劳动和工作，将能有效帮助老年人脱贫，因此在这一模块的问题设计中，第一个问题就是"是否有从事有收入的劳动和工作？"。结果表明，有700位老年人（44.44%）回答"是"，有875位老年人（55.56%）回答"否"。其中，700位参加劳动的老年人的劳动工作性质如表3-9所示。

表 3 - 9 劳动工作性质统计

劳动工作性质	务农	打工	做小生意	其他	合计
人数	568	35	44	53	700
比重（%）	81.14	5.00	6.29	7.57	100

从老年人的劳动工作性质来看，81.14%的老年人从事的是务农劳动，而且收入也是最低的（下一章有详细分析）。

关于存款利息以及房屋、土地和设备出租等收入，只有6%的人回答"有"，其他回答没有的要么没有这部分收入，要么最多就是有少量存款利息，但不方便计算和统计。在回答"有"的93位老年人中，最低50元，最高的有4万元（指家庭收入）。

3.2.3.2 子女经济条件与生活费

在有子女的1519位老年人中，子女条件一般的占大多数，只有8.49%的老年人表示子女经济条件好（见表3-10）。

表 3 - 10 子女经济状况统计

子女的经济状况	好	一般	不好	合计
人数	129	1075	315	1519
比重（%）	8.49	70.77	20.74	100

从表3-11可以看出，在有子女的老年人中，有64.25%的老年人会从子女那里得到生活费，同样的数据，不与子女同住的老年人的比重大于与子女同住的老年人，因为与子女同吃同住的老年人，有些子女不会给父母生活费，这也属于正常现象。

表 3 - 11 子女是否给生活费统计

是否给生活费	给生活费		不给生活费	
	人数	比重（%）	人数	比重（%）
全部样本	976	64.25	543	35.75
不与子女同住	514	66.49	259	33.51
与子女同住	462	61.93	284	38.07

进一步分析老年人子女数与子女给老人生活费多少的关系，发现3个及以上子女的老年人得到的平均生活费最少，其次是1个子女，2个子女的老年人得到的平均生活费最高。

3.2.3.3 养老保险和政府补贴

由表3-12可知，新农保在西部农村的推广力度还是比较大，有93.02%的老年人已经有新农保做保障，只有5.01%的老年人没有参加任何养老保险。但绝大多数老年人得到的只是基础养老金，每个月一般不超过100元，养老保障力度是不够的。

表3-12 参加养老保险统计

养老保险类型	新型农村社会养老保险	城镇居民社会养老保险	商业养老保险	其他养老保险	没有参加任何养老保险	合计
人数	1465	19	2	10	79	1575
比重（%）	93.02	1.21	0.13	0.63	5.01	100

关于低保、政府补贴和救助的情况，被调查的1575位老年人中只有25.21%的老年人有低保，有11.81%的老年人得到了政府和集体的其他补贴和救济金。

除了上面跟收入有直接关系的问题外，本书的调查中还有这样一个问题：您感觉自己的经济状况如何？设这个问题的目的是我们想利用自我感觉法来估计贫困率。该问题的调查结果如表3-13所示。

表3-13 老年人对自己的经济状况的评价

经济状况	很困难	比较困难	一般	比较宽裕	很宽裕	合计
人数	271	577	620	101	6	1575
比重（%）	17.21	36.63	39.37	6.41	0.38	100

从表3-13可以看出，表示自己富裕的极少；很困难的数字也不是太大，只有17.21%；比较困难的人数较多，占36.63%；合计起来表示自己困难的老年人共有848人，占53.84%。当然，自我感觉困难不一定真的贫困，因为每个人

对生活的要求是有差异的，但这里的自我感觉有很强的参考价值。

3.2.4　健康与医疗保障

一般情况下身体是否健康会影响老年人的劳动参与能力、自理能力，身体不健康会导致贫困，还会造成因病返贫的情况。调查发现，有37.52%的老年人的健康状况差，只有16.00%的老年人回答自己的身体好，多数回答的是一般（无明显疾病）（见表3-14）。至于是否有残疾的调查结果如表3-15所示，有残疾的为数不多。

表3-14　健康状况统计

老年人的健康状况	差	一般（无明显疾病）	好	合计
人数	591	732	252	1575
比重（%）	37.52	46.48	16.00	100

表3-15　残疾情况统计

老年人的残疾状况	无残疾	肢体残疾	听力语言残疾	视力残疾	其他残疾	合计
人数	1269	114	69	81	42	1575
比重（%）	80.57	7.24	4.38	5.14	2.67	100

进一步调查西部农村老年人的看病情况，有67.94%的老年人回答如果生病了会去找医生看病，但其他老年人反映不到万不得已一般不去看病，要么不管，要么自己配点药来吃。之所以有部分老年人不去看病，有一个重要的原因是嫌看病太贵，承担不起医药费。表3-16、表3-17就能反映出这个结论。

从表3-16可以看出，有25.27%的老年人没有任何保险，看病完全自费；其他老年人都有参加医疗保险，但主要都是新型农村合作医疗，参加商业保险的很少，而新型农村合作医疗的报销比例偏低，所以这些老年人的医疗负担可能比较重。从表3-17能进一步看出，有将近38%的老年人表示自己承担医疗费比较困难。

表 3-16 西部农村老年人医疗费用来源统计

老人医疗费的主要来源渠道	新型农村合作医疗	商业医疗保险	完全自费	其他	合计
人数	1131	9	398	37	1575
比重（%）	71.81	0.57	25.27	2.35	100

表 3-17 能否承担医疗费用统计

老年人及其家人是否能承担老人医疗费用	能够承担	基本能够承担	比较困难	不能承担	合计
人数	311	671	471	122	1575
比重（%）	19.75	42.60	29.90	7.75	100

3.2.5 生活照顾与满意程度

这一部分主要是了解西部农村老年人的养老现状和需求，其可能不是造成贫困的直接原因，但贫困跟养老是有关联的。

3.2.5.1 自理能力和照顾

由表 3-18 可知，大部分老年人是可以自理的，只有 53 人（3.37%）的老年人完全不能自理，主要是一些年龄较大或者身体不好的老年人。在所有接受调查的老年人中，有 64.2% 的老年人表示有人长期帮助和照顾他们，有 35.8% 的老年人没有人照顾和帮助。对于 1011 位有人照顾的老年人，进一步询问主要是谁在照顾他们，96.93% 的老年人回答是子女和家人在照顾（见表 3-19）。由此可见，农村老年人的照顾任务主要还是在子女和家人身上，这又进一步说明了农村老年人养老还是以家庭养老为主。

表 3-18 老年人自理能力的调查结果

自理能力情况	能自理	半自理	完全不能自理	合计
人数	1158	364	53	1575
比重（%）	73.52	23.11	3.37	100

表 3 - 19   帮助和照顾老年人的主体统计

照顾主体	子女和家人	保姆	亲戚朋友或邻居	养老服务人员、志愿者、义工等	合计
人数	980	2	28	1	1011
比重（%）	96.93	0.20	2.77	0.10	100

3.2.5.2   生活满意度

对自己生活的满意程度跟是否贫困有一定关系，因此从某种意义上来说，从满意度也可以看出贫困率。对西部农村老年人对自己生活满意度的调查结果如表 3 - 20 所示。但是，满意度也不能等同于贫困率，因为有些老年人对生活不满意是因为自己贫困，而另有一些老年人对生活不满意是因为其他原因，比如子女不孝顺、身体有疾病等。

表 3 - 20   对自己生活的满意度调查分析

老人对自己生活状态的满意程度	很不满意	不太满意	一般	比较满意	很满意	合计
人数	90	355	684	383	63	1575
比重（%）	5.71	22.54	43.43	24.32	4.00	100

3.2.5.3   养老需求

下面的问题是关于养老需求的，我们首先问的是养老方式，回答情况统计如表 3 - 21 所示。

表 3 - 21   养老方式选择统计分析

养老方式	家庭养老	社会养老机构	社区养老	其他	合计
人数	1341	77	150	7	1575
比重（%）	85.14	4.89	9.52	0.45	100

由表 3 - 21 可知，绝大部分老年人都希望在家养老。进一步询问养老金的来源：您主要靠什么养老？答案的统计结果如表 3 - 22 所示（该问题是多选题，故没有合计栏）。

表 3 - 22　养老金来源统计

养老金来源	子女	自己的收入和退休金	养老保险金	低保及各种社会救助	其他
人数	1122	443	931	360	61
比重（%）	71. 24	28. 13	59. 11	22. 86	3. 87

有 71. 24% 的老年人选择了要靠子女养老，选择养老保险金的也比较多，因为大多数老年人都有新农保的基础养老金，但由于新农保的养老金很低，所以不能完全依靠养老金养老。不过有一个现象值得注意，有 1519 位老年人是有子女的，只有 1122 位老年人选择了靠子女养老，有 397 位老年人没有选择靠子女养老。分析原因主要有三：一是老年人可以依靠自己的收入养老；二是子女的经济条件不好；三是子女不孝顺，与子女的关系不好。

3. 2. 5. 4　最担心的问题

问卷的最后，我们来关注一下老年人最担心的问题（后面两个问题本来是单选题，但有部分被调查者是按多选题来做的，所以没有合计栏）。最担心的问题排在第一位是收入，贫困的根源在于收入太低，这确实是应该重点关注的问题；排在第二位的是子女过得好不好，这就是我国的国情，父母永远把子女放在重要的位置，"自己过得好不好不要紧，只要子女过得好就行"，我们在农村做访谈的时候，多数老年人都是这样说的；排在第三位的是医疗费用，农村居民的医疗保障问题依然严峻（见表 3 - 23）。

表 3 - 23　老年人最担心的问题统计

老人最担心的问题	没有收入来源	生病时不能支付医疗费	晚年生活没人照料	子女过得好不好	其他
人数	423	379	325	405	139
比重（%）	26. 86	24. 06	20. 63	25. 71	8. 83

对于老年人自己迫切需要解决的问题，排在第一位的是基本生活保障（其实就是收入），其次是医疗保障，跟前一问题的回答是一致的（见表 3 - 24）。

表 3 – 24   老年人最迫切需要解决的问题

老人最迫切需要 解决的问题	基本生活 保障	医疗保障	改善住房 条件	改善生活 照料	消除孤独	其他
人数	466	454	198	280	155	109
比重（%）	29.59	28.83	12.57	17.78	9.84	6.92

从最后两个问题的回答统计结果来看，收入和医疗是目前最需要关注的两大问题。

3.2.6   各种诉求

本次调查的最后，为了补充前面问题的不足，我们设计了一个开放式问题：您还有哪些诉求或者意见？本次调查有 551 人回答了该问题，提出了各种各样的诉求，有些老人有多个诉求。排除一些没有实质性意义的诉求，归纳起来主要有以下诉求（见表 3 – 25）。

表 3 – 25   各种诉求统计

	诉求内容	人数
医疗方面	希望医疗有保障	31
	降低看病成本，完善农村医保制度，提高新农合报销比例	38
	改善农村医疗条件、机构、设施，解决看病难的问题	13
	医药费没法报销，报销途径困难（有新农合报不到）	3
	希望门诊看病买药能够有补助	4
	希望大病有额外补助	3
	经常生病，需要救助	5
	医疗保险无法落实	2
养老方面	希望有基本生活保障，温饱不愁	29
	完善社会养老保险制度，降低缴费额度，提高养老金	28
	完善养老机构，集体养老	5

续表

诉求内容		人数
补助救助方面	希望政府给予更多的惠民政策,加大补助和救助力度	54
	完善低保制度,低保申请和发放不公平,希望能拿到低保	28
	希望补助能及时发放到位	5
	希望政府帮助改善住房条件	28
	多照顾老年人,特别是贫困老年人	17
	希望国家对孤寡老人出台照顾政策,晚年生活有人照顾	12
	希望政府多关注残疾家庭,给予多一些照顾	10
	希望过年过节发放慰问品	2
	生活很困难,需要更多的帮助	9
	无子女,希望政府救助	2
	子女去世,留下孙子要照顾,不能负担,需要救助	2
	子女生活不能自理,希望国家救助	5
	多关注贫困地区老党员的生活	1
	提高低保额度	1
发展农村经济,加强基础设施建设	丰富老年人的晚年生活,有娱乐、健身活动场所或者老年活动中心	17
	希望政府修建公路,改善交通	14
	关注留守儿童,改善农村教育条件	4
	加强农村水电气、水利等基础设施建设	2
	多扶持农民发展副业(养殖业、种植业等)	3
	加快城镇化建设	2
	关心农民就业	1
	政府开办企业,让外出打工的两个儿子能回来,可以陪伴老人	1
	改善居住环境	1
农村干部队伍建设	权益得不到保障,如土地征占后住房问题,退耕还林的补贴问题	15
	希望干部多干事、干实事,认真落实国家政策	12
	干部不作为,办事不公平,有腐败现象(针对低保的比较多)	7
	希望政府干部多下基层了解情况	1

诉求内容		人数
子女方面	改善与子女的关系，希望子女孝顺、赡养自己	24
	希望子女多回家看看	21
	希望子女在身边，多陪伴、多照顾	31
	希望家人、儿孙生活更好	38
自身方面	晚年希望有人陪伴、照顾，消除孤独	27
	晚年平安，健康长寿	7
	赶紧把病治好	2
	希望收入稳定	8
	没有劳动能力	1

3.3 总结

从前面的统计分析我们可以得出以下结论：

第一，个人信息及家庭信息。观察年龄、性别、民族、文化程度、婚姻、子女数等的样本分布，发现它们的分布规律是符合实际情况的，说明本次调查的随机性和有效性是可以保证的。

71.05%的老年人有 3 个及以上的子女，但有一半多的老年人没有与子女同住。没有与子女同住的老年人中，有一半老年人表示子女离自己很远，多数是因为外出打工，这是由于西部经济相对落后，农村年轻人外出打工比例大。有49%没有与子女同住的老年人反映子女很少回来看望，同样有近一半的老年人反映与子女的关系一般或者不好。多数老年人有自己的住房，但住房条件不好的居多。

第二，经济收入与支持信息。超过一半多的老年人没有参加有收入的劳动和工作。有参加劳动和工作的老年人，81.14%参加的是以务农为主的劳动，极少有人参加有工资收入的工作，有财产收入的老年人只占6%左右。西部农村老年人子女经济条件好的不多，有64.25%的老年人可以从子女那里得到赡养费，但有2个子女的老年人得到的赡养费最多。多数老年人有新型农村社会养老保险，但养老金较低，只有25.21%的老年人有低保，近12%的老年人享有其他社会救助。有近54%的老年人表示自己生活困难，比重偏大。

第三，健康与医疗保障。只有16.00%的老年人表示自己身体健康，有37.52%的老年人表示身体差，但有身体残疾的占比较少。71.81%的老年人参加了新型农村合作医疗，但是表示能承担医疗费用的老年人还不到20%，多数表示基本能承担或者比较困难。

第四，生活照顾和满意程度。大部分老年人是可以自理的，只有3.37%的老年人完全不能自理。有64.2%的老年人表示有人长期帮助和照顾，多数是依靠子女和家人照顾。所有被调查的老年人中只有28%左右表示对自己的生活满意。绝大部分老年人都希望在家养老，多数老年人的养老金主要依靠子女和养老保险金等。农村老年人最担心的问题依次是收入、子女过得好不好和医疗费用。对于老年人自己迫切需要解决的问题，排在第一位的是基本生活保障（收入），其次是医疗保障，跟前一问题的回答是一致的。

上面的结论只是陈述一种现象，至于是否贫困、贫困程度有多深等需要后面的计算和分析后才能有结论。但是从基本统计分析已经可以看出，西部农村老年人的生活普遍比较困难，生活满意度较低。

第4章 西部农村老年贫困率和
贫困数量的估计

本书研究的老年人是以60岁为下限，即研究60岁及以上的西部农村老年人的贫困问题，主要是老年人个体的绝对经济贫困，并且以老年人的收入来测量贫困，所以首先要根据调查结果来计算西部农村老年人的收入。

4.1 收入的构成和计算

从2015年起，国家统计局把农村居民的收入定义从原来的纯收入改为可支配收入。农村居民可支配收入是指农村住户获得的经过初次分配与再分配后的收入，可支配收入可用于住户的最终消费、非义务性支出以及储蓄。可支配收入按收入来源可以分为工资性收入、经营净收入、财产净收入、转移净收入。

本书调查的西部农村老年人的收入是指老年人的可支配收入。但西部农村老年人的收入来源与其他年龄段人群的收入来源有很大不同：工资性收入不多，财产收入也较少，收入来源主要在经营收入（这里称为劳动收入）和转移收入，而转移收入除了国家层面的转移收入（保险金、低保、政府和集体的补贴和救济金等）外，更重要的是子女给的生活费（又称赡养费）。所以，我们在调查的时候把老年人的收入分为以下几类：自己的劳动和工作收入（包括工资性收入和经营净收入）、财产净收入（包括存款利息以及房屋、土地和设备出租等收入）、子女给的生活费、养老保险金、低保、政府和集体的补贴和救济金等（含实物救济），后面的分析也是按这几个部分展开的，上述收入都要求扣除成本。各种收入根据年或月的不同、家庭人数的不同进行折算、合计，最后得到老年人的个人年可支配收入（以下简称收入）。这里关于老年人的收入，我们还可以给一个通俗的定义：老年人自己掌管的可用于自己消费支出的钱。

这里有几点需要说明：①政府和集体发给部分老年人的救济物资，我们也折算成钱计入收入，归入补贴和救济金；②老年人自己种自己吃的食物，子女买来的物品等，本来应该计入收入，但由于老年人无法估计或者估计不全，所以会有误差；③不与子女同住的老年人的收入相对比较准确，而跟子女住在一起的老年人，很多老人反映吃住随子女，无法正确估计收入，所填收入数据特别低和特别高的都很多。后面两种情况，我们在选用贫困线计算方法时会予以考虑并补救。

经计算，本次调查得到的西部农村老年人的年平均收入为 3465 元（2013 年底至 2014 年初），每一位老年人的收入由于样本量太大而不能一一列出。

4.2　贫困线和贫困率的计算和确定

利用调查整理得到的收入资料，采用前面 2.1.5 归纳和筛选的四种方法来计算西部农村老年贫困的贫困线，然后再进行比较确定选用其中一种。下面我们在计算贫困线时，都要区分是否与子女同住，其他学者虽然也意识到与子女同住时由于吃住在一起的原因，无法精确估计老年人的收入，但还没有学者把是否与子女同住分开研究，这是本书研究的一个创新点。

4.2.1　主观感觉法（主观评价法）

通过与其他老年人的比较，老年人对自己的经济状况、生存状况一般都能进行自我评价，从这个角度来讲，老年人的自我评价可以近似地作为贫困发生率的计算依据。很多学者认为，老年人的收入很容易被低估，尤其是在家庭养老和家庭收入分享的情况下，对老年人的收入统计非常困难，因此，主观感觉法是有参考价值的。

根据老年人对自己的经济状况的评价进行统计，有 53.84% 的老年人觉得自己困难（含很困难），其中有 17.21% 的老年人觉得自己很困难（见表 4 - 1）。与子女同住的老年人感觉困难的比例比没有与子女同住的老年人低。

表 4 - 1　老年人对自己的经济状况的评价统计

经济状况	困难		很困难	
	人数	比重（%）	人数	比重（%）
全部样本（1575 人）	848	53.84	271	17.21
与子女同住（746 人）	376	50.40	113	15.15
不与子女同住（829 人）	472	56.94	158	19.06

注：困难包括很困难和比较困难。

根据老年人对自己的生活状况满意度的评价进行统计，有 28.25% 的老年人对自己的生活状况不满意（含很不满意），其中有 5.71% 的老年人很不满意。同样，与子女同住的老年人满意度较高（见表 4 - 2）。

表 4 - 2　老年人对自己的生活状况满意度的评价统计

经济状况	不满意		很不满意	
	人数	比重（%）	人数	比重（%）
全部样本（1575 人）	445	28.25	90	5.71
与子女同住（746 人）	170	22.79	29	3.89
不与子女同住（829 人）	275	33.17	61	7.36

注：不满意包括不太满意和很不满意。

主观感觉法的问题是，各老年人对生活的要求不一样，满意度有差异，有些老年人收入很高但还是觉得很困难，因此这个方法有一定的随意性，只能参考。

4.2.2　1 天 1 美元的国际标准

国务院扶贫办把农民人均收入 2300 元（2010 年不变价）作为新的国家扶贫标准，而按照 2014 年的人民币对美元的汇率，"1 天 1 美元"相当于 2300 元

（没有考虑购买力平价指数），所以这里用 2300 元作为贫困线来计算西部农村老年人的贫困率。

经计算，有 51.94% 的老年人收入低于 2300 元，说明贫困率为 51.94%；进一步区分是否与子女同住：与子女同住的老年人贫困率为 56.70%，高于不与子女同住的贫困率 47.65%，这与前面的主观感觉法不一致。2300 元的贫困线和计算得到的贫困率应该偏高了，原因在于调查得到的收入很多是被低估了，特别是与子女同住的老年人，低收入人数特别多（前面 4.1 有原因说明），有少数与子女同住的老年人，虽然收入特别低，但自己觉得很宽裕。

因此，我们经过大量调研和讨论，凡是用收入来测量贫困的方法，是否与子女同住将采用不同的标准计算贫困率。不与子女同住的计算方法不变，与子女同住的老年人，在收入的基础上加一个条件：自己要感到困难，即收入低于 2300 元同时自己感觉困难，贫困率即为 35.52%，合计总体贫困率为 41.9%，但这个数字可能还是偏高。

前面 2.1.5 已经有过讨论，如果考虑物价调整，从 2010 年标准的 2300 元到 2014 年相当于 2800 元。但国家 2300 元扶贫标准的主要扶贫对象是农村 60 岁以下有劳动能力的人，而对于低收入、低消费特征的西部农村老年人，2300 元的贫困线可能已经偏高，我们调查得到的西部农村老年人平均收入才 3465 元，所以这里不再使用 2800 元标准。另外，如果考虑购买力平价指数，2014 年的 1 天 1 美元相当于人民币每年 1760 元，接近于下面 4.2.4 的收入比例法的贫困线。

4.2.3 西部农村老年人平均低保标准

用低保标准作为贫困线，其他学者都有过尝试，我们在与民政局的专家交流时，他们建议我们可以尝试采用这一方法，由于我们的调查是在 2013 年下半年至 2014 年初进行的，所以这里采用 2013 年底的低保标准（见表 4 - 3）。

利用中位数算法（目前很多地方都用中位数表示低保标准的平均数）计算西部 12 个省份的平均低保标准为 1939.1 元，即以 1939.1 元为贫困线计算贫困率为 33.52%：不与子女同住，收入低于 1939.1 元为贫困；与子女同住的，收入低于 1939.1 元且自己要感到困难的为贫困。

表 4 - 3 2013 年底西部各省份农村平均低保标准

	平均低保标准（元）	低保人数（人）	60 岁及以上低保人数（人）
新疆	1804.1	1348235	381813
四川	1832.2	4394553	1878508
贵州	1833.0	4770600	1588398
西藏	1890.8	329000	157966
甘肃	1939.1	3432860	722927
云南	1953.5	4665411	1338711
广西	1993.1	3458922	1211587
宁夏	2037.8	381821	127948
青海	2089.0	402865	72695
陕西	2143.4	1998903	639932
重庆	2417.4	626612	193381
内蒙古	3415.0	1253151	660925

资料来源：《中国民政统计年鉴》（2014）。

4.2.4 收入比例法（国际标准贫困线法）

这一方法是 1976 年由经济合作与发展组织提出，以一个国家或地区社会中位收入或平均收入的 50% ~ 60% 作为这个国家或地区的贫困线，这就是后来被广泛运用的国际贫困标准。下面我们将使用调查得到的西部农村老年人的平均收入的 50% 作为贫困线（见表 4 - 4）。

表 4 - 4 调查样本的老年人年平均收入

	全部老年人	与子女同住的老年人	不与子女同住的老年人
年平均收入（元）	3465	3486.631	3444.835
50% 收入（元）	1732.50	1743.32	1722.42
低于 50% 收入的人数所占的比重（%）	37.33	43.83	31.60

同理，虽然与子女同住和不与子女同住的老年人平均收入差不多，但由于与子女同住的老年人，很多老人反映吃住随子女，无法估计收入，所填收入数据特别低和特别高的都很多，所以造成了相同的平均收入但贫困率很高（43.83%）的结果。相对来讲，不与子女同住的老年人收入比较真实。因此，这里对于贫困线和贫困率的计算将采用以下计算方法：

本书将按照不与子女同住的老年人年平均收入的一半1722.42元作为贫困线。①不与子女同住，收入低于1722.42元的比重为31.60%；②与子女同住，贫困的测量必须同时满足两个条件：收入低于1722.42元且自己感到困难，比重为28.15%；③合计起来，总体贫困率为29.97%。

4.2.5 贫困线和贫困率的确定

把前面四种贫困线和贫困率测量方法进行总结和比对，归纳出以下几个特点：①主观感觉法显示，与子女同住的老年人感觉困难的比例相对较低，对生活的满意度较高；后面三种根据收入测算贫困线和贫困率的方法，测算结果是与子女同住的老年人贫困率低于不与子女同住的老年人贫困率，与前面的主观感觉法结论保持一致。②后面三种根据收入测算贫困线和贫困率的方法，贫困率测算结果分别为41.9%、33.52%和29.97%。

根据前面对各方法的分析，结合国内外其他学者对我国城乡各地贫困率的研究结果，同时走访咨询了统计局、农调处、民政局、扶贫办、老龄委等专家，我们认为收入比例法（国际标准贫困线法）最适合，其结果最符合实际，原因有以下几点：①西部农村老年人的支出需求与其他年龄段群体、其他区域人群都不一样，会更低一些，如果用全部人口的收入作为计算标准可能不合适；②农村老年人的收入不易统计，很多被低估，所以用西部农村老年人这一群体自己的平均收入的一半作为贫困线可以减少由于低估引起的误差；③在老年贫困的测量方法中，有一种"贫困线法"是这样测量的：老年人月均可支配收入乘以0.5，与收入比例法正好吻合；④如果考虑购买力平价指数，2014年的1天1美元相当于人民币每年1760元，而我们收入比例法的贫困线1722.42元正好接近于考虑购买力平价指数的"1天1美元"的国际标准；⑤收入比例法得到的贫困率29.97%与主观感觉法的不满意率28.25%比较吻合。

因此，关于西部农村老年人贫困线和贫困率的最后结论如下：根据 2013 年底到 2014 年初的调查，我国西部农村老年人的贫困线为 1722.42 元，贫困率为 29.97%。本书后面的特征分析、影响因素分析等都以此为依据。

按此方法计算，被调查省份中收入最低的甘肃省的贫困率是 36.81%，收入最高的重庆市的贫困率为 18.1%。

4.2.6 西部地区农村老年贫困数量的估计

由于调查是在 2014 年初完成的，根据 2014 年《中国民政统计年鉴》的资料计算，西部 12 个省份 60 岁及以上的老年人共有 5435.8 万人，根据前面计算的贫困率 29.97%，估计得到西部农村 60 岁及以上老年人的贫困人数为 1629 万人左右。

4.3 东、西部农村老年贫困比较

通过前面的分析我们发现，西部地区农村老年贫困是比较高的。为了进行对比，我们利用同样的调查问卷，又于 2015 年冬天在山东、浙江、江苏等东部省份进行了一次抽样调查，共得到 200 份有效问卷。根据调查数据发现，东西部农村老年贫困存在着较大的差异。

首先，在自我感知上，东部农村老年人普遍感觉自己不贫困，只有 10.05% 的老年人觉得自己很困难或者比较困难，而西部地区农村老年人中有 53.84% 的老年人觉得自己很困难或者比较困难。同时，东部地区 53.5% 的农村老年人对自己目前的生活表示满意，有 7% 表示不太满意，但没有人表示很不满意；而西部地区只有 28.32% 的老年人对自己目前的生活满意，有 28.25% 的老年人表示不太满意或很不满意。

其次，在经济收入上，东部地区农村老年人平均年收入远远超过西部地区。根据调查样本计算，东部地区农村老年人人均年收入 13211 元，而西部地区农村老年人人均年收入仅 3465 元，比东部地区少了近 1 万元。由于两次调查间隔了将近两年，把经济增长和物价变动的因素都考虑进去，两者的差距也有 9000 多元。

最后，如果按照西部农村老年人的贫困线（1722.42 元），用同样的方法来计算，那么东部农村老年人的贫困率仅为 8%；由于西部的经济发展水平和物价等都相对偏低，所以西部农村老年人的贫困线对于东部来说是偏低的，因此我们用 2300 元的国家扶贫标准来计算，东部农村老年人的贫困率为 11%，依旧远远低于西部地区。因此，无论如何比较，西部农村老年人的贫困状况确实不容乐观。

本来我们应该进行城乡之间的老年贫困比较，但鉴于学术界很多学者已经做过大量比较，结论是城市老年贫困远低于农村老年贫困，前面的研究综述中已经有较系统的综述，因此本书不再对其展开研究。

第5章 西部农村老年贫困的特征分析

本调查共有有效问卷 1575 份，分别来自云南省、贵州省、四川省、陕西省、甘肃省、青海省、西藏自治区、广西壮族自治区、重庆市等，覆盖了西部地区大部分省份，问卷中各问题的统计分析前面已经完成，西部农村老年贫困线、贫困率也已经计算和确定。这里我们将调查样本分为贫困和非贫困两个组，分析贫困老年人与非贫困老年人在各个方面的差异，包括个人及家庭、收入来源与支持、健康与医疗、生活照顾、生活满意度等方面。老年群体很复杂，其内部高度分化，造成贫困的原因很多，但会有很多共性。老年人一旦陷入贫困，他们的生活会有很多共同点：收入低、收入来源有限，基本生活难以维持，身体不好、自理能力差，精神文化生活低值化，合法权益得不到保障，心理问题突出等（严佩升，2014）。

通过此部分的分析可达到两个目的：①西部农村贫困老年人的特征及其与非贫困老年人在生活各个方面的差异；②跟西部农村老年贫困有显著关系的因素，便是造成老年贫困的原因，为后面的实证分析和成因、对策分析奠定基础。上述分析都是以 1575 份调查问卷为基础，针对问卷中涉及的每一个问题逐一展开。所以，下面分析中所涉及的数据都是调查当时的时间（2013 年底至 2014 年初）。

由于本调查涉及 4 个部分共 40 个问题，要分析贫困的特征和影响因素，需要进行大量的多重交叉分析，如年龄与贫困的关系会涉及年龄与劳动的关系、劳动与收入的关系等。因此，下面的分析我们将用到以下方法：前面三个部分是跟贫困有直接关系的问题，即可能是造成贫困的直接原因，因此我们需要分析它们跟贫困的相关显著性，采用数理统计中的交叉列联表分析和假设检验（下面有关于检验方法的介绍）。后面从 5.5 节起只有两个关于健康的问题可能是贫困的成因，其他问题不是贫困的直接原因（因为我们这里的贫困是指经济贫困，是用收入来衡量的），所以没有再用假设检验的方法。但是，虽然不是直接原因，但跟贫困也是有关系的，因为我们也需要知道贫困老年人与非贫困老年人在医疗保障、生活照顾、养老模式等方面的差异，便于了解贫困老年人的生活现状。

5.1　主要分析方法介绍

SPSS（社会科学统计软件包）是世界著名的统计分析软件之一，应用领域广泛。下面的分析主要运用了 SPSS 中的交叉列联表及卡方检验、独立样本 t 检验、单因素方差分析与多重比较检验（LSD 方法）等方法。下面对这些方法做一个简单介绍[①]。

5.1.1　交叉列联表及卡方检验

由于调查数据绝大多数都是分类数据，相较于频数分析只能够获得单个变量的数据分布情况，交叉列联表分析不仅可以得到单个变量的分布特征，而且可以得到多个变量不同取值下的分布特征，了解多变量联合分布特征，进而可以分析不同变量之间的相互影响和关系。具体到老年贫困特征分析中，如果分析出某变量与老年贫困有关系，通过该变量不同取值在贫困与非贫困老年人口中的百分比的显著性差异，可以得出贫困老年人的特征。

交叉列联表分析的主要内容：

一是编制交叉列联表，通过交叉列联表反映出两个变量交叉分组后形成的频数分布。以表 5 - 1 为例，该表反映了不同性别和不同贫困状况交叉分组下的频数分布情况。贫困分组称为列变量，性别称为行变量，行标题和列标题分别是两个变量的变量值（或者分组值），表格中间是观察频数和各种百分比。例如，

---

① 薛薇. 基于 SPSS 的数据分析（第三版）[M]. 北京：中国人民大学出版社，2014.

1575 位被调查者中，贫困 472 人，非贫困 1103 人，构成的分布称为交叉列联表的列边缘分布；男 925 人，女 650 人，构成的分布是交叉列联表的行边缘分布；在 472 位贫困者中，男 268 人，女 204 人，这个频数分布称为交叉列联表的条件分布。由于频数并不利于对各交叉分组下的分布进行比较，因此，引进百分比数据。表 5-1 第一行中 28.97% 和 71.03% 是男性中贫困者和非贫困者的比例，称为行百分比；第一列中 56.78% 和 43.22% 是贫困者中男性和女性的百分比，称为列百分比；17.02%、41.71% 分别是男性贫困者和男性非贫困者各自占全部被调查者的百分比；12.95% 和 28.32% 分别是女性贫困者和女性非贫困者各自占全部被调查者的百分比；29.97% 和 70.03% 分别是贫困者和非贫困者各自占全部被调查者的百分比；58.73% 和 41.27% 分别是男性和女性各自占全部被调查者的百分比。在 SPSS 中，可以根据需要输出只有观察频数、只有行百分比、只有列百分比、只有期望频数等表格。

表 5-1 性别与贫困分组交叉列联表

| | | | 贫困分组 | | 合计 |
			贫困	非贫困	
性别	男	个案数	268	657	925
		行百分比	28.97%	71.03%	100.00%
		列百分比	56.78%	59.56%	58.73%
		占全样本的百分比	17.02%	41.71%	58.73%
	女	个案数	204	446	650
		行百分比	31.38%	68.62%	100.00%
		列百分比	43.22%	40.44%	41.27%
		占全样本的百分比	12.95%	28.32%	41.27%
合计		个案数	472	1103	1575
		行百分比	29.97%	70.03%	100.00%
		列百分比	100.00%	100.00%	100.00%
		占全样本的百分比	29.97%	70.03%	100.00%

二是交叉列联表行列变量间的关系分析。在交叉列联表的基础上作进一步分析，可以得到行变量和列变量间是否有联系、联系的紧密程度如何等更深层次的

信息，这就要用到卡方（χ^2）检验和相关性检验。卡方检验零假设行变量、列变量相互独立，检验统计量是 Pearson 卡方统计量：

$$\chi^2 = \sum_{i=1}^{r} \sum_{j=1}^{c} \frac{(f_{ij}^o - f_{ij}^e)^2}{f_{ij}^e}$$

式中，r 为列联表行数，c 为列联表列数，f^o 为观察频数，f^e 为期望频数。应用 SPSS 统计分析软件，自动计算出检验概率。在给定显著性水平的情况下，如果检验概率大于显著性水平，认为行变量、列变量相互独立，没有关系；如果检验概率小于显著性水平，拒绝零假设，认为两变量有关系，进而通过百分比可以分析出行变量（列变量）在列变量（行变量）上的特征反应。

5.1.2　独立样本 t 检验

独立样本 t 检验是利用两个总体的独立样本，推断两个总体的均值是否存在显著差异，其零假设是两总体均值无显著差异，其统计量有两种情况。

第一种情况，当两总体方差未知但相等时，采用合并方差作为两总体方差估计，即：

$$Sp^2 = \frac{(n_1 - 1)S_1^2 + (n_2 - 1)S_2^2}{n_1 + n_2 - 2}$$

式中，S_1^2 和 S_2^2 分别是第一组和第二组样本方差；n_1 和 n_2 分别是第一组和第二组样本的单位数。那么，两组样本均值差的抽样分布的方差为：

$$\sigma_{12}^2 = \frac{S_p^2}{n_1} + \frac{S_p^2}{n_2}$$

第二种情况，当两总体方差未知且不相等时，两样本均值差的抽样分布的方差为：

$$\sigma_{12}^2 = \frac{S_1^2}{n_1} + \frac{S_2^2}{n_2}$$

因此，两总体均值差检验的检验统计量为 t 统计量：

$$t = \frac{(\overline{X}_1 - \overline{X}_2) - (\mu_1 - \mu_2)}{\sigma_{12}^2}$$

t 统计量在第一种情况下服从 $n_1 + n_2 - 2$ 个自由度的 t 分布，在第二种情况下服从修正自由度 f 的 t 分布。

$$f = \frac{\left(\dfrac{S_1^2}{n_1} + \dfrac{S_2^2}{n_2} \right)^2}{\dfrac{\left(\dfrac{S_1^2}{n_1} \right)^2}{n_1} + \dfrac{\left(\dfrac{S_2^2}{n_2} \right)^2}{n_2}}$$

由此可见，两独立样本 t 检验需要对两总体方差是否相等进行检验，相等便采用第一种方法计算抽样分布方差，不相等则采用第二种方法计算抽样分布方差。

两总体方差是否相等的检验的原假设为：两总体方差无显著差异。SPSS 中通过 Levene F 方法采用 F 统计量进行检验。其主要思路如下：两个来自不同总体的样本分别计算样本均值，计算各样本单位变量值与本组样本均值的绝对差值，得到两组绝对差值数据，利用单因素方差分析方法判断这两组绝对差值的均值是否存在显著差异。

SPSS 将自动依据单因素方差分析方法计算 F 统计量和概率值，并自动将两组样本的均值、样本单位数、抽样分布方差等代入 t 统计量的计算式中，计算出 t 统计量观测值和对应的概率值。在给定显著性水平后，就可以做出决策：小于显著性水平，拒绝零假设，认为两独立样本均值存在显著差异；反之接受零假设，认为两独立样本均值不存在显著差异。

5.1.3 单因素方差分析与多重比较检验（LSD 方法）

单因素方差分析用来研究一个控制变量的不同水平是否对观察变量产生了显著影响，其零假设是控制变量不同水平下观察变量各总体的均值无显著差异，这就意味着控制变量不同水平的变化没有对观察变量产生显著影响。

单因素方差分析 F 统计量为：

$$F = \frac{SSA/(k-1)}{SSE/(n-k)} = \frac{MSA}{MSE}$$

式中，n 为样本单位数，$k-1$ 和 $n-k$ 分别是 MSA（组间平方和或者称组间方差）和 MSE（组内平方和或者称组内方差）的自由度，F 统计量服从 $(k-1, n-k)$ 个自由度的 F 分布。SPSS 自动计算出 F 统计量值和相应的概率，在给定显著性水平的情况下，小于显著性水平，拒绝零假设，认为控制变量对观察变量产生了显著影响；反之，接受零假设，认为控制变量对观察变量没有产生显著影响。

SPSS 中单因素方差分析还提供了其他一些分析内容模块，本分析用到的多重比较检验就是 SPSS 单因素方差分析中的一个分析模块。单因素方差分析只能判断控制变量是否对观察变量产生了显著影响，进一步进行多重比较检验，可以知道控制变量不同水平对观察变量的影响程度如何，哪个水平的作用明显区别于其他水平，哪个水平的作用不明显。限于下文分析仅仅在于指出控制变量不同水平间的差异是否显著，在此只介绍 LSD 多重比较检验中的比较 LSD 方法。

LSD 方法的零假设为：控制变量不同水平下的观察变量均值之间不存在显著差异。其检验统计量为 t 统计量：

$$t = \frac{(\bar{x}_i - \bar{x}_j) - (\mu_i - \mu_j)}{\sqrt{MSE\left(\dfrac{1}{n_i} + \dfrac{1}{n_j}\right)}}$$

式中，MSE 是观察变量组内方差，$\bar{x}_i$ 是控制变量第 i 个水平下的观察变量的观察值的均值，μ_i 是控制变量第 i 个水平下的观察变量值的理论均值，n_i 是控制变量第 i 个水平下的观察变量的观察值个数。

LSD 方法仅仅适用于各总体（控制变量各个水平下的观察变量值）的方差相等的情形。由于下文分析中未出现方差不等的情形，故在此不介绍其他适用于方差不等的多重比较方法。

在给定显著性水平的情况下，就可以做出决策，研判控制变量不同水平间的观察变量的均值是否存在显著差异。

5.2　西部农村老年贫困的个人特征分析

在我们的调查问卷中，性别、年龄、民族、文化程度等反映被调查者的个人特征，这些都有可能是老年人是否贫困的影响因素。

5.2.1 老年贫困与性别

从性别与贫困的分组交叉列联表（见表 5 - 1）可以看出，按性别分组的老年人口贫困情况如表 5 - 2 所示。

表 5 - 2　按性别分组的贫困老年人口统计

	总人数	贫困人数	不贫困人数	贫困率（%）
全部样本	1575	472	1103	29.97
男性	925	268	657	28.97
女性	650	204	446	31.38

由表 5 - 2 可知，女性的贫困率略高于男性，这与其他学者的结论一致。但还不能说明老年贫困与性别有关，还需检验这个差异是否显著。下面利用 SPSS 软件对性别与贫困的分组交叉列联表进行卡方检验（见表 5 - 3），检验结果显示，Pearson 卡方检验双侧检验概率为 0.304，在显著性水平 0.1、0.05、0.01 下，都可以认为性别变量与贫困分组变量是相互独立的，也就是说，女性贫困率比男性高并不显著。贫困与性别没有显著关系，进而可以说明性别差异不是贫困老年人的特征。

表 5 - 3　性别与贫困分组交叉列联表卡方检验

统计量名称	统计量值	自由度	渐进双侧检验概率	精确双侧检验概率	精确单侧检验概率
Pearson 卡方	1.058	1	0.304		
连续校正	0.946	1	0.331		
似然比	1.055	1	0.304		
Fisher 精确检验				0.315	0.165
有效个案数	1575				

5.2.2 老年贫困与年龄

研究老年人的贫困问题，特别是农村老年人的贫困，一般认为年龄肯定与贫困有关，因为年龄越大其劳动能力越差，通过参加劳动获得收入的机会越少，甚至没有；而且年龄越大其身体越差，因病致贫的可能性就大。

将年龄按 5 岁的组距分组后，建立年龄 5 岁组距分组变量，与贫困分组变量进行交叉列联表分析，经整理得到表 5 - 4（因表格大，略去原始的交叉列联表）。

表 5 - 4   不同年龄段老年人口贫困分布统计

年龄分组	总人数	贫困人数	贫困率（%）
60 ~ 64 岁	407	97	23.8
65 ~ 69 岁	373	101	27.3
70 ~ 74 岁	326	117	35.9
75 ~ 79 岁	243	82	33.7
80 岁及以上	226	75	33.2
总计	1575	472	30

从表 5 - 4 可以看出，年龄按 5 岁的组距分组，虽然没有出现明显递增的规律，但 70 岁以上各个年龄段老年人的贫困率明显高于 70 岁以下各个年龄段的贫困率，贫困率最高的是 70 ~ 74 岁。

交叉列联表卡方检验显示（见表 5 - 5），Pearson 卡方双侧检验概率为 0.002，在 0.05 的显著性水平下，可以认为年龄分组变量和贫困分组变量相互不独立，也就是说，贫困与年龄有关系，从 70 岁以上各个年龄段的老年人的贫困率明显高于 70 岁以下各个年龄段的贫困率可以得出贫困老年人口的年龄特征：贫困率随着年龄的增加而增大。

表 5 - 5   年龄分组与贫困分组卡方检验

统计量	统计量值	自由度	双侧检验概率
Pearson 卡方	16.997	4	0.002
似然比	17.116	4	0.002
线性和线性组合	11.34	1	0.001
有效个案数	1575		

表 5 - 6 是不同年龄段老年人口的收入均值，75 ~ 79 岁老年人口年人均收入的均值为 2923.53 元，为各个年龄段最低，65 ~ 69 岁老年人口年人均收入的均值为 3891.43 元，为各个年龄段最高。

表 5 - 6 不同年龄段年人均收入均值

年龄分组	60 ~ 64 岁	65 ~ 69 岁	70 ~ 74 岁	75 ~ 79 岁	80 岁及以上	总计
均值（元）	3869.56	3891.43	3055.1	2923.53	3203.54	3464.63
个案数	407	373	326	243	226	1575
标准差	4432.543	5090.753	4326.654	3517.427	4070.342	4416.329

表 5 - 7 是采用 LSD 方法对各个年龄段年人均收入的均值做的多重比较检验，检验结果显示，在 0.05 的显著性水平下，60 ~ 64 岁年龄段老年人口和 65 ~ 69 岁年龄段老年人口的年人均收入不存在显著性差异；70 ~ 74 岁、75 ~ 79 岁、80 岁及以上三个年龄段老年人口年人均收入不存在显著差异；但 70 岁以下两个年龄段的老年人口与 70 岁及以上三个年龄段的老年人口的年人均收入存在显著差异，最低相差 666.023 元，最高相差 946.025 元，说明 70 岁以下老年人口收入明显比 70 岁及以上老年人口收入高，表明年龄越大，收入越低。

表 5 - 7 不同年龄段人均年收入多重比较

（I）年龄分组	（J）年龄分组	均值差（I - J）	估计标准误	检验概率	均值差95%置信区间	
					下限	上限
60 ~ 64 岁	65 ~ 69 岁	- 21.873	315.536	0.945	- 640.79	597.04
	70 ~ 74 岁	814.458	327.19	0.013	172.68	1456.23
	75 ~ 79 岁	946.025	356.87	0.008	246.03	1646.02
	80 岁及以上	666.023	365.177	0.068	- 50.26	1382.31
65 ~ 69 岁	60 ~ 64 岁	21.873	315.536	0.945	- 597.04	640.79
	70 ~ 74 岁	836.331	333.756	0.012	181.68	1490.99
	75 ~ 79 岁	967.897	362.899	0.008	256.08	1679.72
	80 岁及以上	687.896	371.072	0.064	- 39.95	1415.75

（I）年龄分组	（J）年龄分组	均值差（I－J）	估计标准误	检验概率	均值差95%置信区间	
					下限	上限
70~74 岁	60~64 岁	－814.458	327.19	0.013	－1456.23	－172.68
	65~69 岁	－836.331	333.756	0.012	－1490.99	－181.68
	70~74 岁	131.566	373.076	0.724	－600.21	863.35
	80 岁及以上	－148.435	381.031	0.697	－895.82	598.95
75~79 岁	60~64 岁	－946.025	356.87	0.008	－1646.02	－246.03
	65~69 岁	－967.897	362.899	0.008	－1679.72	－256.08
	70~74 岁	－131.566	373.076	0.724	－863.35	600.21
	80 岁及以上	－280.001	406.802	0.491	－1077.93	517.93
80 岁及以上	60~64 岁	－666.023	365.177	0.068	－1382.31	50.26
	65~69 岁	－687.896	371.072	0.064	－1415.75	39.95
	70~74 岁	148.435	381.031	0.697	－598.95	895.82
	75~79 岁	280.001	406.802	0.491	－517.93	1077.93

表5－8显示，在相同年龄段内，贫困老年人人均年收入远远低于非贫困老年人，相差最少的是75~79岁的老年人口。在贫困老年人中，不同年龄段的老年人的年均收入基本上处于1111元左右，不存在显著差异，采用多重比较检验的结果也是一样（检验结果略），说明不同年龄段贫困老年人的收入水平基本一样。

表5－8　不同年龄段的贫困与非贫困老年人人均年收入比较

年龄分组	60~64 岁		65~69 岁		70~74 岁		75~79 岁		80 岁及以上	
贫困分组	贫困	非贫困	贫困	非贫困	贫困	非贫困	贫困	非贫困	贫困	非贫困
均值（元）	1124.8	4749.1	1110.4	5101.8	1113.1	3675.9	1131.5	3708.7	1092.3	4622.8

5.2.3　老年贫困与民族

一般认为，少数民族地处偏远贫困地区，少数民族老年人应该比汉族老年人更可能贫困，贫困率应该更高。但是，调查结果显示（见表5－9）汉族老年人贫困率比少数民族老年人贫困率高出 9.4 个百分点，是不是能说贫困老年人的民族特征是汉族呢？下面进行交叉列联表卡方检验。

表 5 - 9　汉族与少数民族老年人贫困分布统计

	贫困人数	不贫困人数	贫困率（%）
少数民族	63	220	22.26
汉族	409	883	31.66

交叉列联表卡方检验显示（表略），所有检验指标的检验概率都小于显著性水平 0.05（其中 Pearson 卡方统计量值是 9.763），表明民族变量与贫困分组变量不是相互独立的，可以说贫困与否与民族有关，也可以说汉族的贫困率 31.66% 明显比少数民族贫困率 22.26% 高在统计上是显著的。

进一步分析不同民族老年人的收入情况，表 5 - 10 显示，少数民族老年人人均年收入为 4204.53 元，汉族老年人人均收入为 3302.57 元。表 5 - 11 表明，少数民族老年人收入方差与汉族老年人收入方差不相等，收入均值比较 t 检验的检验概率为 0.005，小于显著性水平 0.05，因此，可以认为少数民族老年人人均年收入比汉族老年人人均年收入高 901.96 元是显著的。

表 5 - 10　少数民族与汉族老年人人均年收入比较

民族	个案数	均值（元）	标准差	均值估计标准误
少数民族	283	4204.53	5018.846	298.339
汉族	1292	3302.57	4258.052	118.462

表 5 - 11　汉族与少数民族人均年收入独立样本 t 检验

	方差齐次性检验		均值相等 t 检验					均值差 95% 置信区间	
	F 统计量	检验概率	t 统计量	自由度	双侧检验概率	均值差	均值差估计标准误	下限	上限
方差相等假设	9.222	0.002	3.120	1573	0.002	901.96	289.052	334.993	1468.927
方差不等假设			2.810	375.893	0.005	901.96	320.998	270.783	1533.136

学术界的普遍结论是西部农村少数民族一般比汉族贫困，为什么我们研究的老年人群体却是相反的结论呢？接下来，我们进一步对老年人的收入按收入来源进行比较。

从收入来源上看（见表5-12），少数民族老年人各项收入人均水平除财产性收入外都比汉族老年人高，在独立样本 t 检验显著性水平0.1下（由于表格太大，在此略去独立样本 t 检验表），子女给的生活费、月领低保金和月领养老保险金，少数民族与汉族之间存在显著差异，少数民族明显比汉族高。

表5-12　全样本少数民族与汉族间不同类型收入比较

收入类型	民族分组	人数	均值（元）
劳动工作收入	少数民族	283	1651.13
	汉族	1292	1512.61
子女给的生活费	少数民族	283	1238.71
	汉族	1292	740.96
月领低保金	少数民族	283	27.60
	汉族	1292	21.50
政府救济补贴	少数民族	283	16.55
	汉族	1292	14.25
财产性收入	少数民族	283	47.46
	汉族	1292	94.23
月领养老保险金	少数民族	283	110.09
	汉族	1292	81.99

进一步的调查发现，我国政府在扶贫方面和在救济补贴的发放上对少数民族是有政策倾斜的，而养老保险、低保发放的政策没有显著区别。继续深入分析发现，如果在各项收入中剔除收入为零的所有个体，仅仅比较有相应收入项的情况（见表5-13），劳动工作收入、子女给的生活费、月领低保金、政府救济补贴、月领养老保险金，少数民族老年人比汉族老年人分别高出244.68元、525.86元、1.22元、111.5元、28.1元。财产性收入的情况有变化，少数民族反而高出很多，但由于有财产性收入的人数不多，少数民族尤其少，代表性不足，可以忽略不计，而且后面的检验也不显著。从表5-13可以看出，低保和养老保险的差距

明显缩小，而政府救济补贴的差距变化很大，说明西部农村少数民族老年人获得政府救济的力度大。特别地，在独立样本 t 检验显著性水平 0.1 下（由于表格太大，在此略去独立样本 t 检验表），子女给的生活费和政府救济补贴，少数民族与汉族存在显著差异，少数民族老年人明显比汉族老年人高，而其他都不显著。

表 5 - 13 部分样本少数民族与汉族间不同类型收入比较

收入类型	民族分组	人数	均值（元）
劳动工作收入	少数民族	127	3679.29
	汉族	569	3434.61
子女给的生活费	少数民族	271	1293.56
	汉族	1247	767.70
月领低保金	少数民族	86	90.81
	汉族	310	89.59
政府救济补贴	少数民族	21	223.10
	汉族	165	111.60
财产性收入	少数民族	7	3347.14
	汉族	84	1449.40
月领养老保险金	少数民族	283	110.09
	汉族	1292	81.99

因此，从上述分析可以看出，西部农村汉族老年人比少数民族老年人贫困的主要原因如下：子女给的生活费和政府的转移性收入上，少数民族老年人明显高于汉族老年人。究其现实原因主要有二：一是因为我国政府在扶贫方面和在救济补贴的发放上对少数民族有政策倾斜；二是因为少数民族人数少，很多少数民族是集中居住的，家庭凝聚力和民族凝聚力强，子女的家庭观念重，尊老爱老意识强。所以，对于收入多数来自转移性收入的农村老年人来讲，就会出现少数民族老年人收入高于汉族老年人的现象。

5.2.4 老年贫困与文化程度

一般情况下，收入与文化程度应该是高度相关的，文化程度低、劳动技能低，获取收益的能力就低，收入就低，这样贫困的可能性就高。下面我们来分析老年人的贫困是否与文化程度有关。在 1575 位被调查者中，将近 90% 的老年人的文化程度在小学文化程度及以下，超过一半多的老年人属于不识字或识字很少的，仅有 1.9% 的老年人有高中及以上文化程度。

表 5 - 14　不同文化程度老年人口贫困分布统计

文化程度	贫困人数	不贫困人数	贫困率（%）
不识字或识字很少	397	520	43.29
小学	141	352	28.60
初中	41	94	30.37
高中及以上	8	22	26.67

表 5 - 14 显示，老年人口文化程度越高，贫困率越低，特别是不识字或者识字很少的老年人口，贫困率高达 43.29%。进一步使用交叉列联表卡方检验（见表 5 - 15），Pearson 卡方检验概率为 0.000，小于显著性水平 0.05，说明文化程度与贫困分组两变量并不独立，也就是说，贫困与否和文化程度高低有关系，可以说文化程度低是西部农村老年人贫困的特征之一。

表 5 - 15　文化程度与贫困分组交叉列联表卡方检验

统计量	统计量值	自由度	双侧检验概率
Pearson 卡方	31.461	3	0.000
似然比	33.193	3	0.000
有效个案数	1575		

进一步分析不同文化程度的收入情况。表 5 - 16 显示，无论是全样本统计，还是非贫困老年人口统计，文化程度越高，收入越高，主要表现在初中及以上文化程度老年人比初中以下文化程度的老年人的人均年收入高。表 5 - 17 显示，这种差异在统计学上是显著的（检验概率小于显著性水平 0.05）。不同文化程度的贫困者，人均年收入没有显著差异（检验概率大于显著性水平 0.05，仅仅不识字或识字很少者与小学文化程度者检验概率小于 0.05），基本在 1100 元左右。

表 5-16 不同文化程度人均年收入

文化程度	全样本		贫困老年人		非贫困老年人	
	人数	收入均值（元）	人数	收入均值（元）	人数	收入均值（元）
不识字或识字很少	917	2856.88	322	1084	595	3816.32
小学	493	3822.54	110	1213.24	383	4571.95
初中	135	5547.85	37	1121.86	98	7218.89
高中及以上	30	6785.47	3	843.33	27	7445.7
总计	1575	3464.63	472	1115.56	1103	4469.86

表 5-17 不同文化程度老年人的人年均收入多重比较检验

(I) 文化程度	(J) 文化程度	全样本		贫困老年人		非贫困老年人	
		均值差（I-J）	检验概率	均值差（I-J）	检验概率	均值差（I-J）	检验概率
不识字或识字很少	小学	-965.67	0	-129.24	0.001	-755.63	0.017
	初中	-2690.98	0	-37.87	0.517	-3402.57	0
	高中及以上	-3928.59	0	240.67	0.218	-3629.39	0
小学	不识字或识字很少	965.67	0	129.24	0.001	755.63	0.017
	初中	-1725.31	0	91.38	0.514	-2646.94	0
	高中及以上	-2962.92	0	369.91	0.061	-2873.75	0.003
初中	不识字或识字很少	2690.98	0	37.87	0.517	3402.57	0
	小学	1725.31	0	-91.38	0.154	2646.94	0
	高中及以上	-1237.61	0	278.53	0.169	-226.81	0.829
高中及以上	不识字或识字很少	3928.59	0	-240.67	0.218	3629.39	0
	小学	2962.92	0	-369.91	0.061	2873.75	0.003
	初中	1237.61	0.156	-278.53	0.169	226.81	0.829

上面的统计分析可以得出这样的结论：西部农村老年人的贫困与否与老年人的文化程度显著相关，文化程度低是贫困老年人口的特征之一。

5.2.5 小结

从统计分析和检验可以看出，西部地区农村老年人口贫困与否，与性别没有显著关系，与年龄、民族、文化程度有显著关系。因此，西部地区农村老年贫困人口有以下个人特征：①年龄越大越可能贫困，70 岁及以上的老年人比 70 岁以下的老年人显著贫困；②对于老年人这个群体，汉族的贫困率比少数民族的贫困率高；③文化程度越低，收入越低，贫困率越高；④虽然贫困与性别没有显著关系，但女性的贫困率还是要高于男性。

5.3 西部农村老年贫困的家庭特征分析

这里的家庭特征主要包括婚姻状况、子女数量、居住安排、与子女的关系、住房拥有情况等可能导致老年人口贫困的因素。

5.3.1 老年贫困与婚姻

表 5 - 18 显示，已婚老年人口贫困率最高，其次是丧偶者。交叉列联表卡方检验显示（表略），Pearson 卡方检验概率为 0.057（统计量值为 7.503），在显著性水平 0.1 下，可以认为贫困分组变量与婚姻状况变量相互不独立，也就是说贫困与婚姻状况有关系。

表 5 - 18　不同婚姻状况老年人贫困分布统计

婚姻状况	贫困人数	不贫困人数	贫困率（%）
从未结婚	8	31	20.50
已婚（夫妻健在）	305	637	32.40
离婚	3	12	20.00
丧偶	156	423	26.90

在农村，老年人未结婚和离婚的都很少，本调查中只有 54 人（占 3.4%），代表性不够。因此，我们把婚姻只分为两类：已婚（夫妻两人）和单身，重新分析结果如表 5 - 19 所示。

表 5 - 19　不同婚姻状况老年人口贫困分布统计

婚姻状况	贫困人数	不贫困人数	贫困率（%）
单身	167	466	26.40
非单身（夫妻健在）	305	637	32.40

在将老年人口按婚姻状况分为非单身（夫妻健在）和单身两类后，单身老年人贫困率为 26.40%，夫妻健在的老年人贫困率为 32.40%，比单身老年人贫困率高出 6 个百分点。同理，Pearson 卡方检验显示，贫困变量与婚姻状况变量存在显著关系（检验过程略），也就是说，夫妻健在的老年人贫困率比单身老年人贫困率高是显著的，贫困与婚姻状况有关系，夫妻两人健在的老年人比单身老年人贫困的可能性更大。

这个结论与一些学者的结论不一样，很多学者认为单身更容易贫困。但是我们的调查发现，子女给的赡养费并没有按人数给，单身老年人平均得到的生活费更高一些；政府发放的低保和救助金很多是按家庭发放的，不一定是每人一份，单身获得救助金的概率和平均金额更大。本书的贫困是按收入界定的，所以单身的收入更高一些是正常的，但是单身老年人比较孤独，对生活的满意度较低。

5.3.2　老年贫困与子女数量

如表 5 - 20 所示，在 1575 位被调查者中，56 人无子女，95 人只有 1 个子女，305 人有 2 个子女，1119 人至少有 3 个子女，多子女老年人占被调查者总量的 71%。

表 5 - 20　不同子女数老年人口贫困分布统计

子女数	贫困人数	不贫困人数	贫困率（%）
无	11	45	19.60
1 个	31	64	32.60
2 个	70	235	23.00
3 个及以上	360	759	32.20

只有 1 个子女和有 3 个以上子女的老年人贫困率都在 32% 以上，而无子女和

只有 2 个子女的老年人贫困率都在 23% 以下。交叉列联表卡方检验显示（表略），Pearson 双侧检验概率为 0.005（统计量值为 12.911），在 0.05 的显著性水平下，可以认为变量贫困分组和变量子女数并不独立，也就是说，贫困与否是与子女数量有关系的，1 个子女和 3 个及以上子女老年人与无子女和 2 个子女老年人贫困率的差异在统计学上是显著的。

表 5-21 是不同子女数的贫困老年人、非贫困老年人和全部老年人的人均年收入均值，子女多少与收入并非成线性关系，无子女和只有 2 个子女的被调查者的人均年收入分别是 3871.00 元和 4182.24 元，而只有 1 个子女和有 3 个及以上子女的被调查者的人均年收入分别是 3275.45 元和 3264.76 元。

表 5-21　不同子女数老年人口人均年收入　　　　　单位：元

子女数	无	1 个	2 个	3 个及以上	总计
贫困	1005.82	1121.26	1188.22	1104.29	1115.56
非贫困	4571.38	4318.89	5074.08	4289.49	4469.86
总计	3871.00	3275.45	4182.24	3264.76	3464.63

采用 LSD 多重比较检验显示（表太长，故略去），贫困老年人无论子女数量多少，他们的人均年收入无显著差异；而非贫困老年人中，在显著性水平 0.1 下，2 个子女的老年人与 1 个子女和 3 个及以上子女的老年人的人均年收入存在显著差异，而无子女老年人并没有这种差异；不分贫困与否时，2 个子女的老年人与 1 个子女的老年人的人均年收入存在显著差异，收入差距的均值为 906.79 元，与 3 个及以上子女的老年人的人均年收入也存在显著差异，收入差距的均值为 917.48 元。

无子女老年人的收入并没有显著很高，但为什么他们的贫困率较低？分析他们的收入来源发现，无子女老年人的低保、救济补贴两部分平均收入明显高于有子女老年人（高出 148.51 元），所以无子女老年人低收入人数较少，说明政府对农村无子女老年人的救助力度较大，而有子女老年人的子女赡养力度又不够，所以造成了贫困率的差异。

综上分析可知，西部农村老年人的贫困与否与子女数多少有关，只有 1 个子女或者至少有 3 个及以上子女的老年人较贫困。这个结论似乎与人们古老的多子多福认知存在差异，但是与其他有些学者的研究是吻合的。考虑到社会变迁、孝文化在当代社会的逐渐淡薄，子女多了，对老年人的赡养常常出现推诿现象，以致出现子女过多的老年人贫困率反而比少子女老年人贫困率高；如果只有一个子女，即使子女不逃避赡养老人，其赡养压力会比较大。

另外，进一步分析不同子女数和不同子女经济状况的老年人贫困率（见表 5 - 22），得到的结论是：子女经济状况一般或者不好的老年人中，1 个或者 3 个及以上子女的老年人的贫困率都明显比只有 2 个子女的老年人的贫困率高，特别是 3 个及以上子女的老年人，子女经济状况不好的情况下，其贫困率高达 47.8%，子女经济状况越不好，老年人贫困率越高。同样是子女经济条件不好，两个子女的老年人生活条件更好些。当然，这里也反映出一个现象：子女经济状况不好是老年人贫困的一个重要原因，关于这个问题，后面还要详细分析。

表 5 - 22　子女数不同、子女经济状况不同的老年人贫困率比较　　　单位:%

子女数	子女的经济状况		
	好	一般	不好
1 个	0.00	34.40	33.30
2 个	8.30	21.80	32.80
3 个及以上	8.90	30.70	47.80

5.3.3　老年贫困与居住安排

在 1575 位被调查者中，独居者 238 人，与老伴同住者 571 人，与子女同住者 746 人，与亲戚朋友同住者 20 人，分别占样本总量的 15.1%、36.3%、47.3% 和 1.3%，说明绝大多数老年人都是与子女同住或者与老伴同住。就贫困者而言，独居的 59 人，与老伴同住者 199 人，与子女同住者 210 人，与亲戚朋友同住者 4 人，分别占贫困者的 12.5%、42.2%、44.5% 和 0.8%（见表 5 - 23）。

表5-23 不同居住安排的老年人口贫困率比较

	居住安排			
	独居	与老伴同住	与子女同住	与亲戚朋友同住
贫困人数	59	199	210	4
不贫困人数	179	372	536	16
贫困率（%）	24.80	34.90	28.20	20.00

在不与子女同住的老年人中，251人贫困、522人不贫困，不与子女同住的老年人贫困率为32.50%，高出总贫困率2.53个百分点。由表5-23可知，与老伴同住的老年人贫困率最高，其次是与子女同住的老年人、独居老年人，与亲戚朋友同住的老年人贫困率最低（由于与亲戚朋友同住的人数过少，所以该结论代表性不够，可忽略，假设检验也显示此项与其他居住情形老年人的贫困率没有显著差异）；与老伴同住者的贫困率同独居者或者与子女同住者的贫困率存在显著差异；独居者和与子女同住者的贫困率不存在显著差异。

表5-24是贫困分组与居住安排的交叉列联表卡方检验，检验结果表明，贫困与否和居住安排是有关系的。下面进一步从收入角度分析，会得出不同的结论。

表5-24 贫困分组与居住安排交叉列联表卡方检验

统计量	统计量值	自由度	双侧检验概率
Pearson卡方	11.650	3	0.009
似然比	11.671	3	0.009
有效个案数	1575		

表5-25是将1575位被调查者的人均年收入作为观测变量，居住安排为控制变量所做的观测变量的方差分析，检验概率表明，样本分为独居、与老伴同住、与子女同住、与亲戚朋友同住四组，各组的人均年收入并无显著差异。

表 5 – 25 　不同居住方式老年人口人均年收入方差分析

	方差	自由度	均方差	F 统计量	检验概率
组间	685954.427	1	685954.427	0.035	0.851
组内	30700000000	1573	19515926.46		
总计	30700000000	1574			

　　将样本分为贫困与非贫困两组后，分别对两组做方差分析，表 5 – 26 则显示，在非贫困组里，不同居住方式的老年人的人均年收入并无显著差异（检验概率 0.991 大于显著性水平 0.1）；在贫困组里，不同居住方式的老年人的人年均收入存在显著差异（检验概率 0.013 小于显著性水平 0.05）。

表 5 – 26 　不同居住方式老年人口人均年收入方差分析（分贫困与非贫困）

贫困分组		方差	自由度	均方差	F 统计量	检验概率
贫困	组间	1249673.781	3	416557.927	3.655	0.013
	组内	53339579.95	468	113973.461		
	总计	54589253.74	471			
非贫困	组间	2596276.577	3	865425.526	0.035	0.991
	组内	26920000000	1099	24497660.51		
	总计	26930000000	1102			

　　多重比较显示（表太大，故略去），贫困老年人中，与子女同住的和与老伴同住的两组老年人的人均年收入间存在显著差异，与子女同住的老年人的人均年收入比与老伴同住者低 105.582 元。关于这个结论，前面在估计贫困线和贫困率的时候已经有介绍：由于与子女同住的老年人很多表示吃住随子女，子女没有给赡养费或者给得很少，造成低收入老年人很多。排除掉这个原因，从收入的角度来看，贫困与否和老年人的居住安排是没有显著关系的。

　　虽然不同的居住安排有不同的贫困率，但是由于本书在估计贫困率时，是否与子女同住采用了不同的测量标准（结果：与子女同住的贫困率低于不与子女同住的贫困率），故不同的标准不再进行贫困的相关性分析。与老伴同住的老年人贫困率高的原因：首先，不与子女同住的老年人主要是与老伴同住，其他两种居住安排人数很少；其次，前面婚姻特征已经证实，已婚夫妻的贫困率高，而夫妻健在的有 61% 是与老伴单独居住的，两者有高度一致性。所以，鉴于以上原因，我们不再把居住安排作为一个独立因素来研究与贫困的关系，后面的实证模型中也没有应用居住安排这一因素。

5.3.4　老年贫困与老年人与子女的关系

5.3.4.1　与子女的关系

在 1575 位被调查者中，1519 人有子女，统计结果显示：876 人与子女关系很好，581 人与子女关系一般，62 人与子女关系不好（见表 5-27）。

表 5-27　与子女不同关系的老年人贫困率（1）

	与子女的关系		
	很好	一般	不好
贫困人数	247	190	24
不贫困人数	629	391	38
贫困率（%）	28.20	32.70	38.70

表 5-27 显示，与子女关系不好的老年人贫困率最高（38.70%），与子女关系很好的老年人贫困率最低（28.20%）。表 5-28 显示，贫困分组和与子女关系交叉列联表卡方检验的 Pearson 卡方双侧检验概率为 0.064，在显著性水平 0.1 下，认为贫困分组和与子女关系两者是有关系的。这就意味着老年人口贫困在与子女关系上有特征反应，或者说与子女关系好坏与是否贫困是有关系的。

表 5-28　与子女的关系、贫困分组交叉列联表卡方检验（1）

统计量	统计量值	自由度	双侧检验概率
Pearson 卡方	5.493	2	0.064
似然比	5.409	2	0.067
有效个案数	1519		

进一步把样本按与子女同住和不与子女同住分开分析，发现一个现象：在与

子女同住的情况下，老年人的贫困与否和其与子女关系好坏没有关系（虽然关系不好的贫困率有45%，但是人数太少，依旧不显著）；在不与子女同住的情况下，老年人的贫困与否和其与子女的关系存在显著关系（见表5－29）。这个结论说明，与子女住在一起的，无论关系好坏，老年人的基本生活比较能得到保障。

表5－29　与子女的关系、贫困分组交叉列联表卡方检验（2）

	统计量	统计量值	自由度	双侧检验概率
与子女同住	Pearson 卡方	3.421	2	0.181
	似然比	3.187	2	0.203
	有效个案数	746		
不与子女同住	Pearson 卡方	8.497	2	0.014
	似然比	8.501	2	0.014
	有效个案数	773		

表5－30显示，不与子女同住的老年人中，与子女关系很好的老年人贫困率最低，关系一般的老年人贫困率最高（与关系不好的贫困率相当），两者存在显著差异。因此，贫困老年人在与子女关系上的特征反应最明显的是不与子女同住而且关系一般或者不好。

表5－30　与子女不同关系的老年人贫困率（2）

		与子女的关系		
		很好	一般	不好
与子女同住	贫困人数	136	65	9
	不贫困人数	340	185	11
	贫困率（%）	28.60	26.00	45.00
不与子女同住	贫困人数	111	125	15
	不贫困人数	289	206	27
	贫困率（%）	27.80	37.80	35.70

5.3.4.2 是否有子女住在附近

进一步分析有子女但不与子女同住的老年人贫困状况。有子女住在附近的老年人有 385 人，占回答该问题者的 49.8%；348 人的子女外出打工，占 45.0%；14 人的子女外出经商，占 1.8%（见表 5 - 31）。

表 5 - 31　是否有子女住在附近与老年人贫困率

	是否有子女住在附近				总计
	有	没有，外出打工	没有，外出经商	其他	
贫困人数	143	96	3	9	251
不贫困人数	242	252	11	17	522
贫困率（%）	37.10	27.60	21.40	34.60	32.50

表 5 - 31 显示，有子女住在附近的老年人贫困率远远比子女外出打工或者经商的老年人贫困率高，有子女住在附近的老年人比没有子女住在附近的老年人明显贫困。同时，交叉列联表 Pearson 卡方检验（统计量值 8.452）显示（表略），在显著性水平 0.05 下，贫困分组与是否有子女住在附近并不相互独立，两者是有关系的，也就是说子女住在附近的老年人更贫困。

由于西部农村比较贫困，年轻人外出打工和经商是他们脱贫致富的主要途径。外出打工虽然会产生很多空巢老人，老年人的晚年照顾也会出现问题，但是子女收入高了才有条件给父母更多的赡养费，老年人的经济条件也会得到改善，有利于降低老年贫困率。而子女住在附近没有外出挣钱，子女贫困的概率大，子女贫困就导致老年人贫困。这也印证了一个假设，子女贫困是老年人贫困的主要原因，这也是学术界的一个共识。

5.3.4.3 子女是否经常看望老年人

在有子女且不与子女同住的老年人中，有子女经常看望的老年人有 350 人，占回答该问题者的 45.3%；子女很少看望的老年人有 379 人，占回答该问题者的 49.0%；子女基本不看望的老年人有 44 人，占回答该问题者的 5.7%（见表 5 - 32）。

表 5 - 32 子女是否经常看望与老年贫困率

	子女是否经常来看望			总计
	经常	很少	基本不来	
贫困人数	121	116	14	251
不贫困人数	229	263	30	522
贫困率（%）	34.60	30.60	31.80	32.50

表 5 - 32 显示，经常有子女看望、很少有子女看望、基本没有子女看望三类老年人的贫困率非常接近，都处在 30% ~ 35%，交叉列联表卡方检验显示（统计量值 1.313，表略），在显著性水平 0.1 下，可以认为老年人未与子女同住的，其贫困与否和子女是否经常看望没有关系。从数据上来看，经常看望的贫困率反而更高些，这跟前面的分析一致，因为经常看望的多数是住在附近的，子女住在附近的贫困率更高些，下面的分析和检验证明了这一点。

表 5 - 33 是子女是否经常来看望和是否有子女住在附近的交叉列联表卡方检验，Pearson 检验结果表明，子女是否经常看望老年人与子女是否住在老年人附近有关。

表 5 - 33 是否有子女住在附近、子女是否经常来看望交叉列联表卡方检验

统计量名称	统计量值	自由度	双侧检验概率
Pearson 卡方	222.477	6	0
似然比	235.821	6	0
有效个案数	773		

表 5 - 34 显示，经常被子女看望的老年人，78.9% 是因为有子女在附近住；很少被子女看望的老年人，68.3% 是因为子女外出打工，2.9% 是因为子女外出经商。也就是说，不是子女不看望老年人，而是子女为了养家糊口，不得不离开父母，离家外出挣钱。

表5-34 是否有子女住在附近、子女是否经常来看交叉列联表

			子女是否经常来看			总计
			经常	很少	基本不来	
是否有子女住在附近	有	个案数	276	95	14	385
		子女看望（行百分比）	71.70%	24.70%	3.60%	100.00%
		有子女住在附近（列百分比）	78.90%	25.10%	31.80%	49.80%
	没有，外出打工	个案数	62	259	27	348
		子女看望（行百分比）	17.80%	74.40%	7.80%	100.00%
		子女外出打工（列百分比）	17.70%	68.30%	61.40%	45.00%
	没有，外出经商	个案数	3	11	0	14
		子女看望（行百分比）	21.40%	78.60%	0.00%	100.00%
		子女外出经商（列百分比）	0.90%	2.90%	0.00%	1.80%
	其他	个案数	9	14	3	26
		子女看望（行百分比）	34.60%	53.80%	11.50%	100.00%
		其他（列百分比）	2.60%	3.70%	6.80%	3.40%
总计		个案数	350	379	44	773
		子女看望（行百分比）	45.30%	49.00%	5.70%	100.00%

子女与老年人的关系好坏，也是影响子女看望老年人的一个因素。表5-35是与子女关系和子女是否经常看望老年人的交叉列联表卡方检验，检验概率为0，说明与子女关系和子女是否经常看望老年人是有关系的。表5-36显示，经常有子女看望的老年人，67.71%与子女关系很好，很少有子女看望的老年人，58.58%与子女关系一般或者不好，说明与子女关系越好，子女看望老年人的概率越高。

表5-35 与子女关系、子女是否经常看望交叉列联表卡方检验

统计量	统计量值	自由度	双侧检验概率
Pearson卡方	136.412	4	0
似然比	110.248	4	0
有效个案数	773		

表 5 - 36　子女是否经常来看望、与子女的关系交叉列联表

			与子女的关系			总计
			很好	一般	不好	
子女是否经常来看望	经常	个案数	237	109	4	350
		与子女关系好坏（行百分比）	67.70%	31.10%	1.10%	100.00%
		子女经常看望（列百分比）	27.10%	18.80%	6.50%	23.00%
	很少	个案数	157	199	23	379
		与子女关系好坏（行百分比）	41.40%	52.50%	6.10%	100.00%
		子女很少看望（列百分比）	17.90%	34.30%	37.10%	25.00%
	基本不来	个案数	6	23	15	44
		与子女关系好坏（行百分比）	13.60%	52.30%	34.10%	100.00%
		子女基本不来看望（列百分比）	0.70%	4.00%	24.20%	2.90%
总计		个案数	876	581	62	1519
		子女关系好坏（行百分比）	57.70%	38.20%	4.10%	100.00%

综上所述，子女是否经常看望、与子女关系、子女是否住在附近与老年人贫困有显著关系。子女是否住在附近、是否经常看望并不能解决贫困，只能改善老年人的孤独问题，子女住在附近的，看望次数增加，但贫困率反而更高；与子女关系好、子女经济条件好能改善老年人生活。

5.3.5　老年贫困与住房条件

在1575位被调查者中，1111人有自己的住房，464人没有自己的住房，分别占回答该问题者的70.5%和29.5%。

从表5-37行百分比看，有住房者的贫困率为29.10%，没有住房者的贫困率为32.10%，没有住房者的贫困率比有住房者高出3个百分点；贫困者无住房率为31.60%，非贫困者无住房率为28.60%，贫困者无住房率比非贫困者高，高出3个左右的百分点。

不过，卡方检验显示，是否贫困与是否有自己的住房没有显著关系，只是贫困者的住房条件更差，非贫困者的住房条件更好。由于基本生活难以维持，贫困老年人没有多余的钱拿来改善住房。

表 5 – 37　有无住房者贫困率比较和贫困者与非贫困者无住房率比较

	贫困分组		贫困率	总计
	贫困	非贫困		
有住房	323	788	29.10%	1111
无住房	149	315	32.10%	464
无住房率	31.60%	28.60%	—	29.50%
总计	472	1103	29.97%	1575

5.3.6　小结

西部农村老年人的贫困，从家庭角度看，与婚姻状况、子女数量、与子女的关系、是否有子女住在附近等有显著关系。

已婚者的贫困率为32.4%，比从未结婚者、丧偶者、离异者三组人员的贫困率都高，即夫妻二人健在比单身贫困率高。

子女数量仅有 1 个和 3 个及以上的老年人贫困率都超出了 32%，而没有子女者和仅有 2 个子女者的老年人贫困率都在 23% 以下。

与子女关系越好贫困率越低；不与子女同住的老年人，他们的贫困与否和是否有子女住在附近也有关系，有子女住在附近的老年人比子女外出打工或者经商的老年人贫困率高出近 10 个百分点，说明有子女住在附近的老年人更可能贫困；子女是否经常来看望与贫困无显著关系，但与关系好不好、是否住在附近有关系：关系好的、住在附近的看望次数多。

5.4　西部农村老年贫困的收入特征分析

本书中的贫困指的是经济贫困，是以收入来界定的，因此本节的各项收入数据都是总收入的构成部分，其大小或多或少都会影响和造成贫困，而前面谈到其他因素更多的是先影响收入，然后由于收入不足而造成贫困。

5.4.1 老年贫困与是否参与劳动和工作

在 1575 位被调查者中，从事有收入的劳动和工作的老年人有 700 人，占样本总量的 44.4%，没有从事有收入的劳动和工作的老年人有 875 人，占样本总量的 55.6%（见表 5 – 38）。这里的劳动和工作是指能为自己带来收入（包括自用）的劳动和工作，所以称为"从事有收入的劳动和工作"，下面简称为"参与劳动"。

表 5 – 38　是否参与劳动与贫困率

是否参与劳动	贫困人数	不贫困人数	贫困率（%）
是	111	589	15.90
否	361	514	41.30

未参与劳动的老年人贫困率为 41.30%，比参与劳动的老年人贫困率（15.90%）高出近 26 个百分点。贫困老年人劳动参与率为 23.50%，比非贫困老年人劳动参与率（53.40%）低了近 30 个百分点。同样使用交叉列联表的卡方检验，结果表明（表略），两变量（贫困分组、是否参与劳动）不相互独立，也就是说，老年人贫困与否和是否参与劳动是有显著关系的。

表 5 – 39 显示，随着年龄的增高，无论是贫困老年人还是非贫困老年人，劳动参与率都在下降。相同年龄段内，非贫困老年人劳动参与率远远比贫困老年人劳动参与率高，最低相差近 6 个百分点（80 岁及以上老年人），最高相差近 39 个百分点（65 ~ 69 岁老年人）。参与劳动老年人的贫困率都比未参与劳动老年人的贫困率低，最低相差近 13 个百分点（80 岁及以上老年人），最高相差 31 个百分点（65 ~ 69 岁老年人）。参与劳动老年人的贫困率，基本上随着年龄的增加而上升；而未参与劳动老年人的贫困率，总体上随年龄增加而下降，70 岁以下的老年人比 70 岁及以上的老年人贫困率高。这也印证了 5.2 的分析结果：老年人贫困与否和年龄有关，年岁越高越贫困。因为随着年龄增大，劳动参与率下降，贫困老年人的劳动参与率下降速度更快。不过，在同样不参加劳动的老年人中，

年龄越大贫困率越低，因为年龄越大获得转移性收入的机会越多。因此，对于低龄老年人，应该力所能及地多参与劳动，过分依赖子女和国家转移性收入对自己脱贫和提高生活水平不利。

交叉列联表（表格太大，略去）卡方检验显示，即使在相同年龄段内，贫困与否和是否参与劳动是有显著关系的。因此，结合表 5 - 39 的数据分析，可以认为贫困老年人的一个特征是劳动参与率低。

表 5 - 39   不同年龄段、劳动参与情况与贫困率

年龄分组	是否参与劳动	贫困老年人		非贫困老年人		贫困率（%）	劳动参与率（%）
		人数	劳动参与率（%）	人数	劳动参与率（%）		
60～64岁	是	43	44.33	242	78.06	15.1	70.02
	否	54		68		44.3	
65～69岁	是	30	29.70	186	68.38	13.9	57.91
	否	71		86		45.2	
70～74岁	是	23	19.66	87	41.63	20.9	33.74
	否	94		122		43.5	
75～79岁	是	10	12.20	55	34.16	15.4	26.75
	否	72		106		40.4	
80岁及以上	是	5	6.67	19	12.58	20.8	10.62
	否	70		132		34.7	

5.4.2 老年贫困与劳动和工作性质

在从事有收入的劳动和工作的 700 位老年人中，568 人务农、35 人打工、44 人做小生意、53 人从事其他工作（见表 5 - 40），分别占样本总量的 81.1%、5%、6.3% 和 7.6%，由此可见，绝大多数老年人从事的劳动是务农。

表 5 - 40 显示，务农老年人贫困率最高，打工老年人贫困率为零。交叉列联表卡方检验显示，贫困与劳动工作性质有关系。有劳动工作收入的老年人，只要不是打工，都有可能贫困，而务农的贫困可能性最高。从表 5 - 40 也可以看出，在 111 位贫困老年人中，91.9% 的贫困老年人从事的是务农，从事其他工作的比

例极小。因此，在参与劳动的前提下，务农是贫困老年人的一个特征。

表 5 - 40　不同劳动工作性质的老年人贫困率

劳动工作性质	贫困人数	不贫困人数	贫困率（%）
务农	102	466	18.0
打工	0	35	0
做小生意	3	41	6.8
其他	6	47	11.3

表 5 - 41 显示，贫困老年人的年均劳动收入为 501.71 元，远远低于非贫困老年人的平均水平 4016.77 元。两组老年人年均劳动收入存在的差异在统计学上是显著的。

表 5 - 41　贫困与非贫困老年人年均劳动收入比较

贫困分组	个案数	均值（元）	标准差	估计标准误
贫困	111.00	501.71	358.60176	34.03697
非贫困	589	4016.77	11193.90771	461.23693

即使是从相同年龄组来看（见表 5 - 42），贫困老年人年均劳动收入都远比非贫困老年人低，非贫困老年人年均劳动收入最低值是贫困老年人的 4.41 倍，贫困老年人年均劳动收入最高值也不足非贫困老年人的 23%，由此说明贫困老年人的劳动收入很低。结合前面的分析可知，贫困老年人绝大多数从事的是务农，且农业生产收益低，这就不难理解贫困老年人的劳动收入很低这一现象了。

表 5 - 42　不同年龄段贫困与非贫困老年人年均劳动工作收入比较

年龄段	贫困分组	个案数	均值（元）
60 ~ 64 岁	贫困	43	464.65
	非贫困	242	3725.99

年龄段	贫困分组	个案数	均值（元）
65～69岁	贫困	30	571.50
	非贫困	186	5518.09
70～74岁	贫困	23	503.26
	非贫困	87	3123.22
75～79岁	贫困	10	399.00
	非贫困	55	2105.45
80岁及以上	贫困	5	600.00
	非贫困	19	2647.37

5.4.3 老年贫困与财产性收入

我们把存款利息收入和房屋、土地、设备、牲畜等出租收入称为财产性收入（严格按统计上的可支配收入的定义，应该叫财产净收入）。对很多家庭来讲，即使不劳动，也可能有很高的财产性收入，可以轻松帮助脱贫。

在1575位被调查者中，有财产性收入的只有93人，只占样本总量的5.9%。大部分老年人没有此项收入，但也有一部分是不愿意填或者估计不出来，如存款利息。

表5-43显示，没有财产性收入的老年人贫困率比有财产性收入的老年人贫困率高28个百分点。交叉列联表卡方检验显示（表略），贫困与财产性收入是有显著关系的，贫困老年人一般没有财产性收入或者财产性收入很少。因此，老年人必须要在年轻的时候为自己积累一定的财产，以免陷入老年贫困。

表5-43 有无财产性收入与老年贫困率

财产性收入	贫困人数	不贫困人数	贫困率（%）
有	10	83	10.8
没有	577	905	38.9

5.4.4 老年贫困与子女经济状况

在有子女的 1519 位老年人中，关于子女经济状况的回答情况如下：子女经济状况好的有 8.5%、子女经济状况一般的有 70.8%、子女经济状况不好的有 20.7%。由此可见，西部地区农村绝大多数老年人的子女经济状况都不太好。

表 5 - 44 显示，子女经济状况越不好，老年人贫困率越高，除了子女经济状况好的老年人外，其他两类老年人的贫困率都比较高，子女经济状况不好的老年人贫困率达到 44.1%。卡方检验也显示（表略），子女经济状况与贫困分组并不独立，是有关系的。也就是说，老年人贫困与否与子女经济状况好坏有显著关系。特别是在贫困老年人中，只有 4.2% 的老年人反映子女经济状况好。

表 5 - 44　子女的不同经济状况与老年人贫困率

子女经济状况	贫困人数	不贫困人数	贫困率（%）
好	24	105	18.6
一般	413	662	38.4
不好	139	176	44.1

我们特别关注了不与子女同住的老年人。不与子女同住的贫困老年人有 251 人，其中子女经济状况好的有 9 人，子女经济状况一般的有 173 人，子女经济状况不好的有 69 人，分别占不与子女同住的贫困老年人的 3.6%、68.9% 和 27.5%。这也说明老年贫困更多的是因为子女经济状况一般或者不好。

由于子女的赡养费是老年人的主要经济来源之一，因此子女经济条件不好就会影响老年人的生活。但是，如果子女有足够的孝心，子女经济条件不好的老年人也可能不贫困，表 5 - 44 显示，贫困老年人中还有 24 个子女经济条件好的，排除老年人自身的因素，这应该属于子女不孝造成的。

5.4.5 老年贫困与子女给的生活费

5.4.5.1 子女是否给生活费

表 5 - 45 显示，在 1519 位有子女的被调查者中，543 人子女不给生活费，

976 人子女给生活费，分别占有子女老年人口的 35.75% 和 64.25%。子女不给生活费的老年人贫困率为 43.09%，子女给生活费的老年人贫困率为 23.26%，两者相差近 20 个百分点。子女不给生活费应该是老年人口贫困的原因之一。

表 5-45　贫困分组、子女是否给生活费交叉列联表

			子女是否给生活费		总计
			不给	给	
贫困分组	贫困	人数	234	227	461
		行百分比	50.76%	49.24%	100.00%
		列百分比	43.09%	23.26%	30.35%
		总计	15.40%	14.94%	30.35%
	非贫困	人数	309	749	1058
		行百分比	29.21%	70.79%	100.00%
		列百分比	56.91%	76.74%	69.65%
		总计	20.34%	49.31%	69.65%
总计		人数	543	976	1519
		行百分比	35.75%	64.25%	100.00%
		列百分比	100.00%	100.00%	100.00%
		总计	35.75%	64.25%	100.00%

进一步做卡方检验显示（表略），在显著性水平 0.05 下，贫困分组与子女是否给生活费两变量不独立，说明老年贫困与子女是否给生活费有显著关系，子女不给生活费是老年人口贫困的原因之一。

前面一部分我们已经分析了子女经济条件与老年贫困的关系：子女经济条件好的老年人贫困率为 18.6%，子女经济条件一般的老年人贫困率为 38.4%，子女经济条件不好的老年人贫困率为 44.1%。接下来我们进一步分析子女经济状况与子女是否给生活费情况之间的关系。

表 5-46 显示，子女经济条件好的老年人有 69.80% 得到了子女给的生活费，子女经济条件一般的老年人有 65.90% 得到了子女给的生活费，子女经济条件不好的老年人该比例最低，只有 56.50%。卡方检验结果也表明（表略），子女是否给生活费与子女经济状况是有关系的。子女经济条件越好的老年人，从子女那

里得到生活费的可能性越大，这是完全符合现实情况的。

表 5-46　子女的经济状况、子女是否给生活费交叉列联表

			子女是否给生活费		总计
			不给	给	
子女的经济状况	好	人数	39	90	129
		行百分比	30.20%	69.80%	100.00%
	一般	人数	367	708	1075
		行百分比	34.10%	65.90%	100.00%
	不好	人数	137	178	315
		行百分比	43.50%	56.50%	100.00%
总计		人数	543	976	1519
		行百分比	35.70%	64.30%	100.00%

进一步分析子女经济状况、子女是否给生活费与老年人贫困率的关系（见表 5-47）。从老年人口分为子女给生活费和不给生活费两组来看，在同一组中基本呈现：子女经济状况越好，老年人贫困率越低，但第二组不是递增的，因为给生活费还得分析生活费的多少；从子女经济状况角度看，将老年人口按子女经济状况分为好、一般、不好三组，子女经济状况不好的老年人，子女不给生活费的贫困率比子女给生活费的老年人贫困率高出 22 个多百分点，其他两组没有显著趋势，因为给生活费还得分析金额大小，如果金额太小其效果等于不给。

表 5-47　子女经济状况、子女是否给生活费与老年人贫困率

子女是否给生活费	子女经济状况					
	好		一般		不好	
	人数	贫困率（%）	人数	贫困率（%）	人数	贫困率（%）
不给	39	5.13	367	49.52	137	56.20
给	90	10	708	50.48	178	33.71
总计	129	8.53	1075	29.12	315	43.49

综合前面所有关于与子女有关的问题的分析，我们得出这样一个逻辑关系：

子女经济状况越好，子女与老年人的关系越好，子女就越能拿出钱来扶助老年人，老年人贫困率就越低；反之，子女经济状况越差，子女与老年人的关系越差，子女拿钱赡养老年人的概率越小，老年人贫困率就越高。当然，要让子女的经济条件好，子女不住在附近、外出打工和经商是一个不错的选择。

5.4.5.2 生活费的金额

表5-48和表5-49是贫困组老年人和非贫困组老年人子女给的生活费的平均水平的独立样本 t 检验，检验结果显示，贫困组老年人子女给的生活费平均水平为每年189.87元，非贫困组老年人子女给的生活费平均水平为每年1104.49元，两者相差900多元，检验概率为0.000，在0.05的显著性水平下，可以认为两组老年人的子女给的生活费存在显著差异，这种差异下限为767.12元，上限为1062.12元[①]。

表5-48　子女给生活费的统计分析

贫困分组	均值（元）	标准差	均值估计标准误
贫困	189.87	305.18604	14.04733
非贫困	1104.49	2452.85374	73.85568

表5-49　贫困和非贫困老年人的子女给的生活费的独立样本 t 检验

	方差齐次性 Levene 检验		均值相等 t 检验					均值差95%置信区间	
	F 统计量	检验概率	t 统计量	自由度	双侧检验概率	均值差	均值差估计标准误	下限	上限
方差相等假设	81.555	0	-8.073	1573	0	-914.61941	113.29523	-1136.84497	-692.39385
方差不等假设			-12.166	1179.562	0	-914.61941	75.17971	-1062.12029	-767.11854

---

① 表5-49是贫困老年人与非贫困老年人子女给的生活费的独立样本 t 检验的检验结果，方差齐次性 Levene 检验表明，两组老年人子女给的生活费的方差不相等，因此，由"方差不等假设"这一行的指标数据可得出我们的分析结果。

进一步比较相同子女数的老年人其子女给的生活费的差异（见表 5-50）。在只有 1 个子女的老年人中，子女给的生活费平均为每年 1057.66 元，其中，贫困老年人子女给的生活费平均为每年 133.78 元，非贫困老年人子女给的生活费平均为每年 1657.37 元；在有 2 个子女的老年人中，子女给的生活费平均为每年 1103.72 元，其中贫困老年人子女给的生活费平均为每年 209.81 元，非贫困老年人子女给的生活费平均为每年 1428.41 元；在有 3 个及以上子女的老年人中，子女给的生活费平均为每年 780.09 元，其中贫困老年人子女给的生活费平均为每年 203.28 元，非贫困老年人子女给的生活费平均为每年 1178.29 元。各组的检验概率都小于显著性水平 0.05，说明在相同子女数情况下，贫困老年人和非贫困老年人的子女所给的生活费的差异均是显著的。

表 5-50　不同子女数的贫困与非贫困老年人的子女每年给的生活费比较

子女数	贫困分组	个案数	子女给的生活费均值（元）	均值估计标准误	差异性检验概率
1 个	贫困	37	133.78	33.61	
	非贫困	57	1657.37	461.84	0.002
	总计	94	1057.66	289.85	
2 个	贫困	81	209.81	42.16	
	非贫困	223	1428.41	195.85	0.000
	总计	304	1103.72	147.31	
3 个及以上	贫困	457	203.28	13.92	
	非贫困	662	1178.29	93.79	0.000
	总计	1119	780.09	57.57	
总计	贫困	575	199.73	12.74	
	非贫困	942	1266.49	85.30	0.000
	总计	1517	862.15	54.81	

表 5-50 显示，在贫困老年人中，子女数量不同，子女给的生活费平均水平似乎也不同。但实际上，多重比较检验表明这种差异并不显著（检验过程略），也就是说贫困老年人无论子女多寡，他们从子女那里得到的赡养费都差不多，大概为 200 元，显著低于非贫困老年人子女给的生活费。而且，整体来看，老年人

并没有因为子女多而得到更多的赡养费，其中 2 个子女的老年人得到的平均生活费最高（1103.72 元），3 个及以上子女的老年人得到的平均生活费最低（780.09 元）。2 个子女老年人比 3 个及以上子女老年人得到的子女给的生活费高出 323.63 元，多重比较检验显示，在显著性水平 0.05 下，这种差异在统计学上是显著的（检验过程略）。这跟前面的子女数分析结论一样，只有 1 个子女或者有 3 个及以上子女的老年人较贫困。因此，在西部农村，多子多福现象并不显著，子女多了，对老年人的赡养常常出现推诿现象，以致出现子女过多的老年人贫困率反而更高的结果。

5.4.6　老年贫困与政府转移收入

5.4.6.1　社会养老保险

在参加社会养老保险方面，我们把 1575 位被调查者按照参加的养老保险的不同分组，表 5-51 显示，绝大多数（93.08%）老年人参加了新型农村社会养老保险（以下简称新农保）（其中有一人同时参加了其他养老保险），但是月领取养老金水平非常低（平均 79.12 元）。参加除新农保以外的其他各种养老保险（主要是各种商业保险）的老年人，月领取养老金水平都比较高，均值超过 700 元。除此以外，还有 79 人（5%）没有参加任何养老保险。

表 5-51　每个月领取的养老保险金统计

目前参加的养老保险	人数	比重（%）	养老金均值（元）	贫困率（%）
新型农村社会养老保险	1466	93.08	79.12	30.01
其他养老保险	30	1.9	702.9	16.67
没有参加任何养老保险	79	5.02	0	34.18
合计	1575	100	87.04	29.97

表 5-51 显示，没有参加任何养老保险的老年人贫困率最高，其次是参加新农保的老年人，两者的贫困率都超过了 30%，而参加其他养老保险的老年人贫困率不到 17%。参加养老保险可以在一定程度上改善老年人的生活，是农村老年人养老的一个主要依靠。因此，不参加任何养老保险致贫的风险很大，但如果

完全依赖新农保也是不行的，因为这个保险制度是普惠性的，保障力度不大。交叉列联表卡方检验显示，贫困与否和参加养老保险的类型没有显著关系（表略），主要是因为绝大多数老年人参加的养老保险都是新农保，其他两个组样本量太小，显示不出差异。但可以肯定，参加养老保险、提高养老保险金额能帮助老年人脱贫。

5.4.6.2 最低生活保障（以下简称低保）

在领取低保方面，1575 位被调查者中，397 人领取低保，低保领取率为25.21%。表 5-52 显示，领取低保的老年人贫困率比未领取低保的老年人贫困率低近 13 个百分点。另外，贫困老年人低保领取率比非贫困老年人低近 14 个百分点。

表 5-52　领取和未领取低保者贫困率比较

	贫困人数	不贫困人数	贫困率（%）
领取低保者	82	315	20.70
未领取低保者	390	788	33.10
低保领取率（%）	16.52	30.36	—

贫困分组与是否正在拿低保交叉列联表卡方检验显示（表略），是否领取低保与是否贫困显著相关（检验概率为 0，Pearson 卡方统计量值为 37.41）。进一步统计可知，在领取低保的 397 位老年人中，贫困老年人低保月领取金额平均不到 40 元，比非贫困老年人低 65 元左右。

因此，贫困老年人在低保方面的特征是领取率低、领取额低。让贫困老年人都能领到低保，并且进一步提高低保标准，是目前各级政府必须要重视的问题。

5.4.6.3 政府和集体的补贴和救济金

调查显示，获得了政府和集体的补贴和救济金的老年人有 186 人，占样本总量的 11.81%。

表 5-53 显示，未领取补贴和救济金的老年人贫困率要高近 7.7 百分点。另外，贫困老年人补贴和救济金领取率比非贫困老年人低 3 个多百分点。同前面一样使用 Pearson 卡方检验（检验概率 0.03，统计量值 4.715，表略），结果表明：在显著性水平 0.05 下，贫困与补贴救济金相互不独立，两变量有关联，也就是

说领取补贴救济与否和贫困与否显著相关。

表5-53　是否有领取补贴和救济金与贫困率

	贫困人数	不贫困人数	贫困率（%）
领取补贴和救济金	43	143	23.12
未领取补贴和救济金	429	960	30.89
补贴和救济金领取率（%）	9.11	12.96	—

表5-54显示，在有补贴和救济金的186位老年人中，无论分年龄段看，还是不分年龄段看，贫困老年人补贴救济金的领取额远远低于非贫困老年人。

表5-54　月领取补贴和救济金分年龄段统计分析

年龄分组	贫困		非贫困		总计		贫困率（%）
	人数	补贴救济金均值（元）	人数	补贴救济金均值（元）	人数	补贴救济金均值（元）	
60～64岁	11	17.62	34	72.04	45	58.73	24.44
65～69岁	7	12.49	25	277.2	32	219.3	21.88
70～74岁	9	14.72	22	166.63	31	122.53	29.03
75～79岁	9	22.5	25	106.76	34	84.46	26.47
80岁及以上	7	24.04	37	178.4	44	153.84	15.91
总计	43	18.25	143	156.05	186	124.19	23.12

因此，贫困老年人在政府和集体的补贴和救济方面的特征是领取率低、领取额低。

5.4.7　小结

从收入特征来看，西部农村老年人贫困与否和下列因素有关：是否从事有收入的劳动和工作以及从事的劳动工作性质、是否有财产性收入、子女经济状况、子女给的生活费、是否有低保、是否领取补贴救济金等，与是否有养老保险也可能有显著关系。因此，西部农村贫困老年人表现出来的收入特征如下：

贫困老年人很少从事有收入的劳动和工作,即使从事有收入的劳动和工作,绝大多数是收益较低的务农。贫困老年人劳动参与率为 23.50%,非贫困老年人劳动参与率为 53.40%;未参与劳动的老年人贫困率为 41.30%,明显比参与劳动的老年人贫困率(15.90%)高。

贫困老年人没有财产性收入,或者财产性收入极少。没有财产性收入的老年人贫困率比有财产性收入的老年人高 28 个百分点。

贫困老年人的子女经济状况普遍不太好。不同的子女经济状况(好、一般、不好)对应的老年人贫困率分别为 18.6%、38.4% 和 44.1%,呈显著递增的趋势。

贫困老年人子女不给生活费或者给的生活费比较少。子女不给生活费的老年人贫困率为 43.09%,子女给生活费的老年人贫困率为 23.26%;贫困组与非贫困组老年人子女给的生活费平均水平相差 900 多元。当然,给不给生活费以及生活费金额的大小跟子女的经济状况有关。值得关注的是,并没有因为子女多而得到更多的生活费:2 个子女的老年人得到的平均生活费最高,3 个及以上子女的老年人得到的平均生活费最低,这与前面贫困与子女数的分析结论一致。

养老保险方面,虽然 90% 以上老年人参加了新农保,但只参加了新农保的老年人(贫困率 30.01%)和没有参加任何养老保险的老年人(贫困率 34.18%)的贫困率都很高,而参加其他养老保险的老年人贫困率为 16.67%,说明新农保的保障力度不够。

贫困老年人很少领取低保、补贴救济,即使领取低保、补贴救济,领取金额也比较少。

5.5　西部农村老年贫困的健康、医疗特征分析

5.5.1　老年贫困与健康

5.5.1.1　健康、残疾与劳动收入

受城乡二元经济发展的制约,我国农村的医疗保障体系还不够完善,医疗费

用相对于农村居民收入明显偏高；对农村地区医疗投入相对有限，医院规模和医疗水平远低于城镇，农村居民获得良好医疗服务的机会较少，平均健康水平远不如城镇居民，并且随着年龄的增加，农村老年人的健康程度出现加速下降的趋势。表5-55 显示，西部农村 60~64 岁老年人健康程度差的占28.26%，后面各年龄段的比重显著上升。健康程度的这种变化趋势对农村老年人的收入和支出产生了较大的影响。

表5-55　老年人健康状况年龄分布　　　　　　单位:%

年龄	健康状况		
	差	一般	好
60~64 岁	28.26	50.61	21.13
65~69 岁	35.39	44.77	19.84
70~74 岁	39.88	48.77	11.35
75~79 岁	41.98	43.21	14.81
80 岁及以上	49.56	42.04	8.40

注：根据调查样本整理所得。

前面的分析已经表明，农村老年人的收入除了转移性收入外，主要就是自己的劳动和工作收入，是否有劳动和工作收入与贫困是显著相关的。受小农经济的影响，我国的农业生产主要是以简单体力劳动为主，特别是相对落后的西部农村，因此劳动能力的高低与劳动者的年龄和健康高度相关。农村老年人随着年龄的增加，健康状况逐步下降，劳动参与度和劳动能力也显著下降。如图5-1 所示，随着年龄的增加，健康程度差的老年人比重逐渐上升，劳动参与率显著下降，且不同年龄的劳动参与率的下降趋势明显高于不同年龄的不健康率的上升趋势。从数据来看，60~64 岁的老年人健康程度差的仅为 28.26%，劳动参与率达到 70.02%；65~69 岁与 60~64 岁组相比，随着年龄的增加，健康程度为差的老年人所占比重增加了 7.13 个百分点，劳动参与率比重减少 12.12 个百分点；70~74 岁以后各组出现更为明显的下降，健康程度差的老年人比重上升了 4.49 个百分点，劳动参与率出现加速下降趋势，下降了 24 个百分点；80 岁以上的农村老年人健康程度进一步恶化，健康程度差的老年人比重上升到 49.56%，劳动参与率仅为 10.62%。

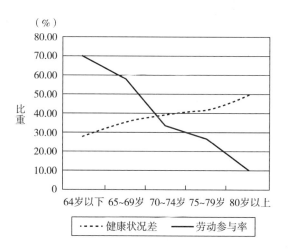

图 5 - 1　年龄与健康和劳动参与率关系折线图

健康程度、劳动参与率的差异导致了农村老年人劳动收入的差异。由表 5 - 56 可知，健康程度差的农村老年人与健康程度较好的老年人由于劳动参与率的不同，收入出现较大差异：不同健康状况（好、一般、差）下劳动参与率的比例（健康状况差的为 100）为 190 : 123 : 100，但是农村老年人平均劳动和工作收入在不同健康状况的比例为 303 : 184 : 100，由此可见，健康状况的好坏、劳动参与率的高低直接决定劳动收入的高低。

表 5 - 56　老年人健康状况、劳动参与率与劳动收入关系分析

健康状况	劳动参与率（%）	平均劳动和工作收入（元）
差	35. 19	1851. 42
一般	43. 58	3408. 64
好	67. 06	5616. 07

影响劳动参与率的因素不仅有老年人的健康状况，还有残疾状况。西部地区受地形、地貌和经济发展的限制，农业生产技术水平和机械化水平较低，农业生

产主要依靠体力劳动,因此生产者是否存在残疾或是否存在制约体力劳动的残疾对劳动参与率的影响是不言而喻的。调查样本显示,无残疾的西部农村老年人劳动参与率为46.65%,有残疾的老年人的劳动参与率为32.68%,其中不同的残疾对劳动参与率有着明显区别:视力残疾的老年人的劳动参与率最低,仅为30.49%;其次为肢体残疾、听力残疾和其他残疾,分别是30.57%、34.67%和42.86%。

由表5-56可以看出,劳动参与率对农村老年人的主要收入来源——劳动收入有着重要影响,因此,残疾及残疾类型的不同所造成的劳动参与率的差异,对农村老年人的劳动收入产生了较大影响。由此可见,残疾及残疾的类型也是影响农村老年人劳动参与率进而影响农村老年人劳动收入的一个重要因素。

从西部农村老年人的收入来源构成来看,劳动和工作收入占绝大部分,财产性收入和转移性收入相对较少。因此,从收入角度看,年龄的差异、健康程度的差异和残疾种类的不同,会对农村老年人的劳动参与率和劳动收入产生较大影响,从而对农村老年贫困产生一定程度的影响。

5.5.1.2 老年贫困与健康、残疾

根据前面的分析,健康状况、是否残疾会影响收入,那么应该与贫困有关系,下面我们来分析和检验他们是否有显著关系。

表5-57显示,健康状况差的老年人贫困率高达39.76%,与健康状况好的老年人的贫困率相差近25个百分点。卡方检验显示(见表5-58),在显著性水平0.05下,认为贫困分组和健康是有关系的,身体状况差是西部农村贫困老年人的特征,是贫困的影响因素之一。

表5-57 老年人健康状况与贫困率的统计

健康状况	贫困		非贫困		贫困率(%)
	人数	比重(%)	人数	比重(%)	
差	235	49.79	356	32.27	39.76
一般	199	42.16	533	48.32	27.19
好	38	8.05	214	19.41	15.08

表 5 - 58　健康状况、贫困分组交叉列联表卡方检验

	统计量值	自由度	渐进双侧检验概率
Pearson 卡方	56. 334	2	0
似然比	58. 702	2	0
有效个案数	1575		

进一步分析显示，西部农村贫困老年人年龄的众数是 71.6 岁，非贫困老年人年龄的众数是 62.5 岁，这种年龄分布的集中趋势导致了两组健康状况构成的差异。由表 5 - 57 可知，贫困老年人的健康状况确实明显不如非贫困老年人：贫困老年人健康状况的众数是差，而非贫困老年人健康状况的众数是一般；贫困老年人健康状况好的比重仅为 8%，而非贫困组该数据是 19.41%，比贫困组高出 11 个百分点。

同理，我们继续分析老年贫困与残疾。表 5 - 59 显示，有残疾的老年人贫困率高达 36.27%，无残疾的老年人贫困率为 28.45%。卡方检验（Pearson 卡方统计量值为 7.197，检验概率为 0.007，表略）显示，贫困分组和是否残疾是有关系的，身体残疾是西部农村老年人贫困的原因之一。

表 5 - 59　老年人残疾与否与贫困率的统计

残疾状况	贫困		非贫困		贫困率（%）
	人数	比重（%）	人数	比重（%）	
有残疾	111	23. 52	195	17. 68	36. 27
无残疾	361	76. 48	908	82. 32	28. 45

表 5 - 59 显示，贫困组的残疾率比非贫困组高出 5.84 个百分点。继续分析不同类型的残疾情况发现，对劳动力有较大影响的肢体残疾和视力残疾，在贫困残疾老年人当中占 78.38%，在非贫困残疾老年人中，该数据为 59.48%，两者相差 18.9 个百分点（见图 5 - 2）。

贫困和非贫困老年人的健康状况和残疾的不同导致了两组劳动参与率的不同，贫困老年人较低的劳动参与率不可避免地导致其主要收入——劳动收入水平

偏低。由此可见，健康和残疾对老年贫困有明显影响。

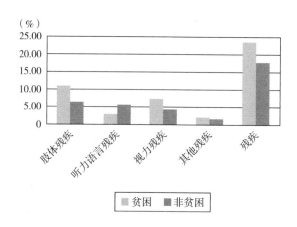

图 5 - 2   贫困与非贫困样本残疾率对比

5.5.2   老年贫困与医疗

由于本书的贫困是根据收入来界定的，医疗方面的情况不是贫困的直接成因，所以这里没有进行相关性假设检验，后面的模型实证也没有使用该项数据。但是我们需要了解贫困老年人的医疗特征，包括有病是否能得到医治、能否承担医疗费、医疗保障如何等情况。

5.5.2.1   健康与医疗

由于我国医疗设施的城乡差异，医疗水平较高的医院基本分布在经济和交通较为发达的城镇地区，农村地区的医疗机构的规模和服务水平远落后于城市。农村老年人属于疾病高发群体，且多为慢性病。部分老年人由于自身行动不便或者交通原因，不愿意去距离较远、条件较好的医院看病，再加上较高的医疗消费支出，常常小病不治、拖成大病。调查显示，健康程度好的农村老年人在进行平时疾病处置时，有73.42%的会选择看医生，而健康程度差的该数据要低一些，为69.37%，有近30%的老年人选择忽略或自己配药。当然，选择看医生的绝大部分是在当地就医，医疗条件和水平有限。这种处置方式和医疗水平导致身体一旦恶化，就已经是重疾，医疗支出会迅速增加。调查数据显示，健康程度差的农村老年人上年医疗支出①的平均数为 5492 元，健康程度一般和好的农村老年人该数据为 2098 元和 1062 元。

解决农村老年人医疗负担的途径之一是通过医疗保险。调查显示，72% 的西部农村老年人有新型农村合作医疗（以下简称新农合），但新农合起付门槛高报销比例低，老年人的医疗费自费比例仍较高。更何况还有 25% 的老年人没有医疗保险，医疗费要完全自费。调查数据显示，上年医疗费用支出中自费部分超过 40% 的占比 76.93%，其中全部自费的占比 37.53%，自费部分低于 20% 仅占 5.77%，其中零自费的仅占 3.61%。高额的自费医疗费用进一步加重了西部农村老年人的负担。

随着自费医疗费用的增加，农村老年人承受能力下降。表 5 - 60 显示，当自费医疗费用在 500 元以下时，74.61% 的老年人能够或基本能够承担；当自费医疗费用超过 3500 元时，该数据下降到 34.69%；当自费医疗费用超过 30000 元时，仅 20% 的农村老年人基本能承担。

表 5 - 60　老年人自费医疗费用承受能力频率分布　　　　　单位:%

自费医疗费用（元）	能够承担	基本能够承担	比较困难	不能承担
500 以下	30.1	44.51	20.83	4.56
500 ~ 1500	12.98	48.32	33.41	5.29
1500 ~ 3500	11.2	39.83	37.34	11.62
3500 ~ 5000	6.12	28.57	48.98	16.33
5000 ~ 10000	5.19	24.68	49.35	20.78
10000 ~ 20000	9.38	28.13	43.75	18.75
20000 ~ 30000	6.67	26.67	40	26.67
30000 以上	0	20	30	50

注：根据调查结果整理所得。

解决农村老年人医疗负担（特别是自费部分的医疗费）的途径之二是子女

---

① 上年医疗支出是指被调查前一年的医疗支出，大部分回答的是 2013 年医疗支出，有少部分是 2012 年的医疗支出。

提供的医疗资助。农村居民传统的养老方式是养儿防老，与子女同住的老年人，家中费用支出大部分是由子女开支，因此对自费医疗费这部分的承受能力明显高于不与子女同住的老年人。图 5 - 3 显示，与子女同住老年人对于自费医疗费用选择能够承担或基本能够承担的比重为 68.9%，而不与子女同住的这一占比仅为 56.45%。由此可见，同住的子女对于减轻农村老年人医疗负担有一定的作用。

因此，相对于农村老年人的收入水平，较为昂贵的医疗开支加重了农村老年人的负担，因病致贫现象较为普遍。

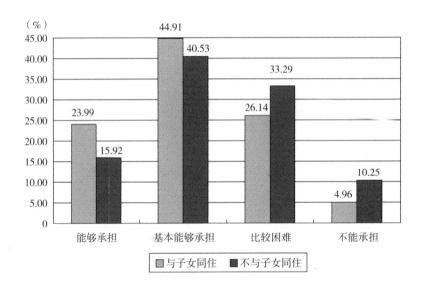

图 5 - 3　是否与子女同住的自费医疗费用承受能力对比

5.5.2.2　贫困与医疗

当健康状况差的老年人被问及对日常疾病如何处置时，贫困组和非贫困组老人的回答差别不大，贫困组老人有 32.34% 是选择忽略或自己配药，略高于非贫困组（29.49%）。但这两组老年人的健康状况有显著差异，非贫困老年人的健康状况明显好于贫困老年人，贫困老年人健康状况差的比重比非贫困老年人高出近 18 个百分点（见表 5 - 57）。这种分布特点以及对疾病的处置方式的差异导致两组医疗支出水平和分布的差异。

表 5 - 61 显示，从上年医疗支出（含报销和自费）的分布来看，非贫困组的

农村老年人上年医疗支出在 2000 元以下的比重为 68.61%，而贫困组该数据为 58.44%；相反，医疗支出高于 2000 元，非贫困组累计频率为 31.39%，贫困组累计频率为 41.56%，贫困组较非贫困组高 10 个百分点；上年医疗支出在 10000 元以上，非贫困组累计频率仅为 6.78%，贫困组累计频率为 11.90%，两组对比相差近一半。因此，从两组分布特点可以看出，贫困老年人医疗负担相对较高。从医疗支出水平来看，贫困老年人上年医疗支出的平均数为 4420.67 元，非贫困老年人为 2705.95 元，贫困组的上年医疗支出高于非贫困组。

表 5 - 61　贫困和非贫困样本医疗支出构成对比

上年医疗支出（元）	贫困组（%）	非贫困组（%）
500 以下	24.46	30.92
500 ~ 1000	18.61	21.77
1000 ~ 2000	15.37	15.92
2000 ~ 4000	16.67	14.09
4000 ~ 6000	6.93	6.22
6000 ~ 10000	6.06	4.30
10000 ~ 20000	5.63	4.03
20000 ~ 30000	3.03	1.46
30000 ~ 60000	2.38	0.73
60000 以上	0.86	0.56
合计	100	100

相对于他们的收入，医疗支出对于贫困老年人来说难以承担。受新农合制度设计的影响，农村居民自费部分比重偏高，再加上贫困老年人医疗支出较高，导致贫困组的自费支出高于非贫困组。调查显示，贫困组自费医疗费用平均为 2743.25 元，在上年医疗消费支出中的占比平均为 59.1%；非贫困组该数据分别为 1627 元和 54.82%。相对于年平均收入在 1722 元以下的贫困老年人，医疗支出自费部分明显过高，这种负担农村老年人能否承受？

通过对照贫困与非贫困样本发现，西部农村贫困老年人对医疗自费部分的承受能力更是有限，自费部分在 500 元以下的，贫困组能够承担或基本能够承担的仅为 57.3%，非贫困组为 80.5%；自费部分超过 3500 元的，贫困组能够承担或基本能够承担的仅为 12.5%，非贫困组为 45.54%。图 5 - 4 显示，总体来看，贫困组仅有 46.63% 的选择能够承担或基本能够承担自费医疗费用，非贫困组该数据为 68.95%。由此可见，西部农村贫困老年人对自费部分的承受能力相当有限。

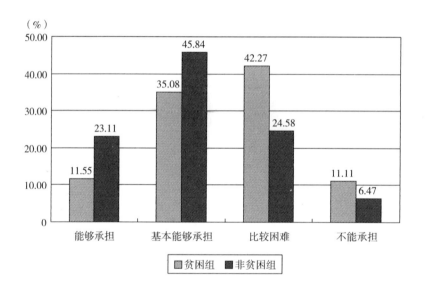

图 5 - 4　贫困与非贫困组自费医疗费用承受能力对比

图 5 - 5 显示，贫困组选择子女能够承担和基本能够承担的为 50.48%，比较困难的和不能承担的占 49.52%；非贫困组对应的数据分别为 76.12% 和 23.88%。对比图 5 - 4 与图 5 - 5 发现，贫困组两张图的分布并无显著差异，由此可见，相对于非贫困老年人，贫困老年人的子女在承担医疗费用上的作用有限。究其原因，一方面是由于贫困老年人医疗费用支出相对非贫困组高，另一方面受新农合支付限额的限制，自费部分支出也明显偏高（相对于收入）。因此，在农村居民收入有限的情况下，再加上农村传统孝文化约束力的减弱，农村贫困老年人依靠子女解决医疗问题的概率较小。

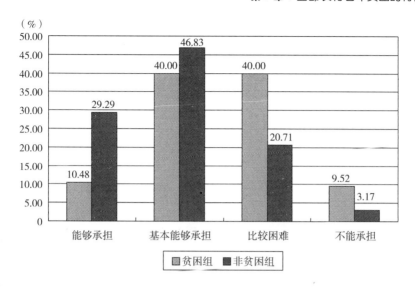

图 5 - 5　贫困与非贫困子女医疗负担承受能力对比

综上分析可知，比起非贫困老年人，西部农村贫困老年人的医疗支出总额更大、自费比例更高，自己以及子女对医疗支出的承担能力差，负担很重。

5.5.3　老年贫困与生活自理能力

调查数据显示，有 73.52% 的老年人表示生活能自理，完全不能自理的占 3.37%。老年人的生活自理能力会影响劳动能力，从而会影响收入，所以生活自理能力可能与贫困显著相关，可能是贫困的影响因素，同前面一样我们来做一下假设检验。

表 5 - 62 显示，生活能自理的老年人贫困率最低，但贫困率最高的并不是完全不能自理的老年人，而是半自理的老年人。分析老年人的被照顾情况发现，完全不能自理的老年人有 90.57% 能够得到及时照顾，而半自理的老年人该数据只有 71.15%，所以半自理老年人劳动能力差且被照顾概率低，造成了较高的贫困率。无论把自理能力分三组还是分两组（后面两组合并为不能自理），卡方检验都显示（表略），贫困分组和生活自理能力是有关系的，农村老年人的生活自理能力差是贫困的影响因素之一。

表5-62　老年人自理能力与贫困率的统计

自理能力	贫困		非贫困		贫困率（％）
	人数	比重（％）	人数	比重（％）	
能自理	284	60.17	874	79.24	24.53
半自理	168	35.59	196	17.77	46.15
完全不能自理	20	4.24	33	2.99	37.74

生活能否自理跟身体健康状况是相关的，随着健康状况的下降，老年人的生活自理能力下降。健康状况好的老年人94.44％生活能够自理，4.37％生活半自理；健康状况差的该数据分别为50.25％和43.32％，其中完全不能自理的为6.43％。受健康和残疾程度的影响，生活自理能力在贫困与非贫困两组的分布表现出不同的特点。

相对于非贫困老年人，由于贫困老年人的健康状况较差，因此贫困老年人生活自理能力的数据不容乐观。表5-62显示：60％的贫困老年人生活能够自理，而非贫困组的占比近80％；贫困组半自理的老年人占35.6％，4.24％的完全不能自理，而非贫困组这两个数字都要小很多。不难看出，贫困组的生活自理能力相对非贫困组较差。

5.5.4　老年贫困与照顾

农村老年人能否得到及时照顾，是关系到其生存质量好坏的一个较为关键的因素。受农村"养儿防老"的这种主流养老方式的影响，农村老年人在儿女成家立业时全力资助，在失去劳动能力之后获得儿女的照顾，因此儿女在照顾农村老年人的过程中发挥了较大作用。我们的调查显示，有64.2％的西部农村老年人能够得到照顾和帮助，在有人照顾的1011位老年人中，97％的帮助和照顾者是子女和家人，其他形式的帮扶几乎可以忽略不计。进一步分析显示，随着自理能力的减弱，得到及时照顾的可能性越大：完全不能自理的农村老年人90.57％能够得到及时照顾，半自理的该数据为71.15％，能够自理的该数据为60.79％。可见，自理能力越差，被照顾的概率越大。

调查还发现，贫困老年人被照顾的概率比非贫困老年人低。贫困老年人收入低下、健康状况较差、生活自理能力也差，但是得到长期照顾的可能性较非贫困老年人存在一定程度减小。图 5-6 显示，生活能够自理和半自理的农村老年人，贫困组能够得到帮助和照顾的概率均小于非贫困组。由于贫困样本中生活半自理的居民占 35.59%，这部分老年人能否得到照顾，对于农村老年人的生活满意程度有着较大的影响。图 5-7 显示，生活满意度最高的组，87.30% 得到帮助和照顾，随着满意程度的下降，该数据逐渐减少，在很不满意组中，得不到照顾的老年人占 55.56%。因此，为农村老年人特别是贫困老年人提供关爱和照顾，是改善农村老年人生活质量、提升生活满意度的一个较为重要的因素。

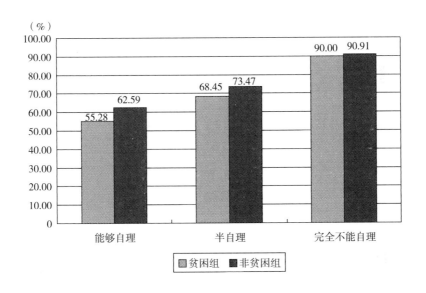

图 5-6　贫困与非贫困组的不同自理能力的照顾比重分布

5.5.5　小结

西部农村老年人贫困与否，与健康、残疾、自理能力有显著关系，健康状况差、有身体残疾、没有自理能力或自理能力不够的老年人更容易陷入贫困。随着农村老年人年龄的增加，健康状况逐步下降，劳动能力和劳动参与率也显著下降；有残疾的老年人劳动参与率远低于无残疾的老年人，其中视力残疾和肢体残疾的劳动参与率最低。

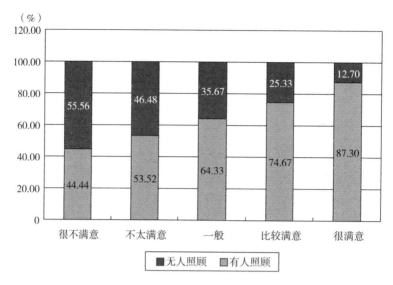

图5-7　是否得到照顾与生活满意程度分析

　　健康状况差的老年人贫困率高达39.76%，比健康状况好的老年人的贫困率高出近25个百分点；有残疾的老年人贫困率为36.27%，无残疾老年人的贫困率为28.45%，其中视力残疾和肢体残疾的贫困程度更高；生活能自理的老年人贫困率最低（24.53%），但贫困率最高的并不是完全不能自理的老年人（37.74%），而是半自理的老年人（46.15%），因为完全不能自理的老年人有90.57%能够得到及时照顾，而半自理的老年人该数据只有71.15%，所以半自理老年人劳动能力差且被照顾概率低，造成了较高的贫困率。

　　贫困老年人的健康状况明显不如非贫困老年人：贫困老年人健康状况的众数是差，而非贫困老年人健康状况的众数是一般；相对于非贫困老年人，贫困老年人生活自理能力更低：近80%的非贫困老年人生活能够自理，而贫困老年人只有60%。

　　比起非贫困老年人，贫困老年人的医疗支出总额更大、自费比例更高，自己以及子女对医疗支出的承担能力更差，负担很重。而且，由于贫困、收入较低，因此就医率也低，有病不能及时得到医治就会加重病情，导致贫困加剧，形成恶性循环。

　　贫困老年人被照顾的概率比非贫困老年人低，当然对生活的满意度也低。

5.6 老年贫困与养老方式

5.6.1 养老方式与生活满意度

5.6.1.1 养老方式与养老金来源

传统的农村养老方式主要有以子女为主的家庭养老（依靠自己或者家人）、社会养老机构养老（养老院、老年公寓等）两种。随着经济的发展、社会的进步，社会保障制度逐步完善，农村医疗水平不断提高，社区养老方式（住在家里，社区提供养老服务）逐渐被农村老年人接受。调查显示，85.1%的老年人选择家庭养老，4.9%的老年人选择养老机构养老，9.5%的老年人选择社区养老，有0.5%（7位）的老年人选择了其他方式。从中可以发现，选择社区养老的比重超过了机构养老，因为社区养老住在家里，说明西部农村老年人绝大多数希望居家养老，不管是依靠子女、依靠自己还是依靠社会。

跟养老方式相联系的就是养老金，不管采用哪种养老方式，最重要的是养老金的来源。常说的"养儿防老"，子女除了要照顾、陪伴父母，更重要的是要提供赡养费。下面我们来分析西部农村老年人的养老金来源情况。

表 5-63 显示，在被调查的 1575 位西部农村老年人中，68.32%的老年人选择多种养老金来源，31.68%的老年人只选择了一种养老金来源（实际上很多老年人的收入不止一种，他们选择了一种自己认为最主要的）。但是无论是单一来源还是多种来源，老年人还是希望主要依靠子女养老，子女在农村老年人养老中的作用是显而易见的：19.3%的老年人养老金来源只选择了依靠子女（其实很多老年人还有其他收入），52.06%的老年人养老金来源选择的是以子女为主，以其他来源为辅，即选择主要依靠子女养老的农村老年人共占71.36%；15.24%的老年人选择依靠自己为主的养老金来源，10.03%的老年人养老金来源于养老保险，还有少数以低保为主。因此，从养老金来源的分布来看，农村老年人的养老首先是依靠子女和自己，但社会保障的辅助性作用在逐步加强。

表5-63 西部农村老年人养老金来源分布

养老金来源		人数	比重（%）
单一方式	子女	304	19.30
	自己	111	7.05
	养老保险	69	4.38
	其他	15	0.95
	小计	499	31.68
多种方式	子女为主多种方式混合	820	52.06
	自己为主多种方式混合	129	8.19
	养老保险为主多种方式混合	89	5.65
	低保为主多种方式混合	38	2.41
	小计	1076	68.32
合计	—	1575	100

5.6.1.2 养老方式与生活满意度

养老方式的不同，农村老年人的生活满意程度也不相同。把生活满意度按不同的养老方式来分组（见表5-64）发现，老年人对生活的满意程度与养老方式的关系如下：家庭养老方式的满意度最高，其次是机构养老，满意度较低的是社区照顾，也就是说，西部农村老年人最喜欢传统的家庭养老方式。进一步分析不同养老方式下迫切需要解决的问题，可以从一定程度上反映出各种养老方式存在的缺陷。

表5-64 西部农村老年人养老方式与生活满意度关系   单位:%

养老方式	很不满意	不太满意	一般	比较满意	很满意
家庭养老	3.38	19.4	44.93	27.31	4.98
机构养老	0	33.33	40	26.67	0
社区照顾	11.93	30.28	39.68	16.51	1.61

表5-65显示，目前西部农村老年人最迫切需要解决的问题是基本生活保障、医疗保障和改善生活照料，但是对于不同的养老方式，这些问题的重要程度

和迫切程度各不相同。家庭养老这种方式，28.81%的老年人认为迫切需要解决的问题是医疗保障，其次是基本生活保障（26.91%）；机构和社区照顾的老年人选择医疗保障这个选项的比重相对较低，他们认为最迫切的问题是基本生活保障（比重分别为33.33%和47.96%）。由此可见，相对于其他两种养老方式，家庭养老方式更需要解决的问题是医疗保障，机构养老和社区照顾迫切需要解决的问题首要是基本生活保障。

表5-65 不同养老方式迫切需要解决的问题构成频率分布 单位:%

养老方式	基本生活保障	医疗保障	改善住房条件	改善生活照料	消除孤独	其他
家庭养老	26.91	28.81	11.8	15.84	9.24	7.4
机构养老	33.33	13.33	6.67	20	13.33	13.33
社区照顾	47.96	16.84	8.16	18.37	5.61	3.06

老年生活最重要的当然应该首先解决基本生活保障，因此，由上面的比较可知：农村老年人之所以信赖家庭养老，因为它能有效解决基本生活保障；社区照顾这种方式的基本生活保障存在的问题相对严重；机构养老方式下选择消除孤独、改善生活照料的老年人的比重高于其他两种方式，这从一定程度上反映机构养老的缺陷。可见，机构养老、社区照顾方式虽然在农村逐步兴起，但是由于老年人"养儿防老"的意识和农村社会保障水平不够，愿意选择这两种方式的老年人依然不多。

综上所述，西部农村老年人更加认同居家养老，养老金的来源主要依靠自己和家庭（主要是子女），其次是养老保险；选择家庭养老的老年人对生活满意度较高，认为基本生活也较能得到保障。

5.6.2 贫困与养老方式、养老金来源

养老方式、养老观念的不同并不是造成贫困的直接原因，但是不同的养老方式、养老观念造成农村老年人生活方式的差异，与老年贫困有一定的关系。下面我们来分析贫困老年人与非贫困老年人在养老方式、养老观念上的差异。本书中的调查数据显示，无论是贫困样本还是非贫困样本，期望的养老方式均为家庭养

老，两者的养老观念无明显差异：贫困样本84.75%的老年人选择家庭养老，该数据在非贫困样本中为85.31%。

从养老金的来源来看，贫困组与非贫困组存在一定差异。表5-66显示，在贫困样本和非贫困样本中，无论来源方式是多种的还是单一的，养老金最主要的来源是子女，这类农村老年人在两个对比组中的占比均为70%左右，并无明显区别。但是从单一方式组来看，贫困老年人养老金来源选择子女的比重高于非贫困样本，多种方式组中的选择刚好相反，这表明虽然两者养老金来源均以子女为主，但是非贫困老年人对子女依赖程度低于贫困组。

表5-66　贫困和非贫困农村老年人养老金来源分布频率对比　　　单位:%

养老金来源		贫困	非贫困
单一方式	子女	21.82	18.22
	自己	5.30	7.80
	养老保险	8.26	2.72
多种方式	包含子女多种方式混合	48.73	53.49
	包含自己多种方式混合	9.53	28.47
	包含养老保险多种方式混合	55.3	54.49
	包含低保多种方式混合	16.95	22.21
	其他	3.60	3.90

注：因为是多选，多种方式各组有交叉，因此每一列百分比相加不等于1。

养老金第二种主要来源是养老保险，综合来看，差距并不明显，但是从单一方式组来看，贫困组有8.26%来源养老保险，非贫困组仅为2.72%。

养老金第三种主要来源是自己的经济收入，无论是单一方式还是多种方式，非贫困组均高于贫困组：从单一方式组看，非贫困样本排在第二位的养老金来源是自己的经济收入，选择该种方式的农村老年人在贫困样本中仅为5.3%。综合单一方式和多种方式，养老金来自自己的经济收入在非贫困老年人当中占36.27%，而在贫困组仅为14.83%，两者相差21.43%，具有显著差异。

需要引起重视的是，多种养老金来源组合中，依靠低保和社会救助养老的非贫困老年人所占比重比贫困老年人高出5.26%，表明低保和社会救助在执行过程中存在缺陷和问题。这跟前面的分析是一致的，贫困老年人获得低保和救助的比重远不如非贫困老年人。

由此可见，虽然贫困与非贫困组养老观念、养老方式并无显著差异，但是与非贫困样本相比，贫困样本对子女和养老保险的依赖程度较高。

西部农村老年人的这种依靠子女养老的方式，导致子女赡养能力、赡养水平对农村老年人特别是农村贫困老年人的生活有着决定性的影响。虽然非贫困样本中子女经济状况好的比重较贫困样本高出 7 个百分点，经济状况不好的比重低 5.5 个百分点，但是贫困和非贫困样本子女经济状况的众数均为"一般"，也就是说，子女经济状况一般的在两个样本当中均占 70% 左右，两者仅相差 1.5 个百分点。因此，从众数角度来看，贫困和非贫困样本子女经济能力差异并不显著，但赡养水平却存在显著差异。

非贫困样本年平均赡养费为 1104 元，而贫困样本该数据为 190 元，两者相差近 5 倍。造成这种现状的原因是子女赡养意愿的差异：调查数据显示，从总体上来看，贫困样本 50.76% 的农村老年人得不到子女的赡养费，该数据在非贫困组中仅为 29.21%。图 5-8 显示，在贫困样本中，子女经济状况一般的农村老年人，有 49.21% 得不到赡养费，而在非贫困样本中，该数据仅为 28.25%，由于贫困组与非贫困组子女经济状况的众数均为"一般"，因此这部分子女的赡养意愿的差异就造成贫困组与非贫困组赡养水平的差异。另外，同样的子女经济状况，贫困组与非贫困组支付赡养费的水平也存在显著差异。图 5-9 显示，贫困样本子女无论经济条件好坏，赡养水平远低于非贫困样本。由此可见，虽然子女经济状况好坏与贫困相关（前面的分析有检验），但赡养意愿对于赡养能力的影响更大。

对依靠子女养老的期望越高，农村居民在青壮年时期就会偏重对子女在成长、成家过程中的财力、物力的投入，忽视对自己劳动收入的保管和积累。当年老或失去劳动能力时就无法为养老积累较为充足的经济资源，一旦子女经济能力有限，或赡养意愿不足时，农村老年人的基本生活就得不到保障，加大了其陷入贫困的可能性。表 5-67 显示，在迫切需要解决的问题中，贫困和非贫困组差异最大的是基本生活保障，37.08% 的贫困老年人迫切需要解决生活保障，比非贫困样本高出 10 多个百分点。

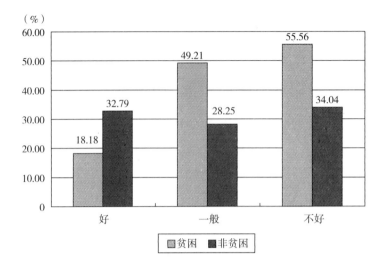

图 5 - 8　贫困与非贫困未支付赡养费的子女经济状况分布

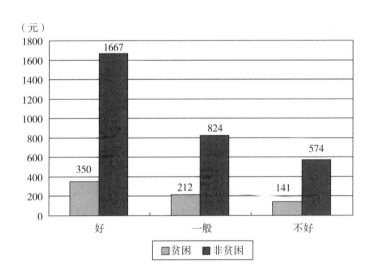

图 5 - 9　贫困与非贫困不同经济状况子女年平均赡养费对比

表 5 - 67　贫困与非贫困样本迫切需要解决问题频率分布对比　　　　单位:%

迫切需要解决的问题	贫困	非贫困
基本生活保障	37.08	26.38
医疗保障	27.54	27.02

续表

迫切需要解决的问题	贫困	非贫困
改善住房条件	10.59	11.60
改善生活照料	15.89	16.32
消除孤独	5.30	10.34
其他	3.60	8.34

5.6.3 小结

总结本小节的分析,主要有以下结论:

西部农村老年人更加认同居家养老方式,养老金的来源主要依靠家庭(主要是子女)和自己,其次是养老保险;选择家庭养老的老年人对生活满意度较高,因为他们认为家庭养老的基本生活保障能力最强。

西部农村贫困与非贫困老年人的主要养老方式均以居家养老为主,但是相对于非贫困老年人,贫困老年人对子女的依赖程度、对养老保险的依赖程度相对较高,自我储蓄水平较低;非贫困老年人虽然也依赖子女养老,但是更注重依靠自己养老,自我储蓄水平较高,并且养老方式的多样化使他们相对于贫困老年人的基本生活保障能力较强。由此可见,养老方式和观念对贫困也存在不可忽视的影响。

5.7 西部农村老年贫困的区域差异分析

5.7.1 区域经济对农村居民收入水平和构成的影响

本书中的调查是在西部 12 个省份进行的分层随机抽样,有三个省份没有被调查到,被调查到的各省份样本量也不尽相同,下面的区域差异分析只针对样本量比较大的几个省份进行简单比较。

调查样本涉及的西部地区各省份地理位置、自然资源、产业结构、人口构成等都有不同，地区之间经济发展不均衡，发展趋势有差异。云贵、青藏和四川的川西地区大多是高原和山区；陕西、甘肃等靠西北地区干旱少雨，沙漠戈壁面积较大。地理位置、地形地貌的特点造成这几个地区交通不便，即使有国家西部大开发的战略支持，区域经济相对于其他各省份，处于较为落后的位置。图 5-10 显示，调查涉及的九个省份，2014 年人均 GDP 超过全国水平的仅有重庆和陕西两个地区，人均 GDP 3000 元以下的有 4 个地区。

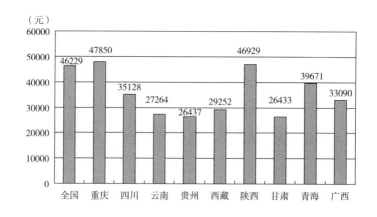

图 5-10　2014 年全国、调查样本涉及区域的人均 GDP 对比

区域经济的不发达直接影响当地农村居民的收入。一方面，地区经济越发达，城市化水平就越高，为农村居民带来的非农就业岗位越多，农村居民就有机会获得更多工资性收入；另一方面，越发达的地区，经济带来的税收等财政收入越高，向农村居民支付的转移性收入的水平就越高。因此，区域经济发展的不同，农村居民的收入水平和结构就会存在一定程度的差异。

根据调查区域的人均 GDP，从中选取高于全国平均水平的重庆和低于全国平均水平的云南进行农村居民收入构成对比。2014 年，重庆市农村居民人均可支配收入为 9489.8 元，云南省为 7456.1 元，其收入构成如表 5-68 和图 5-11 所示。由表 5-68 可知，重庆市农村居民的工资性收入、财产性收入、转移性收入都高于云南省，但云南省农村居民的经营性收入高于重庆市。结合收入构成图 5-11 可知，重庆市农村居民收入来自生产经营收入的比重为 35.85%，而在云南省该数据为 56.9%，两者相差 21 个百分点。农村的生产经营收入主要来自农业，可见经济发展越好的地区，工资收入越高，农业收入的影响较小；反之，经济越落后的地区，农业收入影响就越大，对农业收入依赖大而农业的收益较低的特点造成了农民总体收入的不足。从转移性收入来看，重庆市农村居民人均收入为 2639.1 元，云南省为 1103.3 元，地区间转移性收入的差别进一步扩大了区域之间农村居民收入差距。

表 5 - 68　2014 年重庆市和云南省农村居民收入构成对比　　　　单位：元

	可支配收入	工资性收入	经营性收入	财产性收入	转移性收入
重庆市	9489.8	3196.5	3401.9	252.4	2639.1
云南省	7456.1	1975.8	4242.4	134.7	1103.3

资料来源：《中国统计年鉴》(2015)。

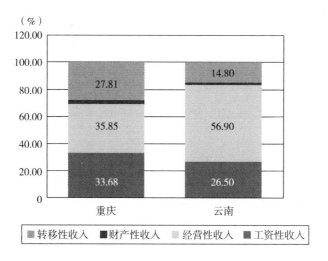

图 5 - 11　2014 年重庆市、云南省农村居民收入构成对比

5.7.2　区域经济对农村贫困老年人收入水平和构成的影响

我们把农村老年人的工资收入、生产经营收入统称为劳动与工作收入，老年人劳动工作收入的多少主要取决于其劳动能力，而获得转移性收入（老年人的转

移性收入含子女给的赡养费）的多少则取决于当地政府的财政支付能力与子女的经济能力。经济发展较好的地区，相对于经济较为落后区域，无论是农村老年人自身收入还是子女收入水平都较高，子女的经济能力较好就有助于提高老年人的赡养水平，加上政府转移支付能力较强，因此老年贫困率相对较低。

　　表 5-69 显示，贫困样本人均可支配收入的区域差异并不明显，但是养老保险收入水平存在明显差异。而在西部这几个省份中，养老保险成为农村贫困老年人收入的主要来源，各省份的养老保险收入比重都超过了 50%，其中重庆、广西、青海农村贫困老年人的收入近 80% 来自养老保险，而这三个地区的贫困率也相对较低。由此可见，养老保险的给付水平对于西部农村老年贫困人口很重要。

表 5-69　不同地区贫困老年人养老保险、可支配收入水平对比

	甘肃	广西	贵州	青海	四川	云南	重庆
人均年可支配收入（元）	1074.75	1148.17	1115.15	1181.08	1190.95	1063.79	1287.0
人均年养老保险收入（元）	696	912	660	924	660	720	1020
比重（%）	64.76	79.43	59.18	78.23	55.42	67.68	79.25

注：根据调查数据整理所得。

5.7.3　西部农村老年贫困率区域差异分析

　　调查资料显示，根据相同的贫困线来测算，西部农村老年人贫困发生率最低的是重庆，其次是广西，最高的是甘肃。图 5-10、图 5-11 显示重庆地区经济发展水平在西部抽样地区最高，农村居民转移性收入最高，农村居民的养老保险给付水平最高，这些因素的叠加降低了该地区的贫困发生率。根据调查样本数据计算，西部地区农村的老年人贫困率为 29.97%，由图 5-12 可知，重庆地区农村老年人贫困率与之相比低了 11 个百分点左右，甘肃、云南、贵州地区无论是以人均 GDP 衡量的地区经济发展水平还是养老保险支付水平，均处于较为落后的位置，农村老年贫困的发生率相对于西部地区调查样本的贫困率偏高。

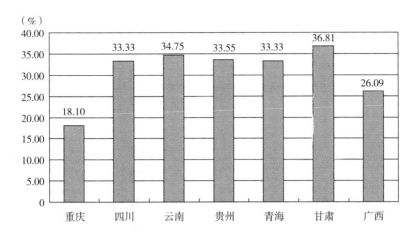

图 5－12 西部不同地区贫困率对比

综上所述，西部地区经济发展的不平衡带来农村居民的收入水平和结构的区域差异。经济发展较好的地区相对于落后的地区，农村老年人自身收入水平较高，子女的经济条件和政府的财政转移支付能力较好。因此，子女的赡养费、政府养老保险支付水平的不同，导致了西部不同地区之间老年贫困发生率的差异。

5.8 西部农村潜在贫困老年人的特征分析

本书的贫困是按收入来测量的，在现有的非贫困农村老年人中，部分老年人虽然收入超过贫困线，但是受到疾病、残疾、自然灾害和家庭变故等因素的影响，入不敷出，依然感觉生活很困难，我们把这部分农村老年人界定为潜在的贫困群体。

降低老年人贫困发生率，不仅要关注现有的贫困老年人，同时也要了解潜在的贫困群体，了解这部分老年人的特征，因地制宜制定扶贫政策，才能消除贫困隐患，有效降低贫困发生率。本书的调查样本数据显示，在非贫困老年人中，有 136 人具有这些特征，占 12.33%。样本中贫困老年人总计 472 人，潜在贫困人数为贫困人数的 28.81%（以贫困人数为 100）。这部分潜在贫困老年人与其他非贫困老年人相比，具有以下几个方面的特征。

5.8.1　经济收入水平较低

影响贫困发生率最主要的因素就是收入水平。非贫困农村老年人虽然收入高于贫困线，但是潜在的贫困老年人的收入水平相对较低。调查数据显示，这部分潜在的贫困老年人年平均收入为 3707 元，其他非贫困老年人年平均收入为 4577元。进一步分析他们的收入来源发现，政府的转移支付在这两组（以下简称潜在组和非潜在组）之间不存在显著差异，这两组农村老年人的劳动参与率分别为43.48% 和 47.26%，也不存在显著差异，他们的收入差异主要来自劳动收入和子女的赡养费。潜在组 58.44% 的老年人劳动收入水平低于 1500 元，劳动收入超过10000 元的人数占 1.3%，非潜在组这两项数据分别为 41.37% 和 7.25%。收入构成的不同导致两组水平的不同：潜在贫困组人均劳动收入为 1805.19 元，非潜在组该数据为 3284 元。

影响农村老年人收入的第二个因素是子女的赡养费水平。调查数据显示，潜在组 34.96% 的老年人没有获得子女的赡养费，仅 10.57% 的老年人的赡养费超过 1500 元，而在非潜在组中，这两项数据分别是 28.3% 和 19.29%。这种分布特点，导致两组水平出现较大差距：潜在贫困组子女赡养费的平均数为 487 元，非潜在组该数据为 927 元，前者仅为后者的 52.47%。因此，无论是赡养意愿，还是赡养水平，两组均存在显著差异。

5.8.2　医疗保障不足，医疗支出水平较高

前面的分析已经发现，贫困老年人的医疗负担相对较重，这里再来分析一下潜在贫困老年人的医疗支出情况。表 5 - 70 显示，47.06% 的潜在贫困老年人上年的医疗费用支出在 1500 元以上，非潜在组仅为 33.09%，医疗费用的这种分布特征，导致潜在贫困组上年医疗费用的平均支出达到 3490 元，非潜在组 2570元。上年医疗支出与经济收入（以人均年收入为 100）相比，潜在贫困组为94.17%，非潜贫困组为 56.17%。80.15% 的潜在贫困老年人有新农合的医疗保险支持，但受报销比例和支付限额的制约，医疗费用自费金额平均为 2244 元，

自费部分与上年医疗费用相比（以上年医疗支出为 100）达到 64.28%，与人均收入相比（人均收入为 100）达到 60.53%，因此，71.32% 的潜在贫困老年人表示难以承担医疗费用。

表 5－70　潜在组与非潜在组老年人医疗费用支出情况　　　　单位:%

上年医疗费用支出	500 元以下	500～1500 元	1500 元以上
潜在组	30.14	22.79	47.06
非潜在组	31.75	35.16	33.09

由此可见，相对于较低的收入水平，过高的医疗费用支出就成为西部农村老年人返贫的重要因素。

5.8.3　其他

调查发现，还有少数老年人因自然灾害和家庭变故等感觉生活很困难。这部分老年人基本都在我们界定的潜在贫困老年群体中，虽然人数很少，但也要引起政府的高度重视。

潜在贫困老年人最担心的问题是收入来源，其次就是医疗费用的支付和晚年生活照料；最迫切需要解决的依然是基本生活保障，与贫困老年人的结论一样，其次就是医疗保障和生活照顾。值得一提的是，在潜在贫困老年人的诉求中，有一半多的老年人谈到了农村社会保障政策的落实问题，这说明在农村社会保障制度的执行过程中还存在较多制度落实不到位的现象，由此可见加强农村社会保障制度建设的重要性；其次是子女的照顾和救助、残疾救助、灾后重建等，其中天灾人祸的致贫风险很大，这都是非贫困老年人中的潜在贫困者，急需政府和社会的救助。

综上所述，导致非贫困老年人可能返贫的主要原因是劳动收入和来自子女的赡养收入水平偏低，医疗负担较重，其次是身体残疾、自然灾害和家庭变故等。农村社会保障制度是国家和政府为农村居民特别是低收入贫困老年人提供的基本保障，当农村居民尤其是老年人面对年老、疾病、残疾、自然灾害、家庭变故时能够通过社会保障制度应对、缓解这些因素对基本生活的影响，从而降低贫困发生率。但是，现行的农村社会保障制度的制定和执行还存在问题，还没有发挥很好的保障作用。

5.9　西部农村贫困老年人的生活现状

结合本书的调查和前面的分析，总结一下西部农村贫困老年人的基本生活现状和特点。个体之间的生活表现也许会有些许差别，但对于这个群体来讲，存在许多共性，主要有以下表现。

5.9.1　基本生活难以维持

由于收入不能保证，贫困老年人大多处于收不抵支、入不敷出的状态。在农村，老年人的收入主要依靠土地、子女和社会救济等，老年人为了维持基本生活，解决自己的温饱问题，不得不从事繁重的体力劳动；实在没有劳动能力的，就只好依靠子女；如果子女无力赡养或者不愿意赡养，就等着国家救助，靠微薄的救济金过日子；也有靠邻居救济过日子的。我们在贵州调查时遇到一位老年人，他为了节约生活开支每天去菜市场捡菜农扔掉的蔬菜。

5.9.2　居住条件差

受经济条件和劳动能力的限制，绝大部分农村贫困老年人无力装修房屋，更无力新建住房，房屋一般都比较破旧，大多以土坯房为主，甚至还有住山洞、土窑，或者是猪圈改建的住所。屋内设施简陋，不要说电器，有些甚至连水、电都没有通。

5.9.3　健康状况堪忧

调查结果显示，大部分贫困老年人身体不太好，有些是因为有病而贫困，有些是因为贫困而无钱治病从而导致身体长期不好。因此，贫困老年人一旦有病就会陷入恶性循环。

贫困老年人身体不好的原因有很多。首先是因为年龄大，身体各项器官开始衰退，抵抗力下降，生活条件不好，营养又无法保证，患病率高；其次是许多老年人因为贫困不得不从事繁重的体力劳动而造成摔伤、扭伤等意外伤害；再次就是医疗卫生条件差，医疗保障不完善，缺少定期体检的条件，有病不能及时发现；最后是由于医疗费用高，老年人因为支付不起昂贵的费用迫使病后不去就诊，有病得不到医治。

5.9.4 生活自理能力差

前面的分析发现，相对于非贫困老年人，贫困老年人身体较差、残疾较多、年龄较大，生活自理能力较差，但被照顾的比例反而较低。这种情况主要出现在没有与子女同住的、高龄的、生病和残疾的老年人身上。这部分老年人或者老来无伴生活孤独，或者子女不在身边出现老年家庭空巢化，生活自理能力差，有的甚至已失去自理能力，他们缺乏家人的关爱，无人照料。但相对于完全不能自理的老年人，半自理的老年人情况更差，因为完全不能自理的老年人得到照顾的概率更高。

5.9.5 合法权益得不到保障

贫困老年人一般分为两类：一类是没有子女，也没有亲戚朋友照顾，没有足够的社会救助；另一类是虽然有子女，但子女由于各种原因没有尽到应尽的赡养义务。所以，农村贫困老年人群体就会经常出现下列不和谐甚至是很恶劣的现象：子女把需要赡养的老人视为累赘和包袱，物质上不能满足老年人的基本需求，感情上漠视老年人的情感需求，甚至虐待老人（后面的典型案例就有一例）；农村贫困老年人文化程度低、身体不好，可能穿着破旧、个人卫生生活习惯不好，在社会上有一些人会歧视、排斥这些老年人，老年人感情上受到伤害，精神上遭受创伤，合法权益得不到保障，严重影响晚年生活。

5.9.6 文化娱乐活动缺乏，精神生活低值化

西部农村资源相对匮乏，老年文化活动设施简陋，缺乏适合老年人开展文化

活动的场地。在调查的最后诉求中，就有一些老年人提出希望建设一些娱乐活动中心，多关注老年人的文化生活。对于条件好一点的老年人，还可以有出门旅游、进城镇逛逛、约几个老年朋友聊天、参加适当的健身锻炼等机会。但贫困老年人就不一样了，没有钱出不了远门，旅游、购物根本没有条件，有少数老年人家里连像样的电器也没有，而且也少有人前去探望他们，因此生活孤独、信息闭塞就成了生活的常态。

5.9.7　心理问题突出

贫困老年人由于生活艰难、年龄大、身体差、缺少照顾和与人沟通，会出现焦虑、抑郁、精神麻木等心理问题，甚至发展为反应迟钝、老年痴呆等毛病。这些心理问题与自己的贫困、不能自理有关，与子女的冷落和不孝顺有关，与社会的漠视有关。经济困难的老年人，长期为生活犯愁、替子女担心，易出现焦虑和不安的症状；丧偶或独居的老年人，有心事无处说，无处解闷，易出现孤独、抑郁的心理症状；空巢家庭的老年人，缺乏子女的沟通和照顾，也容易出现上述心理问题。

总之，随着社会的进步、老龄化进程的加快，老年问题日益突出，尤其是农村老年人、农村贫困老年人、经济相对落后的西部农村贫困老年人。西部、农村、老年、贫困四个关键词的叠加，应该成为我国政府重点关注的问题。制定强有力的政策保障，寻求有针对性的措施和办法，有效解决西部农村老年人贫困，必须成为国家和全社会需要解决的重点问题。

第6章　西部农村老年贫困影响因素的实证分析

　　本书第5章以西部地区农村老年人的调查资料为基础，分析了西部地区农村老年贫困的特征。通过分析可以初步发现老年贫困跟哪些因素有关，而在诸多的影响因素中，它们的影响显著性是有差异的。为了进一步证实各因素的影响程度和影响方向，我们将通过模型来实证。本章共建立了三个模型：①利用全部数据，共1575个样本单位，用是否贫困作为因变量，建立整体模型1，分析自变量对是否贫困的影响。②在不与子女同住的773个样本单位中（剔除无子女的样本），有251位贫困，有522位不贫困，利用这个子样本数据，同样以是否贫困为因变量，建立模型2；同时筛选出与子女同住的746个样本单位，其中有210位贫困，有536位不贫困，同样以是否贫困为因变量，建立模型3，并与模型2进行比较。需要特别说明的是，我们之所以要将样本分为与子女同住和不与子女同住，是因为与子女同住的很多老年人由于吃住随子女，相对于不与子女同住的老年人而言，生活压力减小了，因此影响贫困的因素可能也有所不同。

6.1　模型的介绍

　　这里我们将用计量经济学模型对西部农村老年贫困的影响因素进行实证分析。通常的计量经济学模型一般假定因变量是连续的，但是在社会经济分析中经常会面临决策问题，或者又称为选择问题，即人们必须要在可供选择的几个方案中作出选择①。某一事件是否发生，只有两种结果，分别用 1 和 0 表示；如果有多种选择，如对某一方案非常同意、同意、中立、反对、非常反对，可以用 1、2、3、4、5 表示。这些变量的取值是离散的，用这样的变量作为因变量建立的计量经济学模型，称为离散选择模型，前者称为二元离散选择模型，后者称为多元离散选择模型。本章的因变量是"是否贫困"，是一个二元离散变量，因此本章选用二元离散选择模型 Probit 模型，模型如下（章晓英、李俊君，2016）：

令 $P_i = P(y_i = 1 \mid x_i)$，$P_i$ 表示在 x_i 一定的条件下，$y_i = 1$ 的概率；$1 - P_i$ 为 x_i 在一定的条件下，$y_i = 0$ 的概率。

假设有多个自变量的线性回归模型：

$$y_i = \beta_0 + \beta_1 x_{1i} + \cdots + \beta_k x_{ki} + \mu_i \quad (y_i = 0, 1) \tag{6-1}$$

假定有一个与自变量 x 有关联的指标变量 y^*，用 y^* 是否超过了某个临界值来决定其取 1 或者 0（通常可取 0 作临界值，$y^* > 0$ 则 y 取 1，否则取 0），即建立模型：

$$y_i^* = \beta_0 + \beta_1 x_{1i} + \cdots + \beta_k x_{ki} + \mu_i^* \tag{6-2}$$

y 取值为 1 的概率为：

$$P(y_i = 1) = P(\mu_i^* > -(\beta_0 + \beta_1 x_{1i} + \cdots + \beta_k x_{ki}))$$
$$= F(\beta_0 + \beta_1 x_{1i} + \cdots + \beta_k x_{ki}) = \Phi(\beta_0 + \beta_1 x_{1i} + \cdots + \beta_k x_{ki})$$

其中 $\Phi(\cdot)$ 为标准正态分布函数。

但在本书的研究中，我们并不是需要预测是否贫困（决定 y 取 1 或者 0），而是自变量对因变量的作用是否显著，即模型 6 - 1 是否整体显著以及模型中各自变量是否显著。

6.2　自变量的选择

本章前面已经界定了哪些是贫困的，而我们设计的问卷中有 40 个问题，这

---

① 这里的方法介绍参考李子奈，潘文卿. 计量经济学（第三版）［M］. 北京：高等教育出版社，2010.

些问题都跟老年人的生活有关，其中很多问题都跟老年贫困有或多或少的因果关系。因此，影响西部地区农村老年贫困的因素很多，下面模型中所选变量是依据本书的调查问卷所设问题，并结合前面的特征分析，以"是否贫困"作为因变量（贫困 =1，非贫困 =0），选择了个人特征、家庭特征、经济特征、健康医疗特征四大类共 19 个自变量（见表 6－1）作为影响西部农村老年人贫困的因素。相关假设为：①年龄越大、身体越差的农村老年人越容易致贫，文化程度低比文化程度高的更容易致贫；②民族也会影响贫困，少数民族老年人比汉族老年人的生活条件更好；③农民的劳动收入首先是保证自己当前的基本生活需要，其次才考虑长期的养老问题，因此，不参加劳动的老年人比参加劳动的老年人更易贫困；④子女数多少可能会影响老年人的生活，有人认为子女越多照顾越好，也有人认为子女越多负担越重，反而会造成贫困；⑤子女经济状况越好，与子女的关系越好的农村老年人越不容易发生贫困；⑥获得转移性收入、财产性收入越多，越不易贫困。

表 6－1 变量及赋值

	变量	定义及赋值
个人特征	性别（sex）	女 =0，男 =1
	年龄（age）	60～64 岁 =1，65～74 岁 =2，75 岁及以上 =3
	民族（nation）	少数民族 =0，汉族 =1
	文化程度（edu）	不识字或识字很少 =1，小学 =2，初中 =3，高中及以上 =4
家庭特征	婚姻状况（marriage）	未婚 =0，已婚 =1
	子女数（child）	无子女 =1，1 个 =2，2 个 =3，3 个及以上 =4
	自有住房（building）	无 =0，有 =1
	子女住在附近（nearby）	无 =0，有 =1
	与子女关系（relationship）	不好 =1，一般 =2，好 =3
	子女经常看望（visit）	基本不来 =1，很少 =2，经常 =3
经济特征	劳动（job）	无 =0，有 =1
	财产性收入（rent）	无 =0，有 =1
	子女经济状况（ecocondition）	不好 =1，一般 =2，好 =3
	子女给生活费（livingmoney）	否 =0，是 =1
	养老保险（insurance）	无 =0，有 =1
	低保（security）	无 =0，有 =1
	政府救济金（alms）	无 =0，有 =1

续表

	变量	定义及赋值
健康 特征	健康状况（health）	差 =1，一般 =2，好 =3
	生活自理能力（selfcare）	能自理 =1，半自理 =2，完全不能自理 =3

这里需要说明的是，调查问卷中共有 40 个问题，有些问题是为了了解贫困老年人的生活现状和养老情况，不是造成贫困的直接原因，所以这里只选用了 19 个影响因素作为自变量，而其中有部分自变量可能会有高度相关性，高度相关就会影响变量的显著性，因此最后有多少个显著变量还要等模型做完再来分析。特别说明一下，这里的年龄分组与前面各章分析中的分组有差别，主要是从显著性的需要来分的。

6.3 模型的建立和分析

6.3.1 模型 1（全部样本数据）

利用全部样本数据，以是否贫困作为因变量，自变量选用所有样本单位共有的变量，包括年龄（age）、性别（sex）、民族（nation）、文化程度（edu）、婚姻状况（marriage）、子女数（child）、自有住房（building）、劳动（job）、财产性收入（rent）、养老保险（insurance）、低保（security）、政府救济金（alms）、健康状况（health）、生活自理能力（selfcare）14 个变量。

按照上面的建模过程，利用 Eviews 6.0 软件估计 Probit 模型，估计结果如表 6 - 2 所示（没有出现回归系数的表示不显著）。

表 6 - 2　老年贫困的影响因素实证结果

变量	回归系数	Z 统计量
常数	- 1.74382 *	- 2.46175

续表

变量	回归系数	Z 统计量
性别	− 0. 31258 *	− 1. 54021
年龄		
民族	0. 24191 *	2. 70159
文化程度	− 0. 35166 *	− 4. 71037
婚姻状况	0. 38716 *	3. 66109
子女数	0. 57362 **	2. 13018
自有住房		
劳动	− 0. 67351 *	− 3. 34208
财产性收入	− 0. 82647 *	− 1. 80203
养老保险	− 0. 64383 **	− 2. 89552
低保	− 0. 46367 *	− 3. 09281
政府救济金	− 0. 61637 *	− 4. 99642
健康状况	− 0. 37552 *	− 4. 42749
生活自理能力	0. 31709 *	3. 24739
McFadden R^2	0. 181351	
LR 统计量	337. 6039（P = 0. 000）	

注：*、** 和 *** 分别代表回归系数在 1%、5% 和 10% 的水平上显著。

从表 6 - 2 可以看出，根据 10% 的显著性水平，14 个自变量中有 12 个是显著的，只有两个自变量（年龄和自有住房）不显著。一般认为，年龄的增大会加剧贫困，但是模型结果显示不显著，考虑到所选自变量个数较多，模型中可能会存在多重共线性的问题，如前面的分析已经表现出来年龄和参加劳动是高度相关的，而多重共线性会影响变量的显著性，因此我们进一步运用逐步回归法（逐步增加自变量并加以选择的一种方法）再一次对模型 1 进行估计，结果不显著的变量依然不显著，结果与表 6 - 2 相同。

接下来再看模型的检验结果。LR 检验统计量是用来检验模型的整体显著性，从表 6 - 2 的最后一行可知，模型整体是显著的；H - L 统计量和 Andrews 统计量用来检验模型是否拟合充分，拟合优度高不高，零假设是拟合完全充分。从表 6 - 3 的相伴概率可知，模型的拟合完全充分，拟合精度很高。

表 6 – 3　拟合优度检验结果

H – L 统计量	21.6600	Prob. Chi – Sq（8）	0.32057
Andrews 统计量	30.8146	Prob. Chi – Sq（10）	0.45188

由于 Probit 模型中系数估计值的含义与普通最小二乘法（OLS）不同，不能反映出自变量每变动一个单位因变量的变动幅度，因此，我们只分析自变量对因变量的影响是否显著和影响的方向，不具体分析回归系数大小所代表的含义。

模型 1 的检验结果显示：西部地区农村老年贫困受到民族、性别、文化程度、婚姻状况、子女数、健康状况、劳动、低保、政府救济金、财产性收入、养老保险和自理能力 12 个变量的显著影响。

个人因素。性别的回归系数为负，意味着女性老年人比男性更容易陷入贫困；文化程度回归系数为负，意味着文化程度越高，贫困发生率越低；民族因素的回归系数为正，意味着汉族比少数民族更容易发生贫困。这与前面章节的分析结论基本一致，唯一有差异的是，第 5 章的分析显示，虽然女性老年人贫困率高于男性老年人，但假设检验并不显著，而这里模型实证是显著的。

家庭因素。婚姻状况的回归系数为正，意味着已婚的老年人比未婚、离异和丧偶的老年人更易陷入贫困；子女数的回归系数为正，说明子女多的老年人反而更贫困。这里的结论也与前面的分析吻合。

经济因素。劳动、财产性收入、养老保险、低保和政府救济金五个变量（影响因素）的回归系数为负，意味着这些变量的有无与贫困与否有着负变动关系，即有劳动收入、有财产性收入、有低保、有政府救济金、有养老保险的老年人发生贫困的概率较没有这些收入的老年人要小，这依然与前面的分析是一致的。

健康因素。健康状况和生活自理能力均在 1% 的水平上显著。健康状况的回归系数符号为负，意味着健康状况越差，越容易陷入贫困；自理能力的回归系数为正，意味着自理能力越差的老年人，陷入贫困的概率越大。

总的来说，这里的实证结果与前面的统计分析和假设检验结论是一致的。

6.3.2　模型 2 和模型 3（区分是否与子女同住）

在剔除无子女的样本后，将整体样本分为与子女同住和不与子女同住两个子样本。针对与子女同住的子样本，在模型 1 的基础上，加入了与子女关系（rela-tionship）、子女给生活费（livingmoney）、子女经济状况（ecocondition）三个与子女有关的变量，依然以是否贫困作为因变量，建立与子女同住的贫困影响因素 Probit 模型；同时针对不与子女同住的子样本，自变量的选择在与子女同住模型的基础上，加入子女经常看望（visit）、子女住在附近（nearby）两个变量，同样以是否贫困作为因变量，建立不与子女同住的贫困影响因素 Probit 模型，结果如表 6-4 所示。

表 6-4 不与子女同住和与子女同住的老年人贫困影响因素实证结果

变量	不与子女同住（模型 2）		与子女同住（模型 3）	
	回归系数	Z 统计量	回归系数	Z 统计量
常数	-2.45182*	-3.3946	-0.10319***	-0.15156
性别			-0.41877*	-3.42194
年龄				
民族	0.48745*	3.188967	0.21374**	2.02562
文化程度	-0.41029*	-3.225148		
婚姻状况	0.118645*	0.60129		
子女数			0.31874**	1.33507
自有住房				
子女住在附近			—	—
与子女关系	-0.31568*	-2.97181		
子女经常看望			—	—
劳动	-1.15656*	-9.123284	-0.82751*	-6.359843
财产性收入	-0.27191*	-2.39758	-0.74163*	-6.14981
子女经济状况	-0.20946***	-0.93885	-1.99036**	-2.08417
子女给生活费	-0.71864*	-6.63631	-0.64682*	-5.01237
养老保险				
低保	-1.44833*	-3.47322	-1.48427*	-3.01428
政府救济金	-0.66198**	-4.57856	-0.79533*	-5.59249
健康状况	-0.466295*	-3.72262	-0.46418*	-2.15447
生活自理能力	-0.09931*	-1.1207	-0.65267*	-2.60327
McFadden R^2	0.3194		0.29816	
LR 统计量	230.8518（0.000）		254.6921（0.000）	

注：*、**和***分别代表回归系数在 1%、5% 和 10% 的水平上显著；没有数据的表示不显著，"—"表示没有使用的自变量。

我们注意到,上述结果中生活自理能力的符号与前面的分析不一致,同样考虑到模型中可能存在多重共线性的问题,因此运用逐步回归法对模型2、模型3重新进行拟合,得到表6-5。

表6-5 逐步回归法以后的贫困影响因素实证结果

变量	不与子女同住（模型2）		与子女同住（模型3）	
	回归系数	Z 统计量	回归系数	Z 统计量
常数	- 0.85098 **	- 1.8707	- 0.46067 ***	- 0.89106
性别			- 0.355646 *	- 3.010801
年龄				
民族	0.441247 *	2.948883	0.318614 *	2.159128
文化程度	- 0.27326 *	- 3.38136		
婚姻状况	0.566865 *	4.322736		
子女数			0.179175 **	1.743145
自有住房				
子女住在附近			—	—
与子女关系	- 0.28486 *	- 3.05768		
子女经常看望			—	—
劳动	- 1.0818 *	- 9.215023	- 0.90363 *	- 6.707811
财产性收入	- 1.42457 *	- 3.47861	- 1.58203 *	- 3.18315
子女经济状况	- 0.28755 *	- 2.59344	- 0.78451 **	- 6.60615
子女给生活费	- 0.77301 *	- 6.66336	- 0.64654 *	- 5.66154
养老保险	- 0.21215 **	- 0.97186		
低保	- 0.60869 *	- 4.34781	- 0.7279 *	- 5.30248
政府救济金			- 0.42247 *	- 2.07307
健康状况	- 0.07948 **	- 0.91811	- 0.30821 *	- 3.6062
生活自理能力	0.484966 *	3.949376		
McFadden R^2	0.308172		0.358681	
LR 统计量	247.4382（0.00）		286.3093（0.00）	

注:*、** 和 *** 分别代表回归系数在1%、5%和10%的水平上显著;没有数据的表示不显著,"—"表示没有使用的自变量。

表6-5的结果显示,所有变量的经济意义都符合实际,且从最后一行的LR统计量检验可以看出,两个模型都是显著的。从表6-6和表6-7的相伴概率可

知，运用逐步回归法后重新得到的模型 2 和模型 3 拟合均完全充分，拟合精度都很高。

表 6-6　模型 2 拟合优度检验结果

H-L 统计量	8.3754	Prob. Chi-Sq (8)	0.4351
Andrews 统计量	9.0582	Prob. Chi-Sq (10)	0.4523

表 6-7　模型 3 拟合优度检验结果

H-L 统计量	10.9177	Prob. Chi-Sq (8)	0.5192
Andrews 统计量	11.3508	Prob. Chi-Sq (10)	0.5791

结果显示，不与子女同住（模型 2）的 19 个自变量中，在 10% 的显著水平下，有 12 个自变量是显著的。个人特征中只有文化程度和民族是显著的；家庭特征中只有与子女关系和婚姻状况两个自变量是显著的；经济特征中除了政府救济金外的其他 6 个自变量均显著；健康特征中自理能力、健康状况均显著。在与子女同住（模型 3）的 17 个自变量中，只有 10 个自变量显著。个人特征中只有性别、民族这两个自变量显著；家庭特征中只有子女数是显著的；经济特征中除了养老保险外，其他 6 个自变量均显著；健康特征中只有健康状况显著。

同时，在 10% 的显著水平下，两个模型共同显著的自变量（影响因素）有 7 个：民族、劳动、财产性收入、低保、子女给生活费、子女经济状况和健康状况。共同显著变量的回归系数的符号均无差别。

模型 2 和模型 3 的实证结果表明：

（1）在与子女同住和不与子女同住两个模型同时显著的 7 个自变量中，有 5 个变量属于经济特征，一个变量属于健康特征，一个变量属于个人特征，说明西部地区农村老年人不论是否与子女同住，影响贫困的因素主要是经济收入，且回归系数均为负，意味着有这些经济收入来源的更不易陷入贫困。

（2）在不与子女同住的模型中，除去共同显著的 7 个自变量外，另有 5 个自变量在 10% 的显著性水平下显著：文化程度、与子女关系、婚姻状况、养老保险和生活自理能力。文化程度的回归系数为负，也就是说，文化程度越高的农村老年人，贫困发生率越低；与子女关系好坏是影响子女经济支持的一个重要原因，前面的统计分析已经表明两者显著相关。一般而言，对于没有与子女同住的老年人，与子女的关系好意味着子女的关心和支持比较多，老年人晚年生活更加如意。在模型中，与子女关系的回归系数为负，也就是说，与子女关系越好，越不会发生贫困；婚姻状况的回归系数为正，意味着已婚老年人陷入贫困的概率高于未婚、离婚和丧偶的老年人；养老保险在不与子女同住的模型中显著，且回归系数为负，意味着养老保险的有无，对于不与子女同住的老年人而言，是影响其晚年生活是否贫困的一个重要因素；生活自理能力的回归系数为负，意味着自理能力越差的老年人，晚年陷入贫困的概率越大。

（3）在与子女同住的模型中，除去共同显著的 7 个自变量外，另有 3 个自变量显著，即性别、子女数、政府救济金。性别回归系数为负，说明在与子女同住的老年人中，女性比男性更易陷入贫困；子女数回归系数为正，说明子女数的增加会增加农村老年人发生贫困的概率，这与前面整体模型中得出的结论一致；政府救济金在 10% 的显著性水平下显著，且回归系数为负，说明在与子女同住的老年人中，政府救济金对于老年人是否贫困有着一定的影响。但文化程度、婚姻状况、与子女关系、生活自理能力等因素在与子女同住的老年人中不是贫困的显著影响因素，是符合常理的。

（4）需要说明的是，年龄依然不显著，这与前面的原因是一样的，还是因为多重共线性。子女是否住在附近和子女是否经常看望在两个模型中都不显著，一是因为前面特征分析已有结论，这两个变量是显著相关的，而且它们和与子女关系也是显著相关的，因此是多重共线性原因造成在模型中不显著；二是因为在这三个变量中，对贫困影响最重要的是关系好不好，是否住得近、是否经常看望相对不重要。

6.4 总　结

比较三个模型发现，影响西部农村老年贫困的因素有共性，也有特性。三个模型中有 5 个变量（影响因素）共同显著影响农村老年贫困（见表 6 - 8），分别是民族、劳动、财产性收入、低保和健康状况。说明无论在什么情况下，这 5 个变量都显著影响着西部地区农村老年贫困：少数民族老年人、有劳动能力的老年人、有财产性收入的老年人、有低保的老年人、身体比较健康的老年人贫困的概率更低。

由于模型 1 缺少与子女有关的变量，重点比较模型 2 与模型 3 发现，这两个模型有 7 个自变量（影响因素）共同显著影响农村老年贫困，分别是民族、劳动、财产性收入、低保、健康状况、子女经济状况和子女给生活费。说明对于有子女的老年人，除了上面 5 个因素外，子女经济状况好和子女给生活费的老年人更加不易贫困；与子女同住的老年人幸福感更强，贫困的影响因素更少一些。

综合三个模型的所有显著变量发现，除了年龄、自有住房、子女是否住在附近、子女是否经常看望 4 个自变量不显著外，其他变量都是显著的。在这 4 个不显著变量中，自有住房、子女是否经常看望这两个变量无论是假设检验还是模型实证都显示不显著，但年龄、子女是否住在附近 2 个自变量的不显著是由于它们与其他自变量有显著相关造成的，单独进行假设检验是显著的。

年龄不显著的原因说明。根据前面章节的统计分析和假设检验可知，贫困发生率随着年龄的增长而增加，两者之间确实存在显著影响关系。但由于年龄与劳动参与之间存在高度相关而造成了年龄的不显著，如果单独就年龄与因变量进行回归，发现年龄是非常显著的，或者说，我们在模型中去掉劳动这个自变量，年龄也是显著的。但是相对于年龄来讲，劳动参与尤其重要，是否劳动直接影响收入，因此不管年龄大小，只要有足够的劳动能力，是有机会脱贫的。所以我们在模型中保留作用相对较大的劳动而放弃年龄这个变量。但是，我们不能否认年龄对贫困的显著影响。

性别变量显著性说明。虽然女性老年人的贫困率高于男性老年人，但假设检验显示性别与贫困没有显著关系。而在模型实证时，有两个模型显示性别的影响是显著的，女性更容易贫困，这与我们的贫困率计算结果一致，也与其他一些学者的结论相符，因此我们接受这一结论。其实，女性老年人贫困率高于男性是符合实际的，因为在高龄老年人（尤其是独身）中女性的比例大于男性。

总之，由表 6 - 8 和前面的分析可知，除了自有住房、子女是否经常看望这两个变量外,我们认为其他变量都是显著的。在共同显著的变量中,经济型变量占多数,说明发展农村经济、提高农民收入、加大农村社会保障力度是当前解决西部地区农村老年贫困的关键。

表6-8 三个模型显著影响因素对比

全部因素	全部样本(模型1)	不与子女同住(模型2)	与子女同住(模型3)
性别	性别		性别
年龄			
民族	民族	民族	民族
文化程度	文化程度	文化程度	
婚姻状况	婚姻状况	婚姻状况	
子女数	子女数		子女数
自有住房			
子女住在附近	—		—
与子女关系	—	与子女关系	
子女经常看望	—		—
劳动	劳动	劳动	劳动
财产性收入	财产性收入	财产性收入	财产性收入
子女经济状况	—	子女经济状况	子女经济状况
子女给生活费	—	子女给生活费	子女给生活费
养老保险	养老保险	养老保险	
低保	低保	低保	低保
政府救济金	政府救济金		政府救济金
健康状况	健康状况	健康状况	健康状况
生活自理能力	生活自理能力	生活自理能力	

注:"—"表示模型中没有使用该变量。

第7章 西部农村老年贫困的成因分析

前面的特征分析和模型实证告诉我们，西部农村老年人的贫困与很多因素显著相关，其中有些因素跟贫困有因果关系，是贫困的直接成因，如收入；有些因素虽然结果显示有显著影响，但并没有因果关系，不是直接成因，如性别、婚姻等。以婚姻为例：虽然婚姻是显著影响因素，夫妻两人的贫困率更高，但主要原因是低保、子女赡养费等不一定按人数给，夫妻两人平均所得低于单身老年人，所以其根本的原因还是社保制度、子女赡养等问题，因此需要从这几个方面找原因和对策，而不能说老年人结婚不好。所以，我们这里的成因和后面的对策并不能按照前面的影响因素——对应来研究。

另外，我们的调查问卷是个人问卷，而贫困的原因除了问卷中涉及的问题以外，还有其他层面的原因，如区域经济落后、地理位置偏远等问题，所以这里的成因和后面的对策都要展开分析。

综上，这里的贫困成因分析主要依据我们的调查和前面的分析，但同时也参考了其他学者的研究和西部农村发展现状。一般来讲，农村老年人的收入主要以自己的劳动、其他家庭成员的供养、养老保险和各种救助为主，因此他们的生活质量容易受身体健康状况、子女经济条件、家庭代际关系、家庭变故、地区经济发展情况等多种因素的影响，而农村社会养老保障制度不完善是农村老年贫困难以解决的重要原因（曾学华，2016）。

7.1 区域方面的原因

农村老年贫困主要是由家庭贫困引起的，虽然造成家庭贫困的原因很多，但其根源在于农村贫困，尤其是地理位置差、自然环境恶劣的西部农村。农村贫困现状具有深刻的历史渊源，一是几千年来小农经济束缚的结果；二是中华人民共和国成立以来，长期实行重城市轻乡村、重工业轻农业的工业化发展战略，造成了重工轻农、城乡二元发展的格局。由于分配体制的问题，造成社会财富分配失衡，城乡居民收入差距越来越大，部分农村居民尤其是西部地区的农村居民经济收入低下，而处于更加弱势的农村老年人，收入微薄、零收入现象非常普遍。

7.1.1 地理位置差，自然环境恶劣

中国西部地区位于中国内陆，包括中国的西南地区与西北地区，以高原和盆地为主，位于东南亚、南亚、中亚、东北亚经济贫困地带的核心区域。中国西部地区地域辽阔，但区位偏远，自古以来远离社会、政治和经济中心，经济发展落后。除四川盆地和关中平原等少数精华部分外，其余地区人口较稀少，是我国经济欠发达、需要加强开发的地区。

自然环境是影响地区社会经济发展的重要因素之一，也是人类迄今为止无法完全克服的因素之一，而西部地区贫困人口生存的自然环境大多较为恶劣。西部地区贫困人口大多集中在深山区、黄土高原、荒漠区、地方病高发区、水库库区等：降雨不足的黄土高原贫困区，水土流失严重的秦巴山地，耕地资源奇缺、生态恶化的西南喀斯特高原丘陵地区，不利于农作物生长的青藏高原、云贵高原高寒山区。这些地区均属于资源贫乏、农业生产的自然条件恶劣、灾害频繁的地区。恶劣的自然环境和地理位置对农作物的自然生长极为不利，导致西部农村产业结构单一：农业主要以粮食生产为主，牧区县以单一畜牧业生产为主。这种产业发展特点决定了西部地区经济发展总体上处于相对落后的状况（张映芹、郭维维，2015），而西部地区整体经济发展落后是造成农村贫困、农村老年贫困的主

要原因。

7.1.2 西部经济发展落后

西部地区地域辽阔，12 个省份面积为 685 万平方千米，占全国陆地国土总面积的 71.4%。由于西部地区地理位置偏远、自然环境恶劣、吸引外资能力差，虽然国家大力开发西部，但西部地区经济发展依然落后，居民缺少增加经济收入的渠道，尤其是农村居民，造成了西部地区农村贫困覆盖面大，连片特困现象突出。全国国家扶贫工作重点县中有 63% 位于西部，全国划定的 14 个集中连片特困地区中，有 12 个位于西部或横跨西部各省份（刘渊，2015）。

2014 年，人均地区生产总值东部为 67120.27 元、中部为 38243.8 元、西部为 37487.39 元、东北为 52358.87 元，西部最低；西部各省平均全社会固定资产投资为 10765.9 亿元，而东中部各省平均值达到 20666 亿元，东北三省平均值为 15299.8 亿元，也远高于西部，因此，西部地区的经济发展水平是最低的。西部经济发展落后造成较低的收入和生活消费水平，因此贫困率高、贫困人口最多是不可避免的。

西部地区农村的贫困推动了大量青壮年人口的外出，历年来，西部农村外出打工人数一直居高不下。我们的调查数据显示：西部农村有 45% 的老年人反映家里有子女外出打工，而东部只有 16.5%。农村青壮年劳动力的流出加剧了农村人口和农村劳动力人口的老化，阻碍了当地农村发家致富的步伐，从而进一步加深农村的贫困和老年人的贫困，由此形成了西部农村的"贫困—人口老化—更加贫困"的恶性循环。这个恶性循环的最大受害者就是西部农村的老年人，致使西部农村老年人的贫困问题非常严重。

7.1.3 少数民族人口多

随着我国对贫困问题的长期重视、扶贫力度的逐步加大，以及西部大开发战略的实施，我国西部农村的贫困问题在逐步缓解。但是，西部地区本来就是中国自然条件最恶劣、贫困问题最严重的地区，而且又是少数民族人口最集中的地区，分布着新疆维吾尔自治区、西藏自治区、内蒙古自治区、宁夏回族自治区、广西壮族自治区以及青海、贵州、云南三个多民族省份，西部地区累计聚居着

50 个少数民族，少数民族人口占全国少数民族总人口的 80%（杜军林，2013），西部的少数民族地区至今仍有着全国最为贫困的村落和人群（葛珺沂，2013）。首先，少数民族一般都有自己的宗教信仰和语言文字，有自己独特的传统风俗和生活习惯，并渗透在他们社会生活的各个层面，并且是排他的、独立的，这种文化形态很难接受外面先进文化的影响，使少数民族缺乏对外交流，影响自身的发展和进步；其次，虽然我国全社会都十分重视教育并大力发展教育，西部少数民族地区的教育状况也有明显的改善，但由于前一原因的影响，其仍然落后于其他地区。

虽然本书的调查资料和模型实证都显示少数民族老年人贫困率更低，但少数民族整体的贫困会影响老年人的生活，提高少数民族地区整体经济水平对改善西部老年人总体贫困程度有很大的作用。

7.2　政策制度方面的原因

7.2.1　国家区域政策的不平衡

改革开放以来，由于东部地区优越的地理位置，我国实施了优先发展东部，然后由东部带动西部地区发展，先富带动后富的经济政策；实行了重城市轻农村、重工业轻农业的发展战略，优先开发东南沿海地区，集中资源、资金发展第二、第三产业。这种非均衡性区域政策扩大了东西部地区经济差距、城乡经济差距，使西部地区尤其是农村成为受制度、结构、政策影响最严重的地区。在这种有失公平的区域政策的影响下，各种资源从贫困落后的农村地区不断流向相对富裕的城镇地区，通过牺牲农业、农村、农民来推进城市与工业的发展，导致了我国西部农村经济发展后劲严重不足，农民收入增加缓慢，生活水平难以提高，这在一定程度上加剧了西部地区的贫困。

从表 7 - 1 中可以看出：西部地区城镇居民人均可支配收入是东部地区的 71.9%、中部地区的 98.6%，而西部地区农村居民人均可支配收入是东部地区的

63.1%、中部地区的82.9%。也就是说，与其他区域相比，西部地区的农村相比于城镇更落后。再来看城乡收入比：西部地区的城乡收入比最高（2.94），远高于东、中部和全国平均水平。这就说明，区域发展不平衡与城乡发展不平衡的叠加加剧了西部农村的贫困，而作为劳动能力更差的西部农村老年人，贫困状况更加堪忧。我们的调查结果也反映了同样的问题，东部地区老年人人均年收入比西部地区老年人多了9000多元。从农村居民的恩格尔系数也能看出，西部地区农民的生活水平明显低于东、中部以及全国平均水平。

表7-1 2014年东、中、西部城乡居民收入比较分析

	东部	中部	西部	全国
城镇居民人均可支配收入（元）	33905.4	24733.3	24390.6	28843.9
农村居民人均可支配收入（元）	13144.6	10011.1	8295.0	10488.9
城乡收入比	2.58	2.47	2.94	2.75
农村居民恩格尔系数（%）	33.5	31.9	36.2	33.6

资料来源：《中国统计年鉴》（2015）。

7.2.2 社会保障制度的不完善

我们把老年人的收入分为自己的劳动和工作收入，存款利息以及房屋、土地和设备出租等收入，子女给的生活费，养老保险金，低保，政府和集体的补贴和救济金等。调查发现，被调查的1575位老年人中，有299位（占19%）老年人的收入完全依靠养老保险金、低保、政府和集体的补贴和救济金等，而在这299位老年人中有220位的收入低于我们前面界定的贫困线1722.4元，按照我们的贫困界定方法（需要区分与子女同住和不与子女同住），有175位是属于贫困的范围。因此，在完全依靠政府转移支付生活的老年人中，他们的贫困率是58.5%。这部分贫困老年人的特点是他们的收入只有最基本的养老金和少量补助，极少数连基本的养老金都没有；另外一部分不贫困的老年人，要么养老金比较高，要么除了基本的养老金外，还有低保或者其他补助救助等。因此，对于没有其他经济收入来源的老年人来讲，是十分渴望能够拿到更多的养老保险金、低

保和各种救助的。模型实证也显示，社会保障制度对老年贫困的影响是显著的，而事实上，我们的社会保障制度还很不完善。

7.2.2.1　城乡居民社会养老保险（原新型农村社会养老保险）

根据党的十七大和十七届三中全会精神，国务院决定，从 2009 年起开展新型农村社会养老保险试点（新农保），新农保试点的基本原则是"保基本、广覆盖、有弹性、可持续"。新农保基金由个人缴费、集体补助、政府补贴构成①。

个人缴费：缴费标准设为每年 100 元、200 元、300 元、400 元、500 元 5 个档次，地方可以根据实际情况增设缴费档次，户籍地所在区县（自治县）开展居民养老保险试点之月已满 60 周岁及以上的参保人员，有条件且自愿缴费的，可在 40 元、60 元、90 元 3 个月缴费档次中自愿选择标准并进行一次性趸缴申报。

集体补助：有条件的村集体应当对参保人缴费给予补助，补助标准由村民委员会召开村民会议民主确定。鼓励其他经济组织、社会公益组织、个人为参保人缴费提供资助。

政府补贴：政府对符合领取条件的参保人全额支付新农保基础养老金，其中中央财政对中西部地区按中央确定的基础养老金标准给予全额补助，对东部地区给予50%的补助。地方政府应当对参保人缴费给予补贴，补贴标准不低于每人每年 30 元；对选择较高档次标准缴费的，可给予适当鼓励，具体标准和办法由省（区、市）人民政府确定。对农村重度残疾人等缴费困难群体，地方政府为其代缴部分或全部最低标准的养老保险费。

养老金待遇由基础养老金和个人账户养老金组成，支付终身。中央确定的基础养老金标准为每人每月 55 元，地方政府可以根据实际情况提高基础养老金标准。对于长期缴费的农村居民，可适当加发基础养老金。新农保制度实施时，已年满 60 周岁、未享受城镇职工基本养老保险待遇的不用缴费，可以按月领取基础养老金，但其符合参保条件的子女应当参保缴费。

我国从 2009 年开始试行新农保以来，目前已经全覆盖到所有省份，新农保的参保率也在持续上升，虽然各地有差异，但基本都在90%以上。

---

① 中华人民共和国人力资源和社会保障部. 国务院关于开展新型农村社会养老保险试点的指导意见（国发〔2009〕32 号）.

我们调查发现：大多数老年人是没有真正拿钱参保的，只是根据上述文件精神领取了基础养老金，根据被调查老年人自己反映，基础养老金（从55元起，各地高低不一）是不能真正改善生活的。也有少数老年人自己拿钱参保，但大部分人选择的也是100元的最低缴费档次（主要原因是没钱参保或者认为该制度设计不合理），最终领取的养老金与基础养老金差别不大，也不能真正改善生活。

实际上，老年人的基础养老金要与其子女参加保险挂钩，只有子女参保了，老年人才能领到基础养老金，因而有部分农村老年人的养老金领取权利因子女没有参保而被剥夺，这种权利捆绑的做法对老年人不利，不但使新农保的执行效果大打折扣，还会加大子女与父母的矛盾。虽然2014年国务院提出应取消新农保的这一规定，但部分省份仍在推行捆绑政策，这一捆绑制度不利于解决西部农村贫困老年人口的贫困问题。

调查问卷最后的诉求中，关于养老保险方面反映比较多的是完善社会养老保险制度，降低缴费额度，提高养老金待遇。

7.2.2.2 医疗保险制度

由于顶层设计的缺陷，目前的医疗保险制度还存在很多问题。目前，绝大多数农村老年人参加了新型农村合作医疗（新农合），新农合的实行在一定程度上缓解了农村老年人看病难的状况。调查西部农村老年人的医疗费来源的结果显示：72%来自新型农村合作医疗，25%完全自费，剩下的3%有商业保险。但是新农合的报销起付门槛高，报销比例较低，还设立了最高支付限额，不能解决常年生病和重大疾病的农村老年人看病贵的难题。

新农合规定：村卫生室、卫生所就诊报销60%，镇卫生院就诊报销40%，每次就诊各项检查费及手术费限额50元，处方药费限额100元；二级医院就诊报销30%，每次就诊各项检查费及手术费限额50元，处方药费限额200元；三级医院就诊报销20%，每次就诊各项检查费及手术费限额50元，处方药费限额200元；镇级合作医疗门诊补偿年限额5000元。住院报销比例为镇卫生院报销60%，二级医院报销40%，三级医院报销30%，检查费、手术费额报销。

这种规定就导致农村居民医疗费用自费部分比重较高，新农合的保障作用比较有限，而且医院级别越高报销比例越低的规定导致贫困家庭只好选择就地看病。如此一来，很多老年人有病不敢去医院，更不敢去大医院，有病得不到医治，造成很多老年人多病、身体差，严重影响他们的脱贫能力。我们从调查中得知，很多农村老年人的就医行为一般是先扛着、拖着，如果不见好的话就自己买点药对付一下，实在不行才去医院，少数身有重病但又无钱医治的干脆就放弃治疗。前面讲到的一点有限的养老保险和社会救助金，有些老年人还不敢用于生活消费，都用于支付医药费了，让本就贫困的生活雪上加霜。

有很多老年人本来收入并不低，但一直反映他们很贫困，主要还是因为生病，这就是在农村特别是贫困农村比较常见的因病返贫的现象。调查中此方面诉求人数最多是希望医疗有保障，降低看病成本，完善农村医保制度，提高新农合报销比例。

7.2.2.3 低保及各种社会救助的申请和发放不规范

社会救助指"通过立法由国家或者政府对由于失业、疾病、灾害等原因造成收入中断或者收入降低并陷入贫困的人员或者家庭实行补偿的一种社会保障制度"，社会救助的目的是通过救助困难群体，达到最基本的社会公平（朱德云，2011）。中国的社会救助制度建立于20世纪50年代，从"五保"制度以及灾害救济制度，到医疗救助、住房救助、教育救助、法律救助等。2014年2月，国务院通过了《社会救助暂行办法》，但该办法内容简单，且法律位阶低，并不能满足现实需要（谢增毅，2014）。因此，我国的社会救助虽然起步较早，也有法规保障，但还存在很多问题，有很多需要救助的贫困家庭、贫困老年人没有得到救助，主要表现为：社会救助制度不统一，出现城乡差异、地区差异、项目衔接不清等问题；救助对象的确定缺乏法定标准，随意性大；社会救助水平过低，远远低于欧美水平；社会救助基本制度不健全。下面我们分项目进行分析。

（1）农村最低生活保障制度的问题。最低生活保障制度是一种直接的现金救助制度，如果共同生活的家庭成员的人均收入低于当地低保标准的，当地政府应该为该家庭提供现金救助和其他物质帮助。最低生活保障制度的出现，对提高城乡贫困老年人的生活质量起到了很大的作用。我国自2007年起在全国范围建立了农村低保制度，将符合条件的农村贫困人口全部纳入保障范围。西部地区广大农村在这一政策的推动下，低保工作迅速展开，无论是保障人口数量、低保资金的支出，还是在具体实施的措施上都有了飞速的进展。

但是，我国农村最低生活保障制度在发展过程中存在以下问题：首先，我国的最低生活保障制度及其他各种救助是采用城乡分治，城乡之间的差异较大，即使是无依无靠的孤寡老人也不例外。这种城乡分割的方式，限制了社会保障特定功能的全面发挥，使城乡居民的保障待遇不一致，不利于农村低保制度正向效应的有效发挥（陈友华、苗国，2015）。其次，保障对象的审查、审批、监督环节薄弱。调查中发现，部分地区存在基层腐败现象，一些特别穷苦的村民并没有享受到国家这项好政策，而一些村干部却一边领着工资，一边为自己和家人、朋友办理了低保，保障资格的取得与否可能要看与村、社区主办领导关系的亲疏。如此一来，导致部分真正有困难的老年人没有得到帮助，而有些得到帮助的人往往不是最困难的甚至是较为富裕的。最后，保障标准低，覆盖面窄，保障人数偏少。受政府财政支付能力的限制，在最低生活保障制度实施过程中存在"看菜吃饭"的现象，"应保尽保"还没有完全实现。一方面，有上面提到的有一些不属于低保范围内的人占据了部分名额和资金；另一方面，政府根据财政实力主观确定筛选标准，把部分原本符合低保条件的人排除在外。例如，一家两个老人都应该领低保，但由于财力和名额的限制，只能先领一个，这也是前面研究得到的一个结论——已婚老年人比单身老年人更贫困的原因之一。

调查样本中，贫困人群中领取低保的仅占贫困总人数的17.58%，领取政府和集体其他补贴和救济金的仅占贫困总人数的9.53%。低保的申请和发放如此，其他各类救济金和补助的发放也有同样的问题。

本调查中此方面诉求最多的就是希望政府给予更多的惠民政策，加大补助和救助力度；完善低保制度，改善低保申请和发放不公平的状况。

（2）其他社会救助的问题。因为本书是以收入来界定贫困的，所以完善的低保制度是能有效解决贫困的。但是我们也不能忽略了许多因病、因灾、因难等引起的脱贫返贫现象，因此，临时灾害救济、医疗救助、住房救助等也是很重要的。贫困家庭如果遭遇突发性自然灾害、家庭重大事故以及难以预料的重大疾病等，无疑是雪上加霜，更多的只能依靠临时救助。即使是经济条件稍好的家庭，遇到上述事故也可能难以应付。我们的调查样本中除了有很多看不起病的老年人外，还有少数因天灾人祸造成的住房倒塌、财产损失等现象瞬间陷入贫困的。虽然我国在临时性社会救助制度的建设方面取得了一些成就，也制定了一些专门的法规和规章，但尚未颁布社会救助基本法，缺乏强有力的法律保障。有些专项救助项目缺乏进一步的制度建设和完善，救助资金来源不足，各项救助制度之间也缺乏有效的衔接，没有形成完整的救助体系。一旦发生救治费用高昂的突发性天灾人祸事件，现行临时性救助制度只能解决部分重点问题，难以满足需要。因此，要彻底解决这类人的困难，我国必须加强社会救助制度的建设力度，及时建立完整的临时性救助制度。

7.2.3 基层干部队伍建设存在的问题

和农村广大老百姓接触最多、国家各项政策制度的宣传和执行者是农村村镇两级的基层干部，村党支部、村委会是农村最基层的组织，是全村各种组织和各项工作的领导核心，是农民群众和上级组织联系的桥梁和纽带。农民群众有什么困难、是否需要照顾和救济等，只有村干部去了解和落实，因此，与扶贫有关的各项政策是否宣传到位、低保和其他各项救助是否发到了真正需要的农民手里，与村干部的工作态度有很大关系。在本书的调查中，部分老年人反映干部不作为、办事不公平、有腐败现象，有一些特别穷苦的老年人并没有享受到国家的低保和救助，导致真正有困难的老年人没有得到帮助，而得到帮助的人不一定是最困难的甚至是较为富裕的。调查发现，有少部分人均收入超过 1 万元的老年人也在拿低保。

除了低保和救助之外，还有一些该给老百姓的补贴未如数发放，如土地被征用后的补贴、退耕还林的补贴等。当自己的权益得不到保障时，老百姓有时还无处上诉、无法维权。老百姓很希望上级政府领导多下基层了解情况，希望干部多干事、干实事，认真落实国家政策。

7.3 文化方面的原因

7.3.1 受贫困文化的影响，陋习严重

文化是一个抽象的概念，贫困文化理论是从社会文化的角度解释贫困现象的

理论，它由美国人类学家奥斯卡·刘易斯首次提出。这一理论认为，在社会中，穷人因为贫困而形成了独特的居住方式、生活习惯等，相同的生活方式和习惯促使穷人之间的互相交流和集体互动，从而造成与其他人群的相对隔离，产生一种与社会主流文化脱节的贫困亚文化。处于贫困亚文化之中的人有独特的文化观念和生活方式，他们会习惯这种贫困的生活，贫困文化还会发生世代传递（周怡，2004）。张立东（2013）研究发现，中国农村存在非常显著的贫困代际传递现象，一些农村地区的老人思维传统，坚持祖祖辈辈都不出远门的规矩，不但自己不愿意离开故土，而且不同意子女尤其是女性出门打工，这种想法在贫困老年人群体中表现得更为明显，造成的后果是不仅自己贫困，还让贫困代代相传。这个因素在模型中无法实证，但是我们在实地调查和访谈中会经常遇到，发现文化是导致老年贫困的重要因素之一。

另外，越是贫困的农村陋习越多，很多陋习加重了贫困。比如，女儿出嫁要赔嫁妆，儿子娶媳妇不但要建新房还要下重礼；农村的红白喜事礼金负担很重，有些农村红白喜事全村都要参加，还要大吃几天。有些农民拿出一辈子的积蓄仅仅只是为了让子女体面地结婚、让去世的亲人风光地下葬。有些子女较多的老年人，在经济并不宽裕的情况下，还要帮每个子女建新房、成家，直到自己两手空空甚至负债累累，有的甚至没有住处。因此，在农村这些陋习的影响下，如果遇到子女不孝顺或者无力赡养老人，老人就势必陷入贫困。

还有一种情况，由于贫困和从来不出远门，贫困地区人口通婚圈子狭小，造成落后乃至违法的婚姻方式，从而导致人口智力素质低下，影响他们脱贫致富的能力。

本书的调查中，无论是问卷调查还是典型访谈中，都有一些老年人反映自己负担重，其中跟子女有关的包括：帮子女建房成家，抚养有病的子女、抚养孙辈，把自己的占地、拆迁补助全给了子女，不愿意给子女添麻烦、不要子女抚养等。

7.3.2 农村教育条件差，农民文化程度低

早期的农业生产以传统的手工耕种为主，农业生产技术相对简单，一代代农民可根据长辈的言传身教和自己的实践经验进行农业生产，跟文化水平高低没有太大联系，所以我国以前的农村不太重视正规的教育，造成现在的很多农村老年

人文化程度偏低。但是，随着社会的进步和科技的发展，农业现代化早已是现代社会发展的必然趋势，要想通过农业生产获得较好的收入，农民必须要掌握现代农业所需要的知识和技术，提高劳动生产率。在这种情形下，参与正规的教育、提高文化水平就变得很重要了。同时，正规的教育还可以帮助农民改变落后的思维方式，加强对新事物的接受能力。可以说，在现代社会，提高农民的文化水平已经成为农村地区增加农民收入、改变贫困落后面貌的根本所在。

在我国，农村教育长期处于严重滞后的状态，导致农村劳动力文化素质普遍偏低。我国在教育投入上重城镇、轻乡村，导致农村教育资金投入不足，教育资源配置不合理，教育设施落后，师资力量薄弱且流失严重。尤其是贫困农村，中小学入学率低、辍学率高，农村职业技术教育和成人教育力量薄弱。由于区域发展的不平衡，西部地区尤其薄弱。根据《中国统计年鉴》的资料，2014 年，普通高中和中等职业学校的生师比西部最高，教育投资无论是总量还是按省平均都是西部最低。

整个西部地区的教育落后，再加上贫困上不起学，年轻人的文化程度尚不能保证，更何况老年人呢？调查中发现，文化程度在小学及以下的老年人占总人数的 89.52%（东部的调查结果是 79.5%），有超过一半的老年人不识字或识字很少（东部为 37.5%）；贫困老年人中文化程度在小学及以下的人数占贫困人数的 95.58%。由于西部地区老年人文化程度普遍较低，容易形成一些不利于自身发展的观念障碍，如对科学文化的错误认识，不让其子女读书等；因循守旧，抱残守缺，对科学技术有排斥感，使贫困发生代际传递，从而加深了自身的贫困。我们的模型也证实，文化程度是老年贫困的显著影响因素。

7.4　家庭方面的原因

长期以来，我国农村居民的养老方式主要是以居家养老为主，子女和土地产出为养老提供保障（传统的说法：家庭养老、子女养老、土地养老）。随着社会经济的发展和城镇化进程的推进，传统的农村养老方式在经历着巨大的变化。城镇化进程使农村家庭规模和结构发生了巨大变化，经济相对落后的西部地区农村，大量青壮年人口离开家乡去城市打工、去沿海发达地区打工，几世同堂的家庭结构逐渐瓦解，空巢老人、留守儿童现象变成西部农村的普遍现象。子女外出务工加重了农村老年人的劳动负担，有很多老年人还要负担孙子辈的生活，严重降低了其晚年的福利水平。不过，根据我们的调查和前面的分析可知，外出打工的子女只要有孝心，老年人的晚年生活会更有保障。随着我国计划生育政策的长期实施，"421"式的小型化、原子化家庭结构成为主流，目前大量独生子女的父母进入老年人的行列，独生子女的养老负担成倍增加。虽然国家已经放开"二胎"，但是对目前的老年人和即将步入老年的中年人来讲是没有好处的，情况可能会更糟，因为这意味着他们需要照顾更多的孙子辈，付出更多，但被照顾的概率更低。

因此，在其他条件不变的情况下，家庭规模和结构的变迁势必会影响老年人的生活质量，传统的家庭养老功能逐步弱化。改革开放以来，随着市场经济的不断深入，传统的"养儿防老"观念不断遭受挑战，养儿未必防老，"啃老"现象也屡见不鲜，依靠子女养老的风险不断增加。而且，随着城镇化和工业化的发展，农村耕地面积不断减少，土地的养老保障功能也逐渐衰弱。在多种不利因素的叠加影响下，农村老年贫困问题日益严重。

7.4.1 家庭规模和结构的影响

7.4.1.1 家庭子女数

随着计划生育的长期成功实施及生育观念的变化，我国生育率不断走低，这必然会导致家庭规模的缩小。一般认为，家庭规模大小是影响老年人口社会经济支持的重要因素，成年子女越多，老年人获得的经济支持会越多，反之会越少。在"421"式的家庭里，子女的养老负担不断增加，子女对老年人的经济供养、生活照料越来越不足。

实际上，受传统的"多子多福""养儿养女防老"等旧有思想的影响，农村现有老年人多数还是有比较多的子女，调查发现，71%的农村老年人有 3 个及以上子女，那么子女越多是不是越有利于提高老年人生活质量呢？杨菊华等（2010）认为，从 1 个或 2 个子女那里获得的支持与从 2 个以上孩子获得的支持并没有实质性的差别。本书的调查结果显示，子女数量越多反而越贫困，实证分析结果显示两者显著相关。分析其原因主要有以下两方面：一是由于子女多导致抚养负担重，贫困家庭由于受经济条件的限制，子女辍学或失学现象严重，导致农村贫困家庭成员的受教育程度偏低，从而会影响子女的经济条件（我们调查发现，只有8.5%的老年人反映子女的经济条件好），子女经济条件差又会降低他们对父母的赡养能力，形成恶性循环。小家庭的子女可能获得更高的受教育水平，从而增强他们支持父母的能力，提高对老人的支持力度。二是由于子女多了，对父母的赡养义务的承担不积极，存在互相推诿的情况。我们对东部农村的调查也反映出3个及以上子女的老年人平均收入最低。进一步分析老年人子女数与子女给老年人生活费多少的关系，我们发现，无论是东部还是西部，3个及以上子女的老年人得到的平均生活费最少。本次调查中，有不少的老年人反映，他们要倒贴钱给子女，子女越多，倒贴得越多。

上面的结论是子女太多不利于农村老年人脱贫，但对于独生子女家庭来说，情况可能会更糟。我们的研究表明，2个子女的老年人得到的平均生活费最高，贫困率最低，只有1个子女的老年人的贫困率虽然低于3个及以上老年人，但也不容乐观。独生子女家庭面临更大的子女赡养风险，出现"空巢"老人的概率要远远大于非计划生育老年夫妇。

由此可见，子女太少和子女太多都不利于老年人提高生活水平。但我们还是认为，子女数量多不应该成为老年人贫困的原因，应该加强农村孝文化建设，增强年轻人养老敬老的意识。

7.4.1.2 家庭代际关系的变化

随着老年人年龄的增长，其子女也会有自己的孩子甚至是孙子，三世同堂、四世同堂屡见不鲜。如果子女经济条件不好，他们要养育自己的孩子、要照顾自己的小家庭，就会感到力不从心而忽略自己年迈的父母。前面分析的有3个以上子女的老人反而贫困，就存在这个原因。因为子女多的老人大多年龄较大，其多数子女的年龄也会比较大，家庭负担也重。

在现代社会，财富大多是从父母流向子女，反过来极少。家庭规模大，老年人的子女一般会把更多的精力和金钱转移给自己的子女，现在的家庭一般都重视下一代的培养而忽视上一辈的需求，即家庭养育中心由"养老"向"育小"转移。由于市场经济带来的生活上的压力，没有能力就难以生存，这种影响对年青一代尤其明显。所以，随着父母对自己孩子的期望值增大，对儿童教育的重视度越来越高，在对孩子的投资日益增加的同时，对老人的关注度就相对减少了。在子女经济条件不好而赡养压力又很大的情况下，老年人还会进一步克扣自己去帮助子女抚养孙辈，使老年人经济贫困概率进一步增大。即使随着经济的发展，子女的经济收入会提高，但与用于年轻人身上的花费相比，花在老年人群身上的花费未必随家庭收入的增加而增加。

据统计局资料显示，西部省市的少年儿童抚养比普遍高于东中部，而我国乡村的老年抚养比又高于城镇，综合起来就是西部农村既有较高的少年儿童抚养比，也有较高的老年抚养比。由前面的分析可知，由于家庭资源的限制，西部农村较高的少儿抚养比和老年抚养比意味着家庭的抚养压力太重，家庭对少儿的投入增加一定会挤占家庭在老年人生活上的投入，包括物质方面的支持和精神方面的支持。

因此，由于家庭养育中心由"养老"向"育小"转移，再加上家庭资源的限制，老年人的需求容易被忽视，老年人陷入贫困的概率增加。

7.4.1.3 居住安排

随着我国经济的发展、社会的进步、家庭规模的缩小，社会养老保障体系的逐步完善，家庭养老观念在转变，老年人独居或者仅与配偶居住的比例不断上升，与成年子女同住的比例逐渐下降（杨菊华、陈志光，2010），成年子女的外出打工又进一步增加了农村地区仅有老人的"空巢"家庭数量。本调查显示，将近一半的家庭仅有老人或者老人带儿童，其中有4.5%的家庭是老人和儿童一起生活，形成了颇具特色的留守家庭。不同的居住安排会对老年人的生活照料、生活资源的来源以及生活满意度等产生较大的影响，紧密的家庭关系能有效缓解贫困，至少不会让老年人感到孤独。我们调查发现，老年人诉求比较多的一点就是希望得到子女的照顾。

因此，我们认为，与子女同住的老年人无论是贫困率还是生活满意度都要好得多。当然，也不能完全认为与子女同住就能缓解贫困，居住方式与经济和照料支持并无直接关系，只要子女经济条件允许并且有孝心，对父母提供经济支持是不受距离和地域影响的。

7.4.2　子女经济条件较差

前面的统计分析和模型实证都反映了子女的经济状况是老年贫困的显著影响因素。老年人的收入，特别是没有劳动能力的老年人，除了基本养老保险金和各种补助外，他们的收入就是子女给的生活费。调查发现，有36%的老年人反映子女不给生活费，子女给生活费的老年人贫困率为23.26%，不给生活费的老年人贫困率为43.09%；子女经济条件好的老年人贫困率为18.6%，子女经济条件不好的老年人贫困率为44.1%。由此可以看出，子女经济条件好的、子女给生活费的老年人贫困率更低，原因是子女经济条件好的有69.8%给父母生活费，经济条件不好的只有56.5%给生活费。

由此，子女不给老人生活费，除了一小部分确实是由于与父母关系不好或者不孝顺外，更多的是因为自己的经济条件不好，自己的生活负担重而无法照顾父母，有些还需要父母照顾。当然，如果子女足够孝顺，充分认识到赡养老人是自己的应尽义务，无论自己有多穷也应该照顾父母，给年迈父母以经济支持。

7.4.3　子女赡养老人的意识淡薄

当今，传统的孝文化受到了多因素冲击。由于西部地区农村大量青壮年劳动力外出务工，"空巢"留守老人不断增多。为了节约往返路费，很多离家较远的务工人员很少回家甚至几年都不回家，使老人与子女的感情日渐淡化，子女赡养老人的意识越来越差，厌弃老人、歧视老人的现象时有发生，部分老年人老无所养、老无所依。上面已经谈到，有36%的老年人没有拿到子女的生活费，子女给不给生活费与老年人是否贫困直接相关。子女不给生活费除了自己经济条件有限外，有些是自己有条件但不给父母生活费，确实属于不孝。在不与子女同住的老年人中，贫困老年人有251人，其中有3.6%的老年人反映其子女经济条件好，68.9%的老年人反映其子女经济条件一般，只有27.5%的老年人反映其子女经济条件确实不好。另外，统计分析和模型实证都显示，子女与父母的关系好不好也是影响贫困的显著因素，与子女关系越好越不贫困，因为与子女关系好的，子女给生活费较多，也经常回家探望。

在最后的诉求中，有14%的老年人希望改善与子女的关系，希望子女孝顺、赡养自己，或者希望子女多回家看看，希望子女在身边多陪伴、多照顾等。

所有的研究都认为，子女的孝心对解决老年贫困尤其重要。在以家庭养老为主的农村，子女的赡养能力很重要，但子女的赡养意愿尤其重要。如果子女有足够的孝心，愿意尽力赡养父母，那么前面的经济条件、居住安排、代际关系、家庭规模和结构等的影响都将弱化，即使不能保证完全脱贫，但一定能有效改善贫困老年人的生活。

7.5 个人方面的原因

老年群体由于年龄大、生理功能退化、疾病多发、生活自理能力差，再加上劳动能力不足甚者无劳动能力，在经济上、情感上都会造成对他人的较强依赖性，因此，老年人特别是没有稳定退休金的农村老年人属于贫困的易发群体。下面从老年人个人方面来分析一下贫困发生的原因。

7.5.1 思想传统，个人储蓄不足

在"养儿防老、养女防老"旧思想的影响下，中国的老年人过去没有储蓄养老的习惯，平时辛辛苦苦的劳动所得都奉献给了子女和家庭，丧失劳动能力后主要靠子女养老（调查中，有71%的老年人希望靠子女养老）。调查样本中，只有6%的老年人有利息收入和土地、房屋租金收入，其中只有0.4%的贫困老年人有此收入。因此，一旦子女经济状况不好，对老年人的支持力度不够，或者子女不孝顺、不愿意赡养父母，那么老年人的晚年生活会很凄凉。本调查中，有一位贵州的老年人，本来她有拆迁补偿、被征地补偿等，但所有的补偿都分给了几个子女，结果子女都不赡养她，造成晚年养老很艰难。

7.5.2 身体健康差，自理能力不足

随着年龄的增加，老年人生理功能退化，疾病多发，甚者无生活自理能力，这是导致老年贫困的一大因素。研究表明，身体不好、自理能力差会引起贫困，

下面从两方面来分析。

第一，老年人随着年龄的增大，自身劳动能力也在逐步下降，如果再加上生病、残疾、没有足够的自理能力，那么通过自己参与劳动而获得收入的可能性更小，因此他们更容易陷入贫困。如果由于贫困而无法支付医疗费用，就出现"小病拖，大病扛"的情况，也意味着没有办法治愈疾病，劳动能力和自理能力每况愈下，进一步加剧贫困，形成恶性循环。

第二，因病致贫、因病返贫的现象与日俱增。本书是根据收入的多少来测量贫困的，但实际上有一部分老年人每年的收入不少，由于身体有疾病、医疗保障不够，每年的医疗支出太高而耗尽了他们的收入，甚至还有欠债，连基本生活费都不能保证，生活极其贫困。我们在调查中询问了老年人上年的医疗费用支出，有57位老人自费医疗费超过1万元，其中有6人属于从收入来看并不贫困，但他们认为自己很困难，因为医疗支出远超过了他们的承受范围，自费医疗费在1万元以下的也有类似的情况。身患重病本来就已经影响了参与劳动的能力，再加上还得支付高额的医药费，可见，在老年人中因病致贫、因病返贫的情况是非常严重的。

健康状况越差的老年人，致贫概率也越大。调查样本贫困老年人中，健康状况一般和健康状况差的最多，占总贫困人数的91.95%。

还有一种情况：并不是老年人自己身体不好，而是由于子女身体不好而受拖累。比如，甘肃定西一位老人，他自己的收入在我们界定的贫困线之上，但是他有一个患精神病的小儿子跟着他，需要他抚养，就造成了贫困；重庆万州的一位老年人，老伴双手残疾，本来收入就低，全靠低保过日子，儿子又刚遇到一次车祸，所以儿子完全无力照顾老人，反而要老人去照顾儿子，幸好老人还有一定的劳动能力，能自己种植一些农作物供家人食用。

7.5.3 个人劳动能力差

由于社会保障制度不完善，养老金收入微薄，子女不赡养或者子女的赡养力度不够，很多老年人必须依靠自己劳动来养活自己，不得不从事繁重的体力劳动。本调查显示，有44.4%的老年人仍要参与工作和劳动，在参加工作和劳动的老年人中有71%从事的是田间劳作，甚至还有19%的75岁以上的老年人仍在参加劳动。所以，在中国的农村，大部分老年人只要身体允许，一般都要一直劳动，以此来保障自己的生活需要。但随着年龄的增长，农村老年人的劳动能力逐渐丧失，尤其是劳动强度较大的田间劳作更是无法胜任，导致收入来源不足，消费水平降低，有的甚至连基本的物质生活也难以保证。

当然，老年人参加劳动的原因有多种：一是由于经济所迫，必须要通过自己劳动来获得稳定的经济收入；二是由于年轻人进城打工，家里田地无人耕作，只好由老年人来承担；三是几十年养成的生活习惯，自己喜欢劳动，不想改变当前的生活方式。反过来，不参加劳动的原因也很多：家里经济条件好，或者子女孝顺不让劳动，年龄太大、身体太差已没有劳动能力，但也有一小部分偷懒不想劳动的。前面分析已经显示，是否参加劳动与贫困是显著相关的，参加劳动的老年人贫困率为 15.9%，而不参加劳动的老年人贫困率为 41.3%，要高出 25 个百分点。在所有贫困老年人中，有 76.5% 是没有参加劳动的，其余 23.5% 是参加劳动但收入很低。

因此，对于西部农村老年人，积极参加劳动是摆脱贫困的有效途径，俗话说"勤劳致富"，而对于老年人至少可以说"勤劳脱贫"。当然，我们也希望国家的社会保障制度更加完善，让老年人尤其是缺乏劳动能力的老年人不需要劳动也可以安享晚年。

7.5.4 个体素质不好

农村老年贫困发生与个体素质有关。在贫困的农村，有些老年人年龄不太大，身体也还不错，还有一定的个人劳动能力，但还是会陷入贫困。前面谈到的各种原因也许对他们有影响，但有学者认为，贫困落后的本质在于人的素质差。可能是知识不够，文化技术的素质低下；可能是自己懒惰，不愿意参加艰苦的劳动；也有可能是由于个人素质（品德、性格等）低下，难以与他人相处和交流，即便子女不贫困，但是由于关系不好，结果导致自己生活的贫困（罗遐、于立繁，2009）。

除了上述种种原因之外，还有一些家庭因遇到自然灾害而变得困难，不过这种家庭很少。

7.6 西部农村老年贫困的典型案例分析

从上面的贫困成因可以知道，对于有子女的农村老年人，他们的养老主要依靠自己的劳动所得、子女的赡养和社会保障等，而对于无子女的老年人，养老只能依靠自己的劳动、亲戚朋友关照和社会保障等。但如果这几个方面都出现了问题，他们将不可避免地陷入贫困。更有甚者，有些老年人本来有能力为自己养老，但由于传统观念的影响，倾尽全力资助子女，把自己的财产转移给子女，而子女却不赡养。下面我们来分析几个典型案例。

7.6.1 案例1（2014年调查）

关键点：年收入1380元，收入来源只有少量务农收入和新农保的基础养老金，无低保和其他救济金；与老伴单独居住，有一儿一女，但经济条件不好，也很不孝顺，关系极差，从来不给父母赡养费。

基本情况：重庆合川区一位男性老人，72岁，汉族，文化程度低，识字很少。有一儿一女，平时单独与老伴同住，有100平方米左右的土坯房，家里陈设简单。

收入情况：老两口为了维持基本生活，仍在务农，有一亩左右的田地，农作物除了满足自己基本需要外，剩余的拿去卖掉，扣除成本后大概一年有600元结余；老两口参加了重庆市的新农保（其实是没有交钱参保，是根据政策，年满60岁的老年人只要子女参保就可以拿基础养老金），每个月有90元的基础养老金，没有低保，也没有其他补贴和救济金，人均年收入为1380元，低于我们的贫困线，属于贫困人口，而且每个月的生活支出最多的时候也不超过300元。

健康和医疗：该老年人自己认为身体不好，不过也没有明显的大病，但是没有参加医疗保险，看病必须完全自费，问他为什么不参加保险，他说没钱缴费。平时生病很少看医生，能扛就扛，实在不行就去买点药来吃，前一年花掉900元医药费，就已经感到非常困难了。

生活照顾和满意度：老两口生活能自理，不需要人照顾，也没有人照顾他们。他们希望在家里养老，现在是完全靠自己的收入养老，急需解决的问题是基本生活保障，最担心的问题是晚年无人照顾。问他们对自己目前的生活是否满意，他们表示自己的生活很困难，对自己的现状很不满意，随着年龄的增大、身体越来越差，已差不多失去了劳动能力，也负担不起过高的医药费。

前面提到，该老人有一儿一女，为什么子女不照顾他们，为什么他们会这么贫困？我们从老人的口里了解到他们子女的情况：儿子在同一个村，女儿在外村，子女都未外出打工，子女的经济条件也不好，从来不给他们生活费。其实子女经济条件好不好不是关键，关键是子女很不孝顺。老人告诉我们：他们与子女的关系不好，子女不但自己不上进，也不孝敬他们，基本上不去看望和照顾他们，不仅如此，还对他们恶语相向、拳脚相加，拒绝赡养父母。

7.6.2 案例2（2015年调查）

关键点：传统养儿防老的观点导致家庭财产全部转移给儿子，但子女经济状况不佳且赡养意愿不足造成了老年人的贫困；人均年收入1560元，只有少量务农收入和新农保的基础养老金。

基本情况：贵州桐梓县一位女性老人，现年66岁，已婚，与老伴同住，没有受过教育，身体状况一般，有一定肢体残疾，有三个子女。原土坯房被开发商拆了，还建款交给儿子用于建新房，目前在高速公路边租房。有子女居住在附近，但关系一般，较少探望父母。

收入情况：主要收入来源为自己的务农收入和新农保，其中务农部分收入是指自给自足的蔬菜、粮食，现金收入全靠新农保。两项经过折算，家庭人均年收入1560元左右（其中960元是新农保给付的养老金），由此可见新农保的保险金对农村贫困老年人的重要性。但是新农保给付水平较低，目前相当一部分基本生活支出可以通过务农解决，但一旦失去劳动能力，就可能导致基本生活保障的缺失。

养老中存在的问题：不了解土地政策，土地收益的多少完全由乡镇基层人员决定。由于农村养儿防老的传统观念，所得土地收益全部转移给儿子，但是儿子经济能力较差，负担重，没有能力支付赡养费。最近一段时间女儿需要人照顾小孩，暂时与女儿同住，但是也没有从女儿处获得赡养费。老年人对于子女的这种赡养费支付现状，虽然无奈，但也表示理解。

健康与医疗：目前生活能够自理，由于收入水平低，看病方式为"小病忽略，实在不行就去乡镇私人门诊"，医疗费用完全自费。年支付的医疗费用虽然不到 300 元，但是相对于收入而言，负担较重。完全不了解国家新农合的医疗给付制度，只知道大病可以报销少部分，也不知道该哪个部门管，如何报销。谈及未来大病处置，非常消极和极端，采用非正常死亡的方式处理重疾。他们最担心的问题是生病无法支付医疗费，认为最迫切需要解决的问题是医疗保障。

7.6.3 案例 3（2016 年调查）

关键点：受农村家族观念的影响，孤寡老人对具有血缘关系的亲属存在较强的依赖和信任，导致经济资源被侵占；另外，农村社会保障执行过程中，基层组织的作用未能有效发挥，养老保险的发放缺乏有效监管，导致新农保的养老保险金的领取出现了中断，进一步加剧贫困，年收入只有 1300 元左右。

基本情况：贵州桐梓县一位男性老年人，现年 64 岁，没有接受过教育，身体状况一般，无残疾。无子女，仅有一个兄弟居住在附近，独自居住在一个不到 10 平方米的土坯房中，家中没有通水、电。

收入来源：主要依靠采集和出售中草药及务农，收入来源不稳定，每月中草药收入平均 100 元左右，年收入 1300 元左右，其他自己能够掌握的收入来源还有新农保（但最近三年未能领取），每月的收入加上自己种植的农作物能够维持最基本的生活开支。由于文化程度低，完全不懂各种政策，老人的土地收益、其他贫困补助均由其兄弟掌握，老人根本不知道具体数额是多少。在老人的要求下，其兄弟两三个月给他提供一些基本生活所需的米、油等物资。

访谈中谈及的养老问题：新农保的养老保险金的领取出现了中断，由于制度宣讲落实不到位，宣传只是将新农保制度的有关书籍发放给老人，老人文化程度较低，无法从中获取相关信息，导致在新农保重新复查的过程中，老人不知道找谁，到哪里去办理，因而 2012 年之后无法领到新农保。基层政府部门对老年人的资助较少，偶尔过年时提供些衣服和实物。老人的未来生活保障完全取决于兄弟的支付意愿，这就导致老人的生活保障不足，因此，老年人最担心问题之一就是失去劳动能力之后的收入来源。

问及对生病的处理，老人表示主要是自己配药。对新农合的支付政策完全不清楚，医疗费用完全自己支付，仅有的认知是大病新农合有可能支付少部分。问及养老方式，老人仍然不愿意去附近养老机构，认为养老机构条件差，没有人身自由，还是希望家人照顾，所以他最担心的问题是将来没人照顾。

7.6.4 案例 4（2016 年调查）

关键点：身体不好，没有稳定的劳动收入，也没有参加新农保，儿子经济条件不好，无力赡养父母，但是全家都有低保，人均每年 3000 元，低保帮助贫困老人脱贫。

基本情况：重庆市万州区一位男性老人，66 岁，土家族，小学文化，与老伴和老母亲同住，有一间 80 平方米的土坯房，条件较差，据我们观察，家里确实没有一件像样的家具。这位老年人自己的身体不太好，老伴手有残疾，老母亲 80 多岁了，身体也不好。有一个儿子已结婚，有孙子，儿子曾出过车祸，才恢复健康，去年才开始外出打工，经济条件不好。

收入来源：平时要参加劳动，种一些稻谷、玉米，养了两头猪，但都是自己吃，没有用于换钱以增加收入。我们调查的时候还没有办新型农村社会养老保险，但据老人介绍马上会去办，但是全家有低保，每人每月 250 元，一年 3000 元，这是他们的全部收入，儿子也没有能力给他们生活费，也就是说家里的收入全靠低保。按照我们对贫困的界定，每人每年 3000 元不属于贫困，但是他们自己觉得生活很困难，对目前的生活现状很不满意，因为家里三位老人的身体都不好，儿子的身体也不好，经济条件很差，家里的住房也急需改善。

但总的来说，从维持基本生活的角度和收入的角度来讲，他家不能算贫困户，但这全靠政府的低保制度给力，政府的最低生活保障救助帮助他们解决了贫困问题。所以，从这个案例来看，对于缺乏劳动能力、缺乏子女供养条件的老年人来讲，完善的社会保障制度是多么的重要。

第8章　解决西部农村老年贫困的对策

建设社会主义和谐社会是当前我国社会经济发展的重要任务，提高农村贫困老年人的待遇，改善农村贫困老年人的生活现状，也是全面建设小康社会和社会主义新农村的重要内容，因此采取切实措施解决农村老年贫困问题显得尤为重要。作为最为贫困的西部农村，尤其需要重视农村老年人口的贫困问题，采取具有针对性的措施积极应对，这既能促进社会公平，又可维护社会稳定，并能早日实现联合国提出的"建立不分年龄、人人共享的社会"的发展目标。

但是，解决西部农村老年贫困问题是一个综合治理的漫长过程，这一过程不可能一蹴而就，需要社会各方主体共同努力才能取得成效。

8.1　研究解决西部农村老年贫困对策的意义和原则

8.1.1　研究解决西部农村老年贫困对策的意义

联合国于1982年在维也纳制定了《老龄问题国际行动计划》，并多次在以后的联合国大会中将老龄问题列入大会议题。1992年，第47届联合国大会通过了《世界老龄问题宣言》，并将1999年定为"国际老年人年"。1997年召开的第52届联合国大会又通过了《1999年国际老年人年的行动框架》，并把"建立不分年龄、人人共享的社会"确定为"国际老年人年"涵盖一切的主题，也是国际社会迎接老龄化时代的世纪宣言，同时标志着国际社会对人口老龄化问题的认识达到了前所未有的新高度。我国早已进入了老龄化社会，让老年人平等享有社会经济发展的成果也是我国社会经济发展的重要目标，但部分农村老年人因为贫困问题，很难分享社会经济发展的成果，这种现象在我国西部地区又更为明显，因而研究解决西部农村老年贫困的对策具有十分重要的意义。

第一，研究并制定科学的解决西部农村老年贫困的对策，是实现联合国"建立不分年龄、人人共享的社会"发展目标的重要措施。随着人口老龄化程度日益加剧，如何建立一个老有所依、老有所养、积极向上的适合老年人的生活环境，是各国政府和社会必须要认真考虑和积极应对的问题。"建立不分年龄、人人共享的社会"之所以能够成为1999年"国际老年人年"的主题，其主要目的就是要提高老年人在社会和家庭中的地位，平等参与社会发展的各项活动，平等共享社会发展的各项成果。"参与和共享"的实现，需要全社会认同老年人的价值，消除厌弃、歧视老年人的不良现象，树立尊老、爱老的良好社会风尚。首先，我们必须清楚，没有前辈的努力就不会有当前的社会发展成就，他们曾经参与社会发展，宝贵的经验是后辈继续前进的推动力，更何况很多老年人目前还在以各种方式积极参与社会发展；其次，我们每一个人都会老去，目前的任何老年政策不但使老年人受益，从长远来看，最大的受益者其实是中青年人，因此，我们每个人都必须从小树立老龄意识，为自己的老年期提前做准备。"参与和共享"的实现，还需要建立和完善老年法律法规和政策体系，从制度上给予保障（温永高等，2005），老年法规和体系应该尽可能涵盖老年生活的各个方面，如养老保险、老龄产业的发展、医疗保险、农村老年服务等。

第二，研究并制定科学的解决西部农村老年贫困的对策，可以更好地实现我国未来社会经济发展的"包容性增长"。实现包容性增长，是党中央提出的我国乃至于世界社会经济发展的重要新模式，是对社会历史发展经验的重要总结。其目的就是要让经济全球化和经济发展的成果惠及所有国家、地区，并惠及所有人群，从而实现社会经济的可持续发展、协调发展。首先，要不断转变经济发展方式，提高经济发展质量，努力增加社会财富，为全体人民过上富裕的生活创造物质基础；其次，在发展经济的同时，还要坚持社会公平，加强建设和谐社会，为全体人民参与经济发展、分享发展成果消除障碍；最后，要努力做到发展是为了人民、发展要依靠人民、发展成果由人民共享①。包容性增长作为社会经济发展的新模式有别于单独追求经济增长的发展方式，着重强调经济增长一定要寻求社会和经济协调发展、可持续发展，必须要让社会的所有成员都能够从经济社会的发展中得到实惠，过上幸福富裕的生活，这当然也包括农村老年人。农村老年人作为弱势群体，应该受到特别的关注，如果政府不关注，其权益很容易受到侵害，别说享受社会发展的成果了。可以说，解决西部农村老年贫困问题是促进我国未来社会经济实现"包容性增长"不可或缺的条件。

第三，研究并制定科学的解决西部农村老年贫困的对策，有助于快速、有效地解决我国西部地区老年贫困问题。虽然我国改革开放已经40年了，我国社会经济也得到了极大的发展和提高，可以毫不夸张地说已经发生了翻天覆地的变化，但是在我国西部地区的农村特别是偏远的农村，还存在包括老年人群在内的大量贫困人口。这些地区的贫困老年人缺少基本的收入来源，生活水平低下，对社会的诉求也不高，只希望能够过简简单单、健健康康的生活。而要快速、有效地解决这一问题，必须依赖于科学政策的制定和强有力的执行。

第四，研究并制定科学的解决西部农村老年贫困的对策，首先需要完善政府的一系列政策，完善相关政策将有助于在理论上完善政策制定、执行、评估、调整和终结等方面的知识和方法。这些知识与方法可以用来指导相关公共政策实践，使这些政策的制定更加科学、执行更加有效、评估更加准确、调整和终结更加及时。与此同时，还有助于提高政策制定、执行和评估人员的能力与水平。通过对解决西部农村老年贫困问题的政策制定和执行实践的总结和理论概括，有助于丰富和完善政策制定及执行理论，这些理论通过各种教育方式可以传递给政策制定者和执行者，由此提高他们在政策制定和执行方面的能力和水平，也使政策的制定和执行更加科学化、民主化。

8.1.2　解决西部农村老年贫困应坚持的原则

原则是指研究问题、处理问题的准则。《辞海》（2000）认为，原则即"观察问题、处理问题的准绳。对问题的看法和处理，往往会受到立场、观点、方法

---

① 新华网．http：//news．xinhuanet．com/politics/2010－09/16/c_ 13514830．htm．

的影响。原则是从自然界和人类历史中抽象出来的，只有正确反映事物的客观规律的原则才是正确的"①。因而，在研究和制定解决西部地区农村老年贫困的对策时，必须反映我国社会经济发展的现实规律及西部地区农村老年人口贫困的现状，否则所制定的政策也是不完善或很难执行的。

第一，要坚持优先解决贫困老年人基本生活保障的原则。只有贫困老人的基本生活得到解决，才能够进一步做到让每个老年人分享社会发展的成果。在2002年4月西班牙首都马德里举行的联合国主办的"第二届老龄问题世界大会"上发布了《国际行动计划2002》，该计划要求各国制定老年人口计划时要突出三大优先政策：①老年人与发展优先。老年人口虽然年龄偏大，劳动能力相对较弱，但依然是社会的重要资源，对社会经济发展的作用不可忽视。因而老年人应该充分融入社会并参与社会的发展，这就要求我们必须消除年龄歧视，不能怠慢、虐待老年人，要着力改善老年人参与社会的自身条件和社会条件。这样既可以维护老年人利益，又能促进社会经济的更好发展。②老年人的健康与福利优先。一个国家社会经济发展了，首先要想到老年人的健康和福利。提高老年人口健康水平应该作为各国发展的一个社会目标，主要要求政府和社会提供物质和精神方面的健康服务，养成健康的生活方式，逐步建立有利于健康的生活环境。我国本来就一直坚持以人为本，要提高老年人的生活质量，延长老年人的寿命，就更应该以老年人的健康为本，增加老年福利。③保持切实可行的支持环境优先。有良好的支持环境，才能更好地发展一个社会的老年事业，为老年人提供更好的服务。全社会都应该行动起来，积极关心、支持和帮助老年人，同时需要通过政府组织、非政府组织以及其他社会组织的通力合作，让相关部门都携起手来，共建一个不分年龄、人人共享的社会环境（温永高等，2005）。所以，优先解决西部农村贫困老年人的基本生活并进一步分享社会发展成果，是落实上述联合国三大老年人口优先政策的必然要求。

第二，坚持发展当地经济、促进老年贫困快速有效解决的原则。各地政府要结合本地实际情况制定社会经济发展规划，大力提高经济发展速度，加快地方财力积累速度，为更好、更有效地解决老年贫困打下良好的物质基础。没有良好的

---

① 辞海［M］．上海：上海辞书出版社，2000：418.

物质基础，解决老年贫困就是一句空话。虽然老年贫困的原因多种多样，但究其根源还是在于缺少一定的物质生活条件，否则就不会陷入贫困的境地，而要造就这些物质条件，不发展当地经济始终不能解决根本问题。

第三，坚持扶贫与社会保障相结合的原则。针对西部地区的扶贫政策，我国已经坚持实施了多年，也取得了举世瞩目的成就，让包括农村老年人口在内的上亿人口成功脱贫。但我国西部农村老年贫困问题仍然相当严重，还需要进一步改进扶贫的方式方法，加快扶贫的步伐。按照习近平主席的要求，就是"要坚持精准扶贫、精准脱贫，把帮扶资金和项目重点向贫困村、贫困群众倾斜，扶到点上、扶到根上"[①]。这也充分体现了扶贫在解决西部贫困问题中的重要性。但仅仅依靠扶贫还不够，特别是针对老年贫困者是不够的，因为老年贫困者已经脱离生产一线，即使通过发展经济、增加就业以及就业者的收入，农村的老年贫困者也不会获得更多的解决贫困的物质支持，这一问题需要通过加强社会保障来解决，即需要通过养老保险及养老金的发放、社会救助来解决基本生活问题，通过医疗保险和医疗救助来解决因病致贫的问题等。

第四，要坚持家庭是解决农村老年贫困问题的基础的原则。家庭是社会的细胞，也是精神和物质代代传承的纽带。大多数老年人都是生活在家庭中或是曾经生活在家庭中，是家庭的一员。根据我们的调查，部分农村老年人贫困的原因就是由家庭关系不和谐所致，或者说是这些老年人为了子孙后代有较好的生活环境所做出的自我牺牲。这些老年人的精神是可贵的，但是却与我国社会经济发展的宗旨存在矛盾。所以，必须通过努力构建和谐的家庭代际关系，方能有效解决农村老年贫困问题，不然有一部分农村贫困老年人始终无法在根本上脱离贫困。坚持该原则就应该加强立法，消除年龄歧视，禁止对老年人的暴力、虐待及歧视等行为；同时加强舆论监督，鼓励新闻界和媒体发挥积极作用，维护老年人的合法权益。要使老年人与其他年龄人群和睦相处，在家庭成员、邻居、同事等社会成员中建立老年人与年青一代之间的忘年之交，使代与代之间更加融洽，建立不分年龄、人人共享的社会（温永高等，2005）。

---

① 习近平. 东西部扶贫协作须长期坚持［EB/OL］. 搜狐网，http：//news. sohu. com/20160722/n460410576. shtml.

8.2 政府解决西部农村老年贫困的对策

政府采取强有力的措施来解决西部农村老年贫困问题具有不可替代性，是解决西部农村老年贫困的核心。从世界各国的实践来看，解决农村老年贫困问题离不开政府的主导，凡是政府重视并积极采取措施应对的国家，在解决农村老年贫困问题上都取得了较好的成绩和效果。从我国的实践及未来社会经济的发展来看，政府应该坚持扶贫政策、完善社会保障制度、积极促进西部农村经济的发展等措施，以期尽快解决我国西部地区的农村老年贫困问题。

8.2.1 加大对西部的政策倾斜力度，加快发展西部农村经济

本书在前面分析成因的时候曾有论述，农村老年贫困主要是由家庭贫困导致的，而家庭贫困的根源在于农村贫困，尤其是地理位置差、自然环境恶劣的西部农村。因此，要解决西部农村老年贫困，首先要发展西部农村经济。地区经济条件好了，农民的收入提高了，子女的经济条件改善了，就可以提高他们的赡养能力，同时老年人自己也会有更多获得收入的机会；地区经济条件好了，政府的财政收入也会得到提高，这样就有更好的条件为贫困老年人提供更多的养老保障。

改革开放以来，我国的经济出现了高速增长，但鉴于各区域地理条件的差异、国家政策的不平衡等原因，区域间不平衡、不协调发展的问题也越发明显。为缩小区域发展差距，促进区域的协调发展，国家实施了西部大开发战略。党的十八大以来，我国政府根据国际经济形势的变化以及我国的具体国情先后提出了"一带一路"倡议、"长江经济带建设"战略等，这些都给西部带来了发展的契机。后面两个战略实施时间较短，而西部大开发战略的效果已经很明显。

我国在 1999 年正式出台了西部大开发战略，实施 10 年后，中共中央、国务院于 2010 年 7 月出台了《关于深入实施西部大开发战略的若干意见》，进一步明确了下一个十年西部大开发的总体要求和发展目标。从西部大开发战略实施以来，我国政府已经出台了一系列政策来支持西部地区的发展，包括税收优惠、财

政转移支付、基础设施投入、信贷优惠与环境保护等。自西部大开发以来，西部经济发展取得了巨大的成就，在一定程度上扭转了与其他地区发展差距逐步扩大的局面。但是，西部各省份在西部大开发战略中的受益也是不均衡的，四川、重庆、陕西等省份受益较大，综合发展水平提升较为显著，与东部地区发展差距也在逐步缩减，而其他有些省份则受益较少。但总的来看，虽然西部地区增长速度较快，但与其他地区之间仍然存在比较明显的发展差距，中央财政对于西部地区的倾斜力度明显不够。因此，政府还应加大对西部的政策扶持力度，主要有以下几个方面：

第一，加大西部地区基础设施的投入。从政策上来看，交通基础设施投入对西部经济增长和发展水平提升较快，因此，加大基础设施上的投入对拉动西部经济是有显著成效的，尤其是交通的建设。虽然西部大开发战略的实施有效改善了西部地区的基础设施，但和其他地区相比，西部地区的基础设施还比较薄弱，尤其是在农村。因此，国家应进一步加强西部农村的基础设施建设，尤其是偏远山区。改善交通基础设施，可以帮助农民缩短与外面发达地区的距离，增加与外界交流的机会，增加就业机会，提高收入；改善教育基础设施，可以增加农民受教育的机会，提高文化水平，增强接受新鲜事物、获取信息的能力；改善医疗设施，可以保证农民有病能得到及时的医治，提高保健意识，增强身体素质，身体好了，医疗支出少了，劳动能力强了，自然能提高生活水平。这些基础设施的改善都能显著拉动农村经济发展，帮助农民增加收入。

第二，要增加对西部地区教育的投入，确保教育事业的优先发展。前面在分析贫困成因时我们谈到，西部农村贫困跟落后的文化水平有关，一是受长期的"传统""封闭""陋习严重"的贫困文化的影响，二是农民自身的低文化水平。因此，我们必须想办法提高西部农村贫困人群的文化水平，提高他们自身的脱贫能力。增加贫困农民的免费学习、培训的机会，资助贫困家庭孩子，消灭因贫失学的现象，并尽可能提高青少年的受教育年限等。所有这些措施都需要大量的人力和财力投入。这里的投入可以分为三个方面：一是政府首先要增加投入，教育经费的投入要更多地向西部倾斜；二是要引导西部地区农民提高教育方面的支出，农村居民教育支出的增加同样也是在增加西部地区的教育投入；三是要引导更多的优质师资队伍支援西部贫困农村的教育事业。通过增加教育投入，不断完善和提高西部地区人力资本的建设水平，逐步加强西部软实力的建设，可实现西部地区的可持续发展。

第三，在"一带一路"倡议背景下，应提高西部地区对外开放水平。加强西部第三产业的建设和发展，促进产业结构升级；改善投资环境，优化投资结构，为西部地区的建设和发展争取到更多的资金、技术和人才；以扩大开放倒逼深层次改革，支持和鼓励大胆探索，以改革促开放、以开放促开发，创新开放型经济的体制机制建设（雷德雨，2016）。

第四，发展西部的特色经济。西部虽然地处偏远，但是西部地区拥有丰富的自然资源、旅游资源和低成本的劳动力资源，具有发展特色经济和生态经济的优势。西部地区旅游资源如国家重点风景名胜区、国家级自然保护区数量占全国总数的1/3（雷德雨，2016）。政府应该制定发展西部特色经济和生态经济的产业政策，重点扶持特色生态旅游、生态农业和绿色食品等行业。

第五，加大政府财政投入，制定农民工返乡就业、创业的优惠政策，吸引劳动力回流。西部农村由于经济相对落后，长期是劳动力的主要输出地，我们的调查也发现，在不与子女同住的老年人中，有近47%的老年人子女外出打工和经商。子女不在身边，虽然会影响对老年人的照顾，但我们的研究表明，子女不在身边的老年人贫困率更低，因为外出打工经商显著提高了子女的经济实力。因此，为了解决这个矛盾，政府应该制定优惠的政策，鼓励外出工作的子女返乡就业和创业，保障家庭养老功能。建议：①加强服务意识，为农民工创业提供全方位政策支持，包括金融政策、税收政策、财政政策等方面；②加大就业、创业培训，提供农民工就业、创业的智力支持；③打造创业平台，构建农民工创业的绿色通道。

8.2.2 坚持完善扶贫脱困措施，增加农民收入

改革开放以来，我国农村贫困人口大幅度下降，主要得力于我国社会经济的发展以及在社会经济发展背景下强有力的扶贫政策。这些不断完善的扶贫政策不仅是我国农村贫困人口不断减少的有力措施，也是农村老年贫困人口不断减少的主要原因。

8.2.2.1 我国农村扶贫政策发展的回顾

我国政府历来比较重视农村的扶贫问题。1978 年改革开放前的农村扶贫主要针对"五保"老人、贫困家庭、贫困群体采取以政府救济为主的政策，而且大多是对因灾致贫人口、因战争致残人口进行救济，因而总体上只是救困政策，不是完整意义上的扶贫政策。改革开放后的农村扶贫政策开始多样化，大体经历了以下几个阶段的发展。

（1）现代扶贫确立及实施阶段（1979～2000 年）。我国现代意义上的扶贫政策开始于改革开放以后。1978 年，按政府确定的贫困标准统计，我国有贫困人口 2.5 亿，占农村人口的 30.7%。当时我国农村贫困人口如此之多、贫困率如此之高主要是体制性原因，即我国的农业经营体制不能够适应生产力发展的需要，农民生产积极性很低，生产效率很低。这种状况只能经过制度性的改革才能解决问题。所以，1978 年我国开始了农村改革，普遍建立了农村生产经营承包责任制。这一制度性改革激发了农民的劳动热情，极大地解放了生产力，提高了劳动生产效率，增加了农民收入。同时，我国还实施了放开农产品价格、大力发展乡镇企业等措施，也对大幅度改善农民的收入状况起到了积极的作用。1982 年，民政部等九部委联合下发了《关于认真做好扶助农村贫困户的通知》，开启了全国范围的农村扶贫工作。民政部门开展的农村扶贫工作通常称为"小扶贫"，主要措施包括：资金扶持、政策和思想扶持、科技和信息扶持，并辅以相应的配套措施，其扶贫的对象一般都是具有一定生产经营能力的农村贫困户，通过提高这些贫困户的生产经营能力来摆脱贫困。1984 年 9 月，中共中央、国务院联合发出了《关于帮助贫困地区尽快改变面貌的通知》，该通知第一次把扶贫工作作为国家的一项特殊任务提出来，我国政府消除贫困的正式行动由此拉开了序幕。经过这些措施的实施，我国农村贫困农民得以脱贫致富，农村贫困现象大幅度减少。按照世界银行的贫困线标准衡量，1978～1985 年，我国贫困发生率从 33% 下降到 11.9%；按国家统计局贫困线计算，农村贫困发生率由 30.7% 下降到 14.8%，贫困人口由 2.5 亿人下降到 1.25 亿人，下降了 50%（张磊等，2007）。

1986～1993 年，我国开始了大规模开发式扶贫，以促进区域经济发展作为减贫的主要手段。在改革开放政策的推动下，我国农村绝大多数地区凭借自身的发展优势摆脱贫困，但还是有部分地区受自然条件、资源禀赋等因素制约，发展相对滞后。为取得扶贫工作的更好效果，1986 年 5 月我国成立了以国务院贫困地区经济开发领导小组为主的农村反贫困机构来负责扶贫工作，这表明现代意义上的中国扶贫政策正式形成。1986 年，国家还确定了 331 个国家重点扶持贫困县，各省份还另外确定了 368 个省重点贫困县，安排专项资金开始了开发式扶贫。由此，我国政府开始了有计划、有组织的大规模开发式扶贫。经过 8 年的努力，国家重点扶持贫困县农民人均纯收入从 1986 年的 206 元增加到 1993 年的 483. 7 元；农村贫困人口由 1986 年的 1. 25 亿人减少到 1993 年的 8000 万人，贫困人口占农村人口的比重由 1986 年的 14.8% 下降到 1993 年的 8.7%[①]。

经过了 20 世纪 80 年代扶贫政策的实施，到 90 年代，我国的农村贫困人口分布已经有了很大的变化，主要分布在西南的大山区、西北黄土高原区、秦巴贫困山区及其青藏高寒区等自然条件较差地区。1994 年，国务院开始实施《国家八七扶贫攻坚计划》，计划用 7 年左右的时间，集中人力、物力、财力，并动员社会各界力量积极参与，基本解决我国农村 8000 万贫困人口的温饱问题。该计划是新中国成立以来第一个目标、对象、措施和期限明确的扶贫开发行动纲领。1996 年，中共中央、国务院进一步出台了《关于尽快解决农村贫困人口温饱问题的决定》，加大对农村贫困人口生活问题的解决力度。通过这些计划、决定的实施，到 20 世纪 90 年代末，我国农村贫困人口大幅减少，贫困人口分布的集中度大幅降低。

（2）农村扶贫开发纲要实施阶段（2001～2010 年）。为了加快解决仍然存在的贫困问题，我国于 2001 年 5 月召开了中央扶贫开发工作会议，正式颁布了《中国农村扶贫开发纲要（2001—2010 年)》（以下简称《纲要》），《纲要》决定：从 2001 年到 2010 年，加大扶贫力度，加快贫困地区脱贫进程，把我国扶贫开发事业推向一个新的阶段。《纲要》改变了以前所走的区域扶贫路线，在全国范围内重新认定了 592 个县作为国家扶贫工作重点县，这些县全部集中在中西部的 21 个省份，全部是少数民族地区、革命老区、边境地区[②]和特困地区。同时还

---

① 国务院新闻办公室. 中国农村扶贫开发白皮书（2001）［EB/OL］. http：//www. people. com. cn/GB/Shizheng/16/20011015/581724. html，2001 - 10 - 15.

② 国务院扶贫开发领导小组办公室. 中国扶贫开发概要［EB/OL］. http：//www. cpad. gov. cn/art/2006/11/20/art_ 46_ 12309. html，2006 - 11 - 20.

确定了 14.8 万个贫困村，从而使扶贫对象由原来的贫困县进一步拓展为贫困村，这样将更加准确地涵盖农村贫困人口。从此以后，中央政府扶贫力度进一步加强，扶贫途径更加多样化。到 2010 年年底，《纲要》确定的目标任务基本实现，从 2000 年底到 2010 年底，农村贫困人口减少了 6734 万，贫困发生率也从 10.2% 下降到 2.8%，国家扶贫开发工作重点县农民人均纯收入从 1277 元增加到 3273 元，年均实际增长 8.1%，略高于全国农村的平均水平①。

（3）精准扶贫阶段（2011 年至今）。为了进一步加快贫困地区发展，实现到 2020 年全面建成小康社会的奋斗目标，中共中央、国务院于 2011 年 5 月印发了《中国农村扶贫开发纲要（2011—2020 年）》（以下简称新《纲要》）。新《纲要》明确提出要"提高扶贫标准，加大投入力度，把连片特困地区作为主战场，把稳定解决扶贫对象温饱、尽快实现脱贫致富作为首要任务。"新《纲要》作为我国扶贫开发历史上第三个纲领性文件，明确了我国扶贫工作的总目标，我国扶贫开发工作从此进入了新的发展阶段，新阶段的主要任务是巩固已经取得的扶贫成果，在解决温饱的基础上，提高贫困人群的发展能力，缩小发展差距。

2012 年 11 月，中共十八大报告明确提出要"采取对口支援等多种形式，加大对革命老区、民族地区、边疆地区、贫困地区扶持力度"，就是要先富地区帮扶落后贫困地区发展经济，解决贫困问题。2013 年 12 月 18 日，中共中央办公厅、国务院办公厅印发了《关于创新机制扎实推进农村扶贫开发工作的意见》（中办发〔2013〕25 号），提出建立精准扶贫工作机制等六大机制创新，并确立了精准扶贫方略，要求做到扶贫对象精准、项目安排精准、资金使用精准、措施到户精准、因村派人精准、脱贫成效精准"六个精准"。2014 年 5 月，国务院扶贫办等七部门根据中央精神联合印发了《建立精准扶贫工作机制实施方案》，该方案也同样提出要精准识别、精准帮扶、精准管理和精准考核，逐步构建精准扶贫工作长效机制，为科学扶贫奠定坚实基础。从此，我国开始了科学扶贫的道路，使扶贫效率得以更高。2015 年 11 月，中共中央、国务院又颁布了《关于打赢脱贫攻坚战的决定》，进一步强化和细化了农村精准扶贫的具体要求及相关

---

① 国务院新闻办公室. 中国农村扶贫开发纲要（2011—2020 年）有关情况〔EB/OL〕. http：// www. agri. cn/V20/SC/jjps/201112/t20111207_ 2424983. htm，2011 - 12 - 07.

措施。

同时，这一时期相关各省、自治区、直辖市纷纷出台了《扶贫开发条例》，对各地的扶贫开发总体要求、扶贫对象、工作机制、开发措施、开发项目及资金管理等做了具体规定。各地的《扶贫开发条例》虽有差异，但都大同小异。这些规定使我国的扶贫开发工作走上了法治化的道路，有效遏制了低效扶贫开发，为解决扶贫开发中责任不清等问题提供了有力的支持。

8.2.2.2　完善农村扶贫脱困相关措施，为解决西部农村老年贫困打下坚实基础

从上述我国扶贫政策的发展历程看，党中央、国务院非常重视农村贫困问题，也为此制定和出台了大量政策，但是我国西部地区的农村贫困问题依然不容乐观，特别是老年贫困尤其严重。这不是我国的扶贫政策不对，而是我们在面临一些特殊的贫困群体时，必须采取一些新的措施。

（1）一如既往地重视农村扶贫开发工作，为解决农村老年贫困奠定超前的经济支撑。我国现行农村扶贫开发政策主要是针对贫困县、贫困村，针对有劳动能力的人口实施的脱贫措施，对于多数已经没有劳动能力或半劳动能力的农村老年贫困群体效果不显著。即使针对有劳动能力的农村贫困人口，关于我国农村扶贫政策的反贫困效果也是有争论的。1994 年，朱玲和蒋中一在一项针对"以工代赈"的影响的研究中提出："以工代赈"把救济、增长和发展有机联系在一起，发挥了贫困地区劳动力资源丰富的优势，帮助贫困者增加就业机会和收入，有助于改善贫困地区的基础设施和社会服务。有学者运用四川和陕西的农户数据分析了贫困率降低的原因，结果发现，经济增长是贫困减少的最重要因素，而扶贫政策对缓解贫困作用甚微。另外还有研究发现，中国的开发式扶贫措施对慢性贫困有效，但对于暂时贫困却不起作用（章元、丁绎镆，2008）。另外一个导致中国农村扶贫政策效果不佳的重要事实，是我国政府的农村扶贫资金主要投入到了"国定贫困县"，然而分布在国定贫困县中的贫困人口只是全国农村贫困人口的一部分，所以，我们不能将分布在国定贫困县以外的那部分农村贫困人口的减少与政府的扶贫投入联系在一起（张军，2015）。另有观点认为，从理论上看，我国农村扶贫的效果来自三种因素：一是经济增长的作用，即经济和收入增长有助于减缓贫困；二是收入分配效应，即收入差距过大不利于减缓贫困；三是扶贫政策效果。由于我国政府主导的扶贫战略是针对贫困地区的开发式扶贫，所以农村贫困人口的大幅度下降是经济增长和扶贫政策的综合影响导致的，难以将经济增长的作用与政府扶贫政策的效果进行区分①。总之，不管怎么说，我国农村扶贫政策对于贫困地区经济的发展的确起到了很好的促进作用，正是这种促进作用增加了农民的收入，使大多数贫困人口摆脱了贫困，从一定程度上降低了未来老年农民的致贫风险。所以，我们应该一如既往地重视农村扶贫开发工作，尤其要加大西部农村的扶贫力度，不断创新扶贫模式和措施，为解决西部农村老年贫困奠定超前的经济支撑。扶贫开发也有利于农民工作技能的培养，为减少这部分人老年以后再变贫困打下基础。

（2）需要加大贫困地区和贫困农户，特别是有老年贫困人口农户的扶贫政策投入力度。相关研究表明，如果贫困农户能够获得扶贫项目资助，将能取得更快的收入增长速度，所以很有必要有针对性地加大对扶贫资金和扶贫项目的投入，使越来越多的贫困农户或者有老年贫困人口的农户能够获得扶贫项目，进而改善这些家庭的收入状况。因此，很有必要建立重点探索扶贫到户的有效机制，一方面要减少对贫困家庭的配套资金限制，加大现有到户扶贫资金和项目的补贴力度；另一方面要引进、创新更多直接到户的扶贫政策和项目，如贫困村互助资金、贫困家庭有条件现金转移、贫困劳动力的培训与就业安置等②。

（3）充分发挥党和政府确立的精准扶贫政策，建立和完善相应的配套措施，更好地为解决农村老年贫困服务。一是可以充分利用《建立精准扶贫工作机制实施方案》实施的机会，为农村老年贫困者建档立卡。《建立精准扶贫工作机制实施方案》规定，国务院扶贫办制定《扶贫开发建档立卡工作方案》，明确贫困户、贫困村识别标准、方法和程序，负责省级相关人员培训、督促检查、考核评估等工作；各省（区、市）根据国家统计局确定的分省（区、市）和分片区贫困人口规模，按照《扶贫开发建档立卡工作方案》中确定的贫困人口、贫困村规模分解和控制办法，负责将贫困人口、贫困村规模逐级向下分解到村、户，并负责市、县两级相关人员培训、专项督查等工作；县负责贫困户、贫困村的

---

① 中国发展研究基金会.农村全面建成小康社会之路［M］.北京：中国发展出版社，2015：119.
② 中国发展研究基金会.农村全面建成小康社会之路［M］.北京：中国发展出版社，2015：121.

确定，并组织乡（镇）、村两级做好建档立卡工作。这些规定对于农村老年贫困群体建档立卡同样适用。二是在建立干部驻村帮扶工作制度时，要更加重视村里的老年贫困群体，充分了解老年贫困者贫困的原因，采取有针对性的扶贫措施。三是在培育扶贫开发品牌项目时，优先考虑有劳动能力的老年贫困者或者有老年贫困人口又有劳动力的家庭，为老年贫困人口脱贫打下坚实基础。能够做到这些无疑可以提高精准扶贫的效率，也有助于解决农村老年贫困者的贫困问题。

（4）西部农村地区的扶贫要以改善贫困地区农村环境为目标，加快贫困地区经济发展，最终解决农村老年人口贫困问题。在我们的调查访谈中，被调查对象较多提到的希望政府采取的扶贫政策还包括：一是加快农村水利水电等基础设施建设，改善交通条件，改善居住环境，加快城镇化建设；二是要关心农民发展副业，最好是政府能够在贫困地区开办企业，关心和解决农民的就业问题，让外出打工的子女回到老人身边，能够经常陪伴老人；三是在解决老年贫困人口温饱问题的同时，要加强娱乐健身活动场所、活动中心的修建和发展，丰富老年人的晚年生活。部分贫困老人提出的这些希望也是我们农村扶贫工作的重要内容，我们应该结合前面的扶贫政策认真解决这些问题，以尽早满足西部地区贫困老年人的这些并不算高的要求。

（5）加快完善扶贫开发与农村最低生活保障制度的衔接机制。《关于做好农村最低生活保障制度与扶贫开发政策有效衔接指导意见的通知》（国办发〔2016〕70号）明确规定[①]，要切实做好农村最低生活保障制度与扶贫开发政策有效衔接工作，坚持应扶尽扶、应保尽保；统筹各类救助、扶贫资源，将政府兜底保障与扶贫开发政策相结合，形成脱贫攻坚合力，实现对农村贫困人口的全面扶持。也就是说，我国对扶贫开发工作提出了更高的要求，扶贫开发办需要与民政、农村工作、财政、统计、残联等部门联动起来，要将农村低保制度与扶贫开发政策衔接工作纳入脱贫攻坚工作成效考核体系。因此，我们希望该项工作尽早走上正轨，并逐步完善起来。

---

① 国务院扶贫开发领导小组办公室. 关于做好农村最低生活保障制度与扶贫开发政策有效衔接指导意见的通知［EB/OL］. http://www.cpad.gov.cn/art/2017/3/1/art_ 46_ 59942. html.

8.2.3 完善农村社会养老保险制度，解决农村老有所养的问题

农村社会养老保险制度是我国农村社会保障制度的重要组成部分，对于解决我国西部农村贫困老年人口的养老问题是不可缺少的。在完善的农村社会保障制度建立前，土地是中国农村人口的重要保障，也是农村老年人的主要依靠。但是，我们不能就此认为农村人口有土地，就不需要社会保障这张安全保障网，尤其是农村的贫困老年人，随着年龄的增长，劳动能力逐渐丧失，即使有土地也无法耕种，不能有效获得生活必需的资源，这时就尤其需要社会保障制度来保障。我们前面的分析已经表明，对于没有其他经济收入（包括子女的赡养费）来源的老年人，养老保险金、低保和各种救助是他们的唯一经济来源，模型实证也显示，社会保障制度对老年贫困的影响是显著的。因此，完善的农村社会保障制度是解决农村老年贫困的重要措施，也是老年人诉求最多的问题之一。

8.2.3.1 我国农村社会养老保险的发展历程

社会养老保险是在传统的农业社会解体后，伴随工业革命和社会大生产而产生、发展起来的一种社会保障制度。中华人民共和国成立后，经过多年发展，逐步建立了城镇企业职工基本养老保险制度、城镇居民养老保险制度、城乡居民养老保险制度、农村居民养老保险制度等多元化的社会养老保险制度。我国农村居民社会养老保险的发展大体经历了四个阶段。

（1）农村社会养老保险的萌芽期（1949～1985年）。中华人民共和国成立之初，为了保障农民的基本生活，保证农村社会的稳定和农业生产的顺利进行，党和国家制定了一系列保障政策和措施。20世纪50年代初期，在农村成立的农业互助组和初级农业合作社成为解决农村"鳏寡孤独"者生活贫困的主要方式。但中华人民共和国成立至20世纪80年代中期，我国农民却一直被排除在社会保险之外，直至1954年的《宪法》规定"劳动者在年老、疾病或者丧失劳动能力的时候，有获得物质帮助的权利"起，我国才开始在农村建立以社会救助、社会福利和社会优抚安置为主体的社会保障制度。1956年6月30日，全国人民代表大会通过了《高级农业生产合作社示范章程》，明确规定对农村"三无"人员实行"五保"制度。采用的方式：一是敬老院形式；二是集体供给、分散供养形式。这些集体供养方式是我国农村社会养老保险的萌芽。后面又陆续出台了一些

政策，进一步完善了农村"五保"供养制度，加强了对农村老、弱、孤、寡、残疾社员的生活补助。但在"文化大革命"期间，农村"五保"供养制度逐渐被"大锅饭"体制所代替。

1978年，中共十一届三中全会通过了《农村人民公社工作条件（试行方案)》，明确提出了"有条件的基本核算单位可以实行养老金制度"。具体规定如下：凡是参加集体劳动满10年以上，男社员年满65岁、女社员年满60岁的均可享受养老金待遇。但是待遇的标准不固定，一般为10~15元，最高为20多元。养老金由大队、生产队根据经济状况按比例分担，从队办企业利润和公益金中支付。截至1982年，全国大概有11个省市的3000多个生产队推行了养老金制度。这些实践仍然是集体养老方式的进一步体现（安增龙，2006）。

（2）农村社会养老保险的试点探索期（1986~1992年）。中共十一届三中全会以后，农村逐步实施家庭联产承包责任制和计划生育制度，为了适应这些制度在全国的推行，我国的"七五"计划明确提出了"建立中国农村社会保障制度雏形"的任务。民政部根据该任务于1986年开始要求各地积极探索建立农村社会保障的新制度。

1986年10月，民政部在江苏省沙洲县（即张家港市）召开了"全国农村基层社会保障工作会议"，同年底，民政部向国务院递交了《关于探索建立农村基层社会保障制度的报告》，报告提出了农村基层社会保障制度推行的构思、资金来源、家庭的作用，以及该由谁来管理农村社会保障等问题。1987年3月，该报告得到国务院的同意并下发，各地农村加快了建立农村社会养老保险制度的步伐，特别是经济富裕地区尤其重视。之后，中共十三届八中全会通过了《中共中央关于进一步加强农业和农村工作的决定》，该决定明确了要"逐步建立农村社会保障制度，并根据各地经济状况进行试点"。同时，"抓紧研究建立农村社会保障制度"也写进了我国的"七五"计划。1991年6月，民政部农村养老办公室制定了《县级农村社会养老保险基本方案》（草案），明确规定要坚持以县为基本单位开展农村社会养老保险的原则。1991年8月，民政部选定山东5县（市）作为农村社会养老保险首批试点地区。通过试点，民政部的《基本方案》（草案）得到了进一步的补充和完善。1992年1月3日，民政部发布了《县级农村社会养老保险基本方案（试行）》，全国农村社会养老保险工作在29个省、自治区、直辖市的 700 多个县（市、区）展开。

（3）农村社会养老保险的发展时期（1993～1998 年）。1993 年，民政部农村社会保险司正式成立，次年组建了农村社会养老保险管理服务中心，由此我国中央级的农村社会养老保险管理机构建立。之后，20 多个省级人民政府的民政部门相继成立了农村社会保险管理处，全国共 1100 多个县、市、区建立了农村养老保险管理机构（事业编制）。从此，农村社会养老保险逐步发展壮大，保险覆盖面和基金积累规模也不断扩大。同时，各级农村社会养老保险管理部门也积极改进管理方式，又进一步促进了农村社会养老保险的发展。

1998 年 3 月，民政部承担的农村社会保险职能划归新组建的劳动和社会保障部。劳动和社会保障部根据国务院相关通知要求，设立了农村社会保险司，负责全国农村（含乡镇企业）社会养老保险工作。至 1998 年，全国共有 2123 个县（市）和 65% 的乡（镇）开展了农村社会养老保险工作，共计有 8000 多万农村人口参加了社会养老保险。1998 年全年农村社会养老保险基金收入 31.4 亿元，支出 5.4 亿元，当期结余了 26 亿元，期末滚存结余达 166.2 亿元①。

（4）农村社会养老保险的整顿衰退期（1999～2002 年）。自 1996 年起，由于我国银行基准利率不断下调，银行对农村养老保险个人账户资金承诺的利息压力太大，养老保险账户的利率也只好随之下调。这样一来，造成投保人实际收益显著低于按以前的高利率计算出的养老金，再加上其他多种因素的影响，造成全国大部分地区参保人数下降，农村养老保险基金运行越来越困难，某些地区的农村社会养老保险工作甚至无法运转。于是，国务院认为我国农村当时尚不具备普遍实行社会保险的条件，农村社会养老保险要进行清理整顿。1999 年底到 2001 年，劳动和社会保障部连续出台了三个整顿方案，第三个方案指出：在有条件的地区，要继续完善规范农村养老保险制度，但政府主管部门要转变职能，调整政策，加强监管，业务经办以及基金的管理运营要市场化；在不具备条件的地区，当地政府可根据具体情况决定退保。2002 年 10 月，劳动和社会保障部向国务院报送了《关于整顿规范农村养老保险进展情况的报告》，报告提出我国农村社会养老保险工作的整顿规范既要考虑当时在我国普遍实施农村社会养老保险的条件

---

① 中华人民共和国劳动和社会保障部.1998 年劳动和社会保障事业发展年度统计公报.

尚不具备这一总体情况，同时也需要考虑农村养老保险已经开展了几十年，而且参保人数以及基金积累都达到了一定规模，已经有上百万农民开始领取养老金，如果只是简单停办或退保都可能引发部分地区社会的不稳定。因此，在有条件的地区农村社会养老保险要继续逐步实施。

（5）新型农村社会养老保险的试点和发展。2002 年，党的十六大报告提出了"在有条件的地方探索建立农村社会养老保险制度"，这一要求标志着我国农村社会养老保险制度建设进入新的发展阶段。2004 年，中央一号文件明确地将农村养老保险工作提上议事日程。随着农村工业化和城市化的发展，失地农民增多，为解决失地农民的养老保障问题，一些地方的农村开始建立失地农民养老保险，并随之逐步扩展到普通农民的社会养老保险，这就是和以前不同的新型农村社会养老保险制度。另外，东部地区一些地方也开始了恢复建立农村社会养老保险的努力。

2006 年初，劳动和社会保障部起草了《关于推进新型农村社会养老保险试点工作的指导意见》，由此开始了我国新型农村社会养老保险的试点工作。北京、江苏、山东等有条件的地区的新型农保制度，在制度设计上参照了城镇职工养老保险制度的一些内容，在筹资体制上确立农民参保、公共财政也同时投入以补贴农民的方式；在运行模式上主要有两种：一种是社会统筹和个人账户积累相结合的模式，另一种是纯粹的个人账户积累模式，这就是"新农保"。"新农保"在缴费标准和待遇的计发办法上采用职工基本养老保险的模式，在筹资机制上采取"个人缴费、集体补助和地方财政补贴"的三方分担原则，个人缴费全部计入个人账户，政府补贴部分计入社会统筹，待遇标准由基础养老金加个人账户养老金组成。基础养老金由社会统筹基金发放，而个人账户养老金则由个人账户累计的储存额发放。养老保险基金筹资上的"政府财政补贴"，体现了作为社会保障主体的政府责任。社会统筹基金的建立，体现了社会养老保险的社会共济性质，因而"新农保"在制度上比"旧农保"合理。截至 2008 年 11 月，全国已有北京、天津、山西、上海、陕西、浙江 6 个省份共 464 个县（市）开展试点工作，参保农民达到 1168 万人。

2009 年 9 月 1 日，国务院颁发了《关于开展新型农村社会养老保险试点的指导意见》（国发〔2009〕32 号），决定从 2009 年起开展新型农村社会养老保试点，意见要求 2009 年试点覆盖面为全国 10% 的县（市、区、旗），之后要逐步扩大试点，在全国普遍实施，并在 2020 年之前基本实现对农村适龄居民的全覆盖。"新农保"政策出台后，各地也加快了试点和推广工作，试点范围逐年扩大，参保人数快速上升。到 2011 年，北京、天津、江苏、浙江、西藏、青海、宁夏、海南、重庆共计 9 个省份实现了全覆盖（赖志杰，2011），其余省份也基本于 2012 年实现全覆盖的既定目标，比 2020 年实现新农保全覆盖的计划提前了 8 年。"新农保"的基本原则是"保基本、广覆盖、有弹性、可持续"。

（6）城乡居民养老保险时期。2011 年 7 月 1 日，《中华人民共和国社会保险法》正式实施，该法第二十二条规定："国家建立和完善城镇居民社会养老保险制度。省、自治区、直辖市人民政府根据实际情况，可以将城镇居民社会养老保险和新型农村社会养老保险合并实施。"该规定为建立我国统一的城乡居民养老保险提供了制度基础。紧接着，重庆市、浙江省、北京市、天津市、河南省等地陆续出台了全省（市）统一的城乡居民养老保险政策，建立了城乡居民养老保险制度。

2014 年 2 月，国务院发布了《国务院关于建立统一的城乡居民基本养老保险制度的意见》（国发〔2014〕8 号），该意见提出要全面推进和不断完善覆盖全体城乡居民的基本养老保险制度，要求在 2020 年前全面建成公平、统一、规范的城乡居民养老保险制度。再配以社会救助等其他社会保障措施，并充分发挥家庭养老的积极作用，就能更好地保障城乡居民的老年基本生活。

8.2.3.2　完善农村社会养老保险制度，增强其解决西部农村老年贫困人口养老问题的针对性

原来的新型农村社会养老保险（新农保）现在称为城乡居民养老保险，是一个具有普遍性的制度，其参保的范围是年满 16 周岁的非国家机关和事业单位工作人员以及不属于职工基本养老保险制度覆盖范围的城乡居民（不含在校学生和参军人员）。要增强我国农村养老保险在解决西部农村老年贫困人口的针对性，应该进一步完善当前的城乡居民养老保险制度。

前面在分析贫困成因时已经谈到，西部农村居民跟农村养老保险有关的问题包括：首先还未做到应保尽保。其次没有参加任何养老保险的和只参加了新型农村养老保险的老年人口贫困率都超过了 30%，高于总体贫困率，而参加其他养

老保险的老年人口贫困率不到 17%。因此，我们认为，目前的城乡居民养老保险制度在帮助农村老年人脱贫方面的力度仍然不够。最后，在其他已交钱参保的农村居民中（包括老年人和非老年人），大部分参保人的缴费档次很低，选择的是最低缴费档次，不能真正改善生活。人社部部长在全国人力资源和社会保障工作会议上透露："当前中国城乡居民养老金月人均 81 元，还不及低保的一半。"因此，要帮助农村居民脱贫，特别是对养老保险依赖性很强的老年人来说，提高农村社会养老保险的养老保障力度显得非常重要。同时，我们的研究还发现，农村居民不参加养老保险或者不愿意花更多的钱参加高缴费档次的养老保险的最主要两个原因，一是收入限制，二是对城乡居民养老保险的不了解和不信任。

因此，必须要完善农村养老保险制度，首先让广大贫困老年人有能力参保，有意愿参保，其次要提高农村养老保险制度的保障力度。下面就如何完善制度本身提出几条建议，关于增加农民收入的建议在其他地方已有阐述，这里不再赘述。

（1）建立城乡居民养老保险基础养老金可持续调整机制，提高农村居民养老保险待遇。2009 年"新农保"开始全面试点之初，中央确定参保人员的基础养老金标准为每人每月 55 元，地方政府可根据实际情况提高基础养老金标准。但直到 2014 年 7 月，由中央财政负责支付的 55 元基础养老金标准未进行过调整，部分地区的地方政府也没有提高基础养老金标准，如贵州、甘肃、四川、云南等大部分西部地区基本维持在 55 元左右（本项目 2014 年年初的调查结果）。同时，2014 年 2 月国务院的意见规定，国家会根据经济发展和物价变动等情况适时调整城乡居民养老保险基础养老金的最低标准。2009 年制定"新农保"基础养老金标准依据的是 2008 年我国农村低保人均每月补助金额，即 50.4 元，而到 2014 年，国家对农村低保人均每月补助水平已经达到了 116 元，但对城乡居民养老保险参保人员的基础养老金标准一直未提高。2015 年 1 月，国家终于决定提高城乡居民参保人员基础养老金的发放水平，由 55 元/月增加到 70 元/月，从 2014 年 7 月 1 日开始起算。即使已经有提高，但 5 年内仅提高 15 元，平均每年提高 3 元，增加的幅度太小而且调整不及时。

所以，应及时建立城乡居民养老保险基础养老金的调整机制，这种调整不是要求一步到位，而是要根据我国经济发展水平不断可持续地调整基础养老金，使达到领取养老金年龄的城乡老年居民能够分享我国社会经济快速发展的成果，只有这样才能保证养老金对于农村老人的养老保障作用。当然，基础养老金的调整不可能一蹴而就，其涉及调整的时机、幅度以及对参保人员的保障水平、对财政支付能力的影响等各方面，是一个庞大的系统工程。在调整基础养老金时，既要考虑提高或保持经济效率，又要保证为城乡老年居民提供相对较高的养老水平。有学者建议参保人员的基础养老金要按"物价上涨率＋经济增长率×40％"或"与经济增长同步调整"两种方案适时调整，这样调整既能保证城乡居民年老后的基本生活，又不会给中央财政带来压力（邓大松、仙蜜花，2015）。

在我们的调查访谈中，不少农村老年人也提到降低缴费额度、提高养老金待遇的要求，说明部分农村老年人认为现行城乡居民养老保险的缴费存在困难，而养老金待遇却不高，不能维持基本生活。因此，我们认为，在建立国家基础养老金调整机制的同时，还应该建立参保养老金的调整机制，随着物价水平及我国经济发展的情况适时调整提高参保养老金的待遇发放水平。

（2）改进城乡居民养老保险的基础养老金领取机制。自2009年国务院发布《关于开展新型农村社会养老保险试点的指导意见》之后，各地迅速建立和发展新型农村养老保险制度，为了迅速提高参保率，各地纷纷采取捆绑政策，即规定年满60岁的农村居民要领取基础养老金的条件之一是子女必须参保缴费。不少地区的城乡居民养老保险的政策也规定要"引导城镇居民养老保险待遇领取人员的子女按规定参保缴费"。这一政策的实施引起了社会的广泛关注，不少专家学者认为这一强制捆绑规定虽然提高了参保率，但是在一定程度上违背了参保人员的意愿，忽视了自愿原则。2014年2月，国务院发布了《国务院关于建立统一的城乡居民基本养老保险制度的意见》（国发〔2014〕8号），取消了新农保有关捆绑的这一规定，但部分省份仍在推行捆绑政策。这一捆绑制度不利于解决西部农村贫困老年人口的贫困问题，因为这些贫困老人如果处于贫困家庭，则子女参加养老保险缴费将成为一种负担。

（3）加大政府补贴力度，增强村集体补助能力。基础养老金的提高能在一定程度上缓解贫困，但是，前面的分析发现，即使参加了城乡居民养老保险，贫困率也很高，因为基础养老金相对于目前的高物价还是太低，不能有效缓解贫困。因此，对于农村居民来讲，趁年轻的时候交钱参加养老保险，而且选择缴费档次高一点的养老保险，就可以为进入老年后得到更多的养老保险金提前打算，而不是只依靠微博的基础养老金。但是，要让农民交钱参保，甚至选择更高的缴费档次，除了要增加农民的收入之外，养老保险制度本身也要进行完善，吸引大家参保。

我国城乡居民养老保险相关政策强化了地方政府对参保人员的缴费补贴，规定的补贴标准不低于每人每年 30 元，而且还规定有条件的农村集体应对参保人员缴费给予补助，补助标准则由村民委员会主持召开的村民会议民主确定。同时鼓励其他经济组织、社会公益组织、个人等为参保人员的缴费提供资助。所以，政府补贴、集体补助、其他各方面的资助是新型农村社会养老保险的重要内容和看点。我们在调查中发现，西部各省份都是按最低 30 元的补助标准来补贴的，而所有的村集体都没有给予参保人补助。因此，我们建议：①适当提高每人每年 30 元的补贴标准。②为了鼓励村集体提供补助，各级政府可对实行补助的村集体提出表扬或给予补助或在一些财税等政策上给予优惠。③弱化村集体在资金分摊中的责任。④可以探索由农民自助组织或合作社来承担社员的部分养老保险缴费。⑤鼓励和支持有条件的农村集体组织将出售或出租农村集体土地所得用于发展集体经济，为农村集体补助打下坚实的经济基础；同时也可考虑将这部分资金不分给集体组织成员个人，而是由集体留存，并作为集体成员参加社会养老保险的补助资金。

其实有些省份已经有改进并出台了相应的政策。比如，浙江省在 2011 年就出台了加大缴费激励的政策①：①完善参保缴费政策，激励和引导参保人员早参保、多缴费、多得益。选择的缴费档次在当地上年度农村居民人均纯收入或城镇居民人均可支配收入 8% 及以上的参保人员，适当加大财政缴费补贴力度。②建立高龄老人补贴制度。从 2011 年 4 月 1 日起，对年满 80 周岁的高龄老人，除了城乡居民养老金待遇外，每月还可以领取不低于 30 元的高龄补贴。③各地可根据当地的经济水平和财政承受能力，适时适度调整基础养老金。这次我们在东部的调查中就发现，基础养老金只有一个地方是 85 元，其他都在 100 元以上，很多农村老年人的养老保险金能达到每月好几百元甚至 1000 元以上，这种养老保

---

① 资料来源：浙江省人力资源和社会保障厅网站。

险制度的差异也就造成了东西部老年人的贫困差异。

（4）创新和完善缴费方式，提倡保险费来源的多样性。除了上面的补贴以外，政府应该为无钱参保的农民提供更多的缴费方式和缴费渠道，缴费方式和渠道的多元化有利于吸收更多城乡居民参保。

保险费来源的多样性是指城乡居民参加养老保险既可以用货币缴纳保险费，也可以用实物等资产折合为货币进行缴费，用于缴费的财产既可以是农民个人收入，也可以是政府相关涉农补贴（程冠杰、汤敏慧，2009）。各地除了粮食之外，都有自己的特色农副产品，如果可用粮食和其他农副产品直接缴费参保，既可以缓解农民参保的资金压力，还有助于农民将农产品通过参保及时变现。用农产品缴费这一方式的创新，极大地便利了农民的参保，肯定能调动农民的参保积极性（章晓英、王筱欣，2013）。当然，这一创新缴费方式的实施，需要完善相应的配套措施：一是实物与现金之间的转换方式及标准，二是完善确定估价机构，三是要确定实物养老保险资金的变现场所，四是建立较高价值农产品征税部分直接划拨农村社会养老保险基金的机制。对于经济价值较高的农产品，地方政府可以根据国家有关规定确定征税率并部分直接划拨农村养老保险基金，对相应缴费人员进行补贴，以减少不必要的环节。

为了方便缴费，应当增强参保人员缴费的灵活性，对于特别偏远的地区，参保人员可通过当地农村相应机构进行缴费，或者由养老保险服务机构提供流动服务，设置流动服务点；缴费期限方面也应该更加灵活，可根据不同地区的便利情况，选择月度、季度或半年度缴费。如果缴费地点方便、缴费期限灵活，也能提高农民的参保积极性。所以，应该采取必要措施，完善农村社会养老保险缴费的网络覆盖，运用灵活多样的缴费方式，方便农村参保者缴费，并为缴费者提供必要的便利。

8.2.4 完善农村社会医疗保险制度

8.2.4.1 我国农村社会医疗保险制度的发展历程

我国农村合作医疗保险制度对解决我国广大农民因病就医、维护自身健康起到了积极作用，但这一制度的发展经历了曲折的过程，大体分为以下几个阶段。

（1）农村合作医疗保险制度的建立与发展。我国的农村合作医疗起步较早，发展较快，是在各级政府的大力支持下，按照互助共济的原则组织起来的，目的是为参加农村合作医疗的人群提供基本医疗卫生保健服务。在人民公社时期，我国农村合作医疗保险制度已经得到了较好发展，提供免费或低收费的全方位医疗服务，使这种农村医疗保险制度极具中国特色。农村合作医疗提供了多层次的医疗服务，使"八亿农民最必需的卫生防疫、医疗保健和计划生育技术指导有了初步保障"。这种制度起源于 20 世纪 50 年代，随后，许多地方开始出现多种形式的保健医疗站、合作医疗站或统筹医疗站。1959 年，卫生部召开全国农村卫生工作会议，正式肯定了农村合作医疗保险制度，中共中央称这一制度为集体医疗保健制度。从此，合作医疗制度在全国迅速发展起来。到 1976 年"文化大革命"结束时，我国 90% 的农业生产大队都实行了合作医疗制度，我国农村合作医疗的发展也达到了新高度。

（2）农村合作医疗保险制度的解体与重建。中共十一届三中全会以后，由于全国农村普遍推行了家庭联产承包责任制，农村合作医疗失去了经济基础，再加上 20 世纪 80 年代初我国取消了"政社合一"的人民公社制度，导致农村合作医疗制度逐步解体。

20 世纪 90 年代开始，我国农村出现了较为严重的缺医少药的局面，农村普遍出现看病难的现状，农村社会医疗保险也基本消亡殆尽。面对这一严峻形势，我国政府提出了重建农村合作医疗制度的战略部署，并于 1993 年提出要发展和完善农村合作医疗制度。1994 年，国务院研究室、卫生部、农业部与世界卫生组织合作，在我国的 14 个县（市）开展了"农村合作医疗保险制度改革"试点及跟踪研究工作。1997 年，国务院批复了卫生部等提交的《关于发展和完善农村合作医疗若干意见》，由此开启了我国农村合作医疗保险制度重建的新高潮。这种恢复与以往的农村合作医疗已经极为不同，面对新的形势，新的农村合作医疗保险制度进行了一系列改革，更加符合实际情况，更具有保障力。

（3）新型农村合作医疗保险制度（以下简称新农合）试点的推行。经过 20 世纪 90 年代的发展，我国农村合作医疗覆盖率开始逐渐上升，但主要集中在浙江、上海等沿海地区，其他地区不太明显。2002 年 10 月 19 日，中共中央、国务院发布了《关于进一步加强农村卫生工作的决定》，要求到 2010 年，要在全国农村基本建立起适应社会主义市场经济体制要求和农村经济社会发展水平的农村卫生服务体系，要建立以"大病统筹"为主的"新型"农村合作医疗制度和医疗救助制度。2003 年，《关于建立新型农村合作医疗保险制度的意见》（以下简称《意见》）正式出台，国务院提出要选择部分省、市、自治区进行试点工作，积累经验后加以推广。该《意见》强调了政府的责任，政府必须改变角色，由起初以"引导"为主的次要角色变为担当"组织"和"（财政）支持"的主要角色。《意见》还明确要求地方财政必须对参保人员进行财政资助，每人每年的资助不得低于人均 10 元；对于中西部地区，中央财政还要另外给予参保农民每年人均 10 元的补助资金，通过专项转移支付安排补助资金。在各级政府的高度重视和支持下，新型农村合作医疗保险制度取得了较快发展。

2006 年，卫生部等部委发布《关于加快推进新型农村合作医疗试点工作的通知》，该通知又进一步明确规定了要提高对中西部地区农民参加新农合的补助：从 2006 年起，中央财政的补助对除市区外的农民提高到 20 元，地方财政也要相应增加 10 元。卫生部、财政部 2007 年发文要求中西部地区地方财政的补助标准应达到 20 元，2008 年发文进一步要求各级财政对参合农民的补助标准提高到每人每年 80 元，其中中央财政对中西部地区参合农民按人均 40 元予以补助。这些补助政策的落实，有力地推动了我国农村合作医疗保险制度的快速发展。截至 2011 年底，全国参加新型农村合作医疗的人数高达 8.32 亿（秦立建、蒋中一，2012）。

（4）城乡居民医疗保险的新发展。新型农村合作医疗保险虽然发展迅速，但是和城镇职工基本医疗保险的差距仍然很大，也与城镇居民合作医疗保险制度相割裂。为了统一城乡合作医疗保险，一些地区较早开始了建立城乡居民合作医疗保险的实践，以便统一城乡居民的医疗保险，扩大医疗保险的覆盖面，实现"人人都享有医疗保险"的社会发展目标。例如，2007 年，重庆市政府就颁布了《城乡居民基本医疗保险试点的意见》，明确在五个区首批启动城乡居民合作医疗保险试点（江北区、九龙坡区、南岸区、永川区和南川区），保障对象为未参加重庆市城镇职工医疗保险的重庆市城乡户籍的居民和职工，包括儿童、中小学生阶段的学生（含职高、技校学生）和其他非从业城镇居民。2009 年，重庆市对新型农村合作医疗和城乡居民合作医疗保险进行了合并，进行了制度整合，由此，城乡居民执行完全相同的医疗保险制度，享受相同的医疗保险待遇，管理部门也统一为人力资源和社会保障部。重庆还比较大胆地将大学生也纳入了城乡居民合作医疗保险，基本实现"人人享有基本医疗保障"的目标。同时，如果城镇职工医疗保险参保人员终结了参保关系，也可以转为参加城乡居民合作医疗保险。之后，中共十八大和十八届三中全会都明确提出整合城乡居民基本医疗保险制度的要求。截至2015年3月底，在区域内全部实现整合的有重庆、天津、青海、广东、宁夏、山东、浙江、新疆建设兵团8个省级行政区和其他省份的38个地级市，另有45个地市的91个县（区）开展整合工作（王东进，2015）。

根据各地发展城乡居民医疗保险的实践经验，出于整合我国城乡居民医疗保险制度的必要，国务院于2016年初出台了《关于整合城乡居民基本医疗保险制度的意见》（国发〔2016〕3号），该意见要求整合城镇居民基本医疗保险和新型农村合作医疗保险，建立统一的城乡居民基本医疗保险制度；并提出新的城乡居民医疗保险制度要做到"六统一"，即统一覆盖范围、筹资政策、保障待遇、医保目录、定点管理、基金管理；且明确要求各统筹地区要于2016年12月底前出台具体实施方案。

8.2.4.2 完善农村社会医疗保险制度，解决西部农村老年人因病致贫、就医难的问题

通过上述回顾我们可以看到，农村医疗保险制度的建立为解决广大农村居民因病就医、保障身体健康起了积极的作用。但即便如此，我国农村居民医疗保险制度仍处于发展和完善过程中，还不能完全适应农村居民的需要，还需要进一步完善。

（1）改进城乡居民医疗保险运行机制，为西部农村老年贫困群体提供"老有所医"的基础保障。我们在对西部农村贫困老人的访谈中，老年人诉求最多的是"希望有医疗保障，完善农村医保制度，提高报销比例，降低看病成本"。其实对于农村老年贫困群体来说，生活本身就困难，如果再生病得不到应有的医治，将会"雪上加霜"，使生活进一步陷入困顿境况。要解决这一问题，需要结合国务院2016年初的《关于整合城乡居民基本医疗保险制度的意见》，改进现行城乡居民医疗保险运行机制。

一是要解决西部农村老年贫困者参保缴费的问题。我国施行的农村居民医疗保险制度虽未禁止60岁以上老人参加医疗保险，但是要参加农村医保仍然需要交费。例如，青海省农村合作医疗保险规定，2016 年男年满 60 周岁、女满 55 周岁以上人员需要交纳 120 元费用；甘肃省是按照农户以户为单位进行参保，2016 年人均交费不少于 90 元，2017 年提高到每人每年交费 150 元，提高幅度比较大；重庆没有按照年龄进行交费的分类，而是按照一档、二档进行分类，2016 年一档每人为 110 元，二档为 280 元，未说明年满 60 岁的人员不需要缴费，所以应该需要缴费。从西部的这些省份看，农村医保缴费虽然不多，但是对处于贫困状态的老年人口来说，也是不小的负担，从而导致部分农村老年人认为农村的医疗保险没法落实的现象。所以，是否可以考虑对于西部地区的农村人口，凡是认定为贫困户或者贫困人口的老年人的医疗保险缴费予以免除，其费用由中央财政和地方财政各负担一半；也可以参考东部一些地区的做法，凡是老年人口缴费减半，这也是对老年贫困者的一种帮助。关于财政补贴的问题在《中共中央、国务院关于打赢脱贫攻坚战的决定》中已经有所体现："对贫困人口参加新型农村合作医疗个人缴费部分由财政给予补贴。"

二是可以建立农村医保缴费、农村医疗救助、农村社会救助、农村低保制度之间的联动机制。经过合法程序认定的农村医疗救助者、享受社会救助人员以及享受农村低保的人员在参加农村医保时不需要缴费，其费用由相关政府部门承担。这样有利于处于贫困状态的老年人也可以享受到农村医保，不至于出现生病时一点保障都没有。

三是逐步调整提高农村医保的报销水平。目前西部各省份农村医保的报销比例不尽相同，但是因为缴费水平比较有限，所以报销比例不算高（与城镇居民基本医疗报销相比）。关于新农合的报销比例本书前面有介绍，也有学者在研究农村居民就医费用时写道：从被访者最近一次门诊就医的情况来看，平均总花费 390.58 元，自费 353.53 元，报销 37.05 元，自费比例为 90.51%。从患者在不同层次医疗机构的门诊总费用和自费费用来看，乡镇卫生院的自费比例最低，为 72.61%。而从最近一次住院花费来看，平均总花费为 6487.56 元，平均自费 4930.15 元，实际自费比例为 75.99%（刘昌平、赵洁，2016）。最近两年农村医保对于贫困人口就医的报销比例有了较快提高，如有报道称，山西临县的县级医疗机构仅 2016 年就接受贫困人口就医 4358 人次，这部分人的医疗总费用为 2688 万元，其中新农合补偿报销的费用共计 1832 万元，报销比例为 68.13%，认定的

24 种重大疾病贫困人口就医共 3540 人次，花费的医疗总费用为 3624 万元，在新农合的报销比例达到 48%（欧志强、乔勤，2017）。但不管是从门诊还是住院来看，新农合实际报销比例都有待进一步提高。具体提高到多少报销比例，需要有关部门根据精算要求制定切实可行的计划、科学的决策，以免影响农村社会医疗保险制度的可持续性。

四是要改进报销机制。针对部分农村贫困老年人提出的医药费没法报销和报销途径困难的问题，要改进报销机制。对于一定金额范围内的医疗费用、门诊费用不需要患者专门到医保部门报销，而是由医疗服务提供机构在结算时直接扣除，这有利于降低医保报销的成本，避免报销费用不够车费的尴尬状况出现。特别是西部农村地区多为山区、边区、牧区等，人口居住分散，报销路途遥远，更应该考虑早日解决医疗费用报销问题。当然这种情况下需要强化对医疗服务机构的监管，防止其作假，侵蚀医保基金。

五是采取措施降低看病成本。针对西部农村贫困老人认为的看病成本高、看病难的问题，需要进一步采取措施降低看病成本，如可以考虑减少门诊看病买药的费用，降低看病成本。同时改善医疗条件、增设医疗机构和设施，解决看病难的问题。

（2）优化农村居民大病医保，重点解决西部农村老年人群因病致贫、因病返贫的问题。国务院办公厅于 2015 年 7 月发布了《关于全面实施城乡居民大病保险的意见》，认为城乡居民大病保险是基本医疗保障制度的拓展和延伸，是对大病患者发生的高额医疗费用给予进一步保障的一项新的制度性安排。其目的之一就是要维护人民群众的健康权益，切实避免人民群众因病致贫、因病返贫。由于大病医保不需要参保者缴费，所以筹资方面的优化与参保者关系不大，主要可以优化的是大病的认定范围以及大病治疗之后医疗费用的报销比例。同时，该意见确定大病医保由商业保险机构承办，商业保险机构是以盈利为目的的，这有可能需要加强对商业保险机构的监管，简化报销程序，降低报销成本，还要注意商业保险机构在边远山区的布点是否科学等问题。

（3）建立更多扶贫医院。所谓扶贫医院就是针对贫困的患者看病治疗的费用进行减免的医院。我国大多数医疗机构都是营利性的，即使是公立医院也有不错的利润，在一定程度上加重了患者的医疗负担。扶贫医院对贫困患者的费用减免，在一定程度是对贫困者的一种帮扶，减少了医疗费用开支，减轻了贫困的程度。目前，我国这方面的医疗机构还比较少，西部地区就更是罕见。希望我国有关部门鼓励发达地区有条件的医疗机构去西部贫困地区建立扶贫医院，进一步解决贫困人口特别是西部地区农村贫困老年人口的看病问题。

8.2.5　完善农村社会救助制度

社会救助是人类历史上最早的社会保障制度。社会救助是从英文"social assistance"翻译过来的，一般主要指向生活救助，就其概念来看，虽然经历了几百年的发展，但是不同的学者对其的认识仍有差异。

郑功成（1997）在社会学意义上将社会救助界定为："国家和社会对因各种原因导致陷入生存困境的社会成员，给予物质接济和生活帮扶，以保证其基本生活的一种社会保障制度。"时正新（2002）、李小尉（2006）等学者将社会救助称为社会救济，前民政部多吉才让（2001）部长经过分析认为，社会救济与社会救助在实际工作中并无本质区别，但在概念上还是略为不同，主要体现在社会救助的覆盖面比社会救济更广泛，社会救助既包括政府的救济，也包括社会的支持和帮助。所以，社会救助不仅包括我国社会保障体系中的社会救济和社会互助两个方面的内容，还应包括其他有效的救助措施。张艳玲（2008）认为，所谓"社会救助"，是指政府和社会对不能自食其力的公民给予的物质帮助和服务。

虽然学者对社会救助的认识略有不同，但其实质性内容是一样的。郑功成（2007）从社会保障的角度再一次对社会救助进行界定：社会救助作为社会保障制度的重要组成部分，是国家或社会为贫困群体与不幸者等社会弱势群体提供款物帮助的一种生活保障制度，它体现了政府的责任与义务，通常采取非供款制与无偿救助的方式。我们认为，这个定义相对比较完整。农村社会救助与社会救助的一般意义上的含义和本质并无不同，只是农村社会救助适用于农村，适用于农村居民。

总之，社会救助制度应该是解决西部农村老年人口贫困问题最直接的手段，在所有社会政策中占有重要地位。

8.2.5.1　我国社会救助制度的发展历程

（1）我国早期社会救助的发展。我国是世界上社会救助制度起源较早的国家之一，我国早期的社会救助可以追溯到奴隶社会末期，经过几千年的发展和完善，到封建社会末期，已经初步形成了适应封建政体、以救灾备荒为主要内容的社会救助体系。到民国时期，慈善事业开始走向制度化、法制化。1943 年，国民政府制定并公布实施了《社会救济法》，但在实践中，上述法律法规并没有得到认真贯彻。

总的来说，我国早期社会救助中，救助对象主要由鳏寡孤独废疾者、街衢病人、流民、乞丐、优抚对象等组成。采用的救助形式主要有三种：一是实物救助，二是现金救助，三是服务救助（杨立雄，2008）。

（2）中华人民共和国成立后我国社会救助的发展。中华人民共和国成立后，中央人民政府政务院设立了内务部，管理全国的民政工作，全国各地随之也设立了民政部、民政厅、民政局、民政处、科等各种级别的民政机构。1950 年，中央人民政府内务部第一次全国民政会议确定了民政部门职责范围，民政系统成为领导和组织社会救助的专职机构。政务院还于 1950 年 2 月 27 日召集相关部委正式成立了中央救灾委员会，后来在原内务部设立了优抚司（1954 年改为优抚局）、救济司（1954 年）履行相应的救济工作职能，1978 年设立民政部主管社会救助工作。虽然党和政府高度重视社会救助事业，为制定社会救助政策、顺利开展救济工作打下了坚实的基础，但我国社会救助工作体系仍不完善。

20 世纪 50 年代中期，我国农村实施了合作化改造，建立了农村合作社集体组织，农民的生、老、病、死都基本上是靠集体经济力量来保障，个体乃至家庭保障的能力非常有限。如果因为年老或者体弱多病而造成劳动能力不足，只要有参与劳动都能记工分、参加年终分配，直至其完全丧失劳动能力，才由其家庭负担主要赡养责任，但有能力的集体还是会给予一定的资助。如果没有家庭可以依靠，又无劳动能力的孤寡老人、残疾人和孤儿，主要由集体实行"五保"供给制度，即"保吃、保穿、保住、保医、保葬（保教）"。至 20 世纪 50 年代后期，无论在城镇还是在农村，我国都已基本建立了与计划经济相适应的社会救济制度。在农村，我国于 1958 年建立起了人民公社制度，所有农民几乎都成了公社的社员，绝大部分农村人口可以享受到集体保障（唐钧，2004）。在"文化大革命"期间，内务部被撤销，失去了主管社会救助工作的专职机构，社会救助工作处于混乱停滞时期。

我国的市场经济体制改革促进了我国社会救助工作的快速发展。20 世纪 80 年代，负责救济工作管理的民政部门依据国家规定的职责范围，对我国的社会救济工作进行了一系列改革，改革主要涉及救灾、"五保"、社会救济和扶贫等工作。到 1990 年，中国得到救济的灾民 8215 万人，得到救济的"五保"人员 301 万人，得到救济的社会贫困户 3366 万人，占人口总数的 10% 左右①。

我国现代社会救助制度的改革和发展始于 20 世纪 90 年代。有学者将社会救助制度的这一改革发展分为两个阶段：①创立推广阶段（1993 年 6 月～1999 年 10 月），这一阶段又可分为试点、推广、普及三个阶段。②提高完善阶段（1999 年 10 月至今），这一阶段包括落实阶段、提高阶段（唐钧，2004）。1994 年，我国开始建立城市居民最低生活保障制度，由此开始社会救助体系的建设。经过多年的探索与发展，目前我国已经基本建立了覆盖城乡全体居民的社会救助体系，这一体系以最低生活保障制度为基础，以灾民救助、五保供养、医疗救助、流浪乞讨人员救助为重要内容，以临时救助为补充，与住房、教育、司法等专项救助制度衔接配套，共同发挥着应有的保障作用，保障了城乡困难群众的基本生活，建立起了全体社会成员共享社会经济发展成果的有效机制。

8.2.5.2 完善我国西部农村最低生活保障制度

我国农村社会救助制度内容丰富，农村最低生活保障制度是其中最具确定性的制度。因此，建立和完善农村最低生活保障制度，成为解决西部农村老年贫困的重要手段。在前面的调查分析中我们发现，是否有低保与是否贫困是相关的，贫困老年人低保领取率为 16.52%，低于非贫困老年人的低保领取率（30.36%），低保可以帮助脱贫，而老年人的诉求中关于低保的诉求很多，很多贫困老年人渴求得到低保。

20 世纪 90 年代起，全国各地对保障和救助农村除"五保"户以外的特困群体基本生活的制度化进行了实践性探索，部分地区逐步开展了农村最低生活保障制度的试点，通过制定当地最低生活保障标准，对家庭人均收入低于当地最低生活保障标准的农村特困家庭，由政府和乡村集体给予一定的经济帮助。2003 年，民政部提出要尽快建立农村特困户救助制度，对特困群体要给予定期定量的生活

---

① 中国民政统计年鉴（1992）［M］. 北京：中国社会出版社，1992.

救济,于是农村特困户救助制度与农村最低生活保障制度在全国开始并行发展。2004 年起,中共中央、国务院、民政部等在一系列政策文件中都明确提出:有条件的地方要积极探索建立农村最低生活保障制度,对丧失劳动能力的贫困人口建立救助制度;条件不具备的地区,要坚持"政府救济、社会互助、子女赡养、稳定土地政策"的原则,加快建立和完善农村特困户生活救助制度。2007 年,国务院出台《关于在全国建立农村最低生活保障制度的通知》,对建立农村最低生活保障制度的重大意义、工作原则、保障标准、对象范围、资金投入、监督管理作出了相关规定,各地相继加大了农村低保建设力度。

2008 年底,我国全面建立了农村最低生活保障制度,农村低保对象达到 4000 多万人。2014 年 4 月,民政部明确要求要完善农村低保制度,符合农村低保条件的贫困家庭要做到应保尽保。2015 年 11 月,《中共中央、国务院关于打赢脱贫攻坚战的决定》中明确规定,对无法依靠产业扶持和就业帮助脱贫的家庭,要实行农村最低生活保障兜底政策,保障这些群体脱贫。

根据以上具体要求,西部各地要尽快完善农村最低生活保障制度,确保西部农村老年贫困人口得到生活保障。

(1)要提高最低生活保障统筹层次,尽快做到省级统筹。西部地区由于情况特殊,贫困县市比较多,这些贫困的县市经济发展程度比较有限,能够提供用于最低生活保障的财力有限,又由于这些地方贫困人口较多,需要保障的人口比较多,所以提高到省级统筹,有利于最低生活保障制度的抗风险能力,也有利于在省级区域内逐步统一和提高最低生活标准。即使最低生活保障资金由中央财政支付,省级统筹也有助于保障自己的统一安排和调度,有利于在较大范围内实现低保保障的公平性。

(2)完善农村低保标准调整机制。民政部民发〔2016〕57 号文明确要求省级民政部门要加强统筹安排,督促指导各地及时调整农村低保标准,确保到 2020 年各地农村低保标准都能达到国家扶贫标准。对于农村低保标准已经达到国家扶贫标准的地区,要按照量化调整机制科学调整,确保农村低保标准不低于按年度动态调整后的国家扶贫标准。根据民政部的要求,西部各地农村低保标准的调整一是要考虑国家扶贫标准,即把国家扶贫标准作为低保标准调整的目标,要尽快分步调整到位;二是要对调整标准进行量化,只有具备量化调整指标和机制,才能依据经济发展的水平、国家扶贫标准及时科学地调整低保标准。

（3）完善低保申请核查机制，科学确定低保发放对象。有研究表明（我们的调查也发现），过去一段时间我国低保发放效率不高，存在主要基层干部朋友、亲戚普遍吃低保的现象，严重损害了我国农村低保制度的形象，也极大降低了制度的效应。所以，当前应该及时完善核查机制，依据科学的低保标准对贫困家庭和贫困人员的经济情况进行核查。一是要建立核查责任制，对于核查错误或不负责任人员进行相应的处理。二是要提高核查人员的素质，提高核查的准确性和核查效率，降低核查成本。三是要尽力做到低保申请和发放的公平性。从我们的调查访谈情况看，西部农村低保的申请和发放确实存在不公平的现象，部分贫困老人希望拿到低保，但是最终未能如愿，影响了基本生活；还有部分老年人提出低保更应该照顾老年人，特别是贫困老年人。四是要加强宣传，并为偏远地区农村贫困老年人申请低保提供方便。偏远贫困地区人们对低保政策不了解，贫困者没有申请低保，或者不知道如何申请低保等都可能导致老年贫困者最终失去领取低保的机会。五是应该建立和完善低保申请回访机制，这样既有利于确定低保申请的准确性，又能够向申请低保未成功老年人做好解释工作，从而提高低保制度本身的权威性和可信性。

（4）尽快建立和完善低保与扶贫的有效衔接机制，建立资源共享平台。2015年11月，党中央国务院的决定要求抓紧建立农村低保和扶贫开发的数据互通、资源共享信息平台，实现动态监测管理、工作机制有效衔接。国务院办公厅转发民政部等部门《关于做好农村最低生活保障制度与扶贫开发政策有效衔接指导意见的通知》（国办发〔2016〕70号）明确规定①，要切实做好农村最低生活保障制度与扶贫开发政策有效衔接工作，坚持应扶尽扶、应保尽保；统筹各类救助、扶贫资源，将政府兜底保障与扶贫开发政策相结合，形成脱贫攻坚合力，实现对农村贫困人口的全面扶持。该通知的重点任务中还专门强调了要提高农村低保家庭中的老年人等重点救助对象的救助水平。资源共享机制是准确核查低保享受对象的坚实基础，也是低保退出机制的制度基础，只有良好的资源共享机制才能够

---

① 国务院扶贫开发领导小组办公室.《关于做好农村最低生活保障制度与扶贫开发政策有效衔接指导意见的通知》［EB/OL］. http：//www. cpad. gov. cn/art/2017/3/1/art_ 46_ 59942. html.

将农村低保制度与其他扶贫制度相互衔接,而且各部门联动扶贫和救助能提高制度的整体科学性,才能将低保更快地发放到需要低保的贫困老人手中,才能做到应保尽保。

(5)建立农村低保制度与临时救助制度的衔接机制,完善临时救助制度,让没有低保保障的老年贫困者能够得到及时救助。

8.2.5.3 完善我国西部农村医疗救助制度

医疗救助是社会救助体系的重要组成部分,是指政府、社会及企业针对困难群体之中有疾病而又无经济能力进行治疗的人实施专项帮助和支持的行为。医疗救助虽然处于医疗保障体系的最低层次,但是整个社会保障系统中社会救济的组成部分,是对我国最低生活保障制度的一种补充和完善。联合国 1978 年的《阿拉木图宣言》提出了每个国家都要实现"人人享有卫生健康"的目标。因此,政府有责任保障公民获得基本医疗保障的权利,实施医疗救助充分体现了政府的职责和对人权的尊重。医疗救助通过帮助贫困家庭摆脱疾病困扰,让其有能力最终脱离贫困,重返主流社会。因贫致病与因病致贫互为因果,有了医疗救助,就能够斩断这种因果,有效消除因病致贫。

目前,我国医疗救助的作用主要体现在以下两方面:一是资助贫困群众参加新型农村合作医疗或社会医疗保险;二是解决社会医疗保险和新型农村合作医疗解决不了的后续问题,发挥最后一道保障线的独特作用。2003 年 11 月,民政部会同财政部、卫生部等下发了《关于实施农村医疗救助的意见》《农村医疗救助基金管理办法》;2014 年 5 月 1 日实施的《社会救助暂行办法》,也用专章对医疗救助进行了规定。根据这些文件的规定,我国农村医疗救助的主要内容有:①救助对象。包括最低生活保障家庭成员、特困供养人员、县级以上人民政府规定的其他特殊困难人员。②救助办法。资助医疗救助对象缴纳新型农村合作医疗个人应负担的全部或部分资金,对救助对象经各种医疗保险支付后的自费费用给予补助。③救助基金来源。以各级财政拨款和社会各界自愿捐助为主,地方各级财政当年财政预算须安排医疗救助资金,中央财政通过专项转移支付对中西部贫困地区农民贫困家庭医疗救助给予适当支持。医疗救助资金纳入社会保障基金财政专户,实行专项管理、专款专用。《关于实施农村医疗救助的意见》还对医疗救助服务、医疗救助申请与审批程序、医疗救助组织与实施等作出了明确的规定。

2015 年 11 月，《中共中央、国务院关于打赢脱贫攻坚战的决定》进一步明确，对新型农村合作医疗和大病保险支付后自费费用仍有困难的，加大医疗救助、临时救助、慈善救助等帮扶力度，将贫困人口全部纳入重特大疾病救助范围，使贫困人口大病医治得到有效保障。2016 年，民政部民发〔2016〕57 号文要求将符合条件的建档立卡贫困人口纳入重特大疾病医疗救助范围，对其经基本医疗保险、城乡居民大病保险等报销后个人负担的合规医疗费用予以救助。

目前，农村医疗救助制度已经比较完善，但是在实施过程中会出现偏差，而本书关注的是西部农村贫困老年人，因此在实施过程中尤其需要注意以下问题。

（1）提前排查救助对象，建档立卡。老年人本是疾病、大病的高发人群，尤其是收入较低的西部农村贫困老年人，是最需要医疗救助的群体。西部农村的医疗设施建设相对落后，特别是偏远山区，医疗条件差同时交通还不便，因此，首先要全面排查老年人尤其是贫困老年人的健康信息，建立健康档案，分村、镇、县、市、省逐级管理存档，绝不能因为地处边远、交通不便而忽略不管。全面掌握哪些老年人是医疗救助对象或者可能是医疗救助对象，一旦发生需要医疗救助时，不至于因为需要层层申请和核查而延缓或者完全耽误救助。

（2）要及时建立医疗救助与最低生活保障、特困供养人员制度的衔接机制和资源共享平台。根据《社会救助暂行办法》规定的医疗救助的对象范围，最低生活保障家庭人员、特困供养人员为固定医疗救助对象，如果缺少相关衔接制度，可能导致认定困难或缓慢，耽误救助时机，出现工作失误。

（3）要及时建立医疗救助与医疗保险的衔接机制。我国农村的医疗救助是对贫困患者在医疗保险（包括大病保险）之外的医疗费用进行救助，所以，如果缺少联动衔接机制，将无法判断或滞后判断救助对象，甚至使医疗救助流于形式。例如，对于医疗救助对象，在处理医疗保险时系统可以自动提醒，医疗保险结算结束后可以继续转入医疗救助结算。

（4）进一步完善医疗服务方式，降低救助成本。可以实行三级医疗救助体制以及双向转诊制度。三级医疗救助体制主要由农村社区卫生服务站（这需要加快农村社区建设）、基层医院（或经指定专门为困难群体服务的医院）和综合性中心医院构成比较完善的救助网络，分别承担不同的医疗及救助功能。医疗救助对象需要看病，必须先接受社区医生治疗，社区卫生服务站主要负责一般疾病治疗和慢性病的长期护理；如果社区医生无法治疗时，再将病人转入基层医院接受治疗；若基层医院也无法治疗时，可以将病人送到综合性中心医院接受治疗，这称为向上转诊制度。另外，要建立反向（向下）的转诊制度，当病人在上一级医院确诊或手术后，治疗和康复阶段可以在下一级医疗机构进行。如果能够做到各级医疗机构之间权责明确的话，这种三级医疗救助的双向转诊制度既可以使患者得到及时救治，又可以有效配置卫生资源和节省医疗费用开支，但如果权责不明确，有可能导致不同级医院之间互相推诿，耽误病人治疗。在医疗服务上，实行绿色通道服务：各定点医疗机构对确定为医疗救助的人员就医所需的各项费用，在政策范围内给予适当减免，对一些特殊的检查项目可以按半价收费或全免，服务设施使用按最低标准收取，设立专门的窗口进行服务，从而体现社会崇尚照顾弱势群体的良好风尚。

（5）完善医疗救助筹资机制。建立医疗救助制度，不仅是政府的责任，也是社会的事情。但社会救助毕竟是政府的一种责任，所以在救助资金的筹措方面应当以政府为主导，广泛吸收社会力量（包括各类民间力量）多方参与，多方筹集足够资金。同时还可以顺应时代的发展，借助非政府组织（如慈善机构）参与和社会捐赠，以及其他资金来源（如福利彩票和社会义卖的收益），大力开展民间救助事业。另外，我国当前急需加强社会救助资金的管理，既可以把社会医疗救助资金纳入最低社会生活保障基金交由当地民政部门统一管理、统一使用；也可以通过成立一些救助基金会之类的机构，由这些专门机构负责运营，或由医疗保险经办机构代为管理也可。通过医疗救助资金的支出，再通过医疗机构服务的综合援助行为，就能够达到恢复患者健康、维持其基本生存和生活的权利的目标。

（6）科学合理地确定救助标准。科学合理的救助标准是农村医疗救助制度可持续发展的前提，全国各地在制定相关标准时必须坚持一定原则，明确农村医疗救助的影响因素，即主要根据当地筹资情况、病人家庭负担能力、个人自费费用承担等影响因素科学制定救助标准，同时确定分类分段设置重特大疾病医疗救助比例和最高救助限额。但是，我们这里研究的是西部农村贫困老年人，西部、农村、老年、贫困四个关键词的叠加，需要在救助标准上对西部农村贫困老年人给予政策倾斜，提高救助比例。

总之，农村医疗救助是解决我国西部农村贫困老年人疾病医治、无钱看病、看不起病的重要兜底措施，各级政府都应该予以高度重视。

8.2.5.4 完善西部农村特困人员救助制度

农村"五保"供养历史悠久，是我国农村一项传统的特困人员社会救助制度，至今已有60余年的历史。为了适应社会主义市场经济发展的需要，2006年3月国务院重新修订了《农村五保供养工作条例》（以下简称《条例》），该《条例》规定的"五保"供养对象为：老年、残疾或者未满16周岁的村民，无劳动能力、无生活来源又无法定赡养、抚养、扶养义务人，或者其法定赡养、抚养、扶养义务人无赡养、抚养、扶养能力的农村居民。其供养内容为：吃、穿、住、医、葬以及接受义务教育所需费用。"五保"供养的标准为：不得低于当地村民的平均生活水平，该标准要根据当地村民平均生活水平的提高适时进行调整。《条例》还修改了有关农村"五保"供养资金渠道的相关规定，明确"五保"供养资金需在地方人民政府预算中安排，中央财政将对财政困难地区的农村"五保"供养进行补助。这样的规定充分体现了政府责任的承担，将农村最困难的群众纳入了公共财政的保障范围，使"五保"供养制度更具有保障作用，从而实现了"五保"供养向国家财政供养为主体的转变，也充分体现了我国现代社会保障制度建设的巨大进步。

我们的调查访谈显示，部分贫困老年人属于无子女需要救助、子女去世留下子孙需要救助、子女生活不能自理需要救助、孤寡老人需要救助、残疾家庭需要救助等情形，因此在完善特困人员救助制度方面需要对这部分人群有针对性的措施。

西部农村贫困老年人首先面临的危机是物质生活资料的不足，因此为缺衣少食的老年人提供基本生活资料，使其免于挨饿受冻之苦，保障其基本生存，是完善对贫困老年人社会救助的最基本内容；其次是居住条件需要改善，一定要改变农村住房建设缺少规划的现状，做好村庄规划、社区规划，加大农村危房改造试点的推广力度，让贫困户有房住，且既住得安心也住得放心；最后是除了传统的实物救助和现金救助，还应该有服务救助。但归根结底，完善救助制度是关键。当前，完善特困救助制度主要应该注意以下几点：

首先，要完善供养机构管理监督机制，更好地为这部分人员提供服务。2015年7月民政部办公厅下发了《关于在全国开展农村特困人员供养服务机构社会化改革试点工作的通知》，开始了农村特困人员机构供养社会化服务试点。该通知确定在继续采用"公建公营"的基础上增加"公建民营""合建合营"两种模式。新增的两种营运模式可以在一定程度上增强制度的实施效率，但是需要注意的是，"民营"有营利的性质，在营利的基础上要求这些供养机构提供更好的服务确实是一个难题，因为政府提供的财政资金在一定时间内是确定的，如果允许其营利了，那么实际用于供养的资金就会减少。当然，可以允许这些供养机构实行开放式经营，即向特困人员之外的人提供养老服务，对这部分人员可以实行收费服务的制度，以提供供养机构营利的来源，减少对财政资金的依赖。

其次，分散供养的资金标准和支付需要完善。2015年，我国农村特困人员供养资金标准为集中供养，年平均供养标准为6025.7元/人，比上年增长12.2%；分散供养年平均供养标准为4490.1元/人，比上年增长12.1%。集中供养资金支付问题不大，按时分期拨付给供养机构即可。2016年，《国务院关于进一步健全特困人员救助供养制度的意见》（国发〔2016〕14号）规定，对分散供养的特困人员，经本人同意，乡镇人民政府（街道办事处）可以委托其亲友或村（居）民委员会、供养服务机构、社会组织、社会工作服务机构等提供日常看护、生活照料、住院陪护等服务。有条件的地方，可为分散供养的特困人员提供社区日间照料服务。这就涉及资金支付问题，是将供养资金支付给本人还是支付给其亲友或其他机构需要明确，以防止资金损失或被挪用，使供养落到实处。

8.2.5.5 完善西部农村受灾人员救助制度

西部地区农村地理位置差、自然环境恶劣，属于灾害频发地区，因灾致贫时有发生。本次调查除了有很多看不起病的老年人，还有少数因天灾人祸造成的住房倒塌、财产损失等瞬间陷入贫困的老年人。因此，完善对灾难的临时救助制度显得尤为重要。近年来，由于自然灾害频繁发生，我国对救灾工作更加重视，进一步完善了相关制度，如明确规定救灾工作实行分级管理，救灾资金要分级负担，防止部分地方政府不负责任，救灾款项要实施专项管理。同时，出台了一系列应急预案、工作规程等，各级政府建立并健全了灾害应急响应机制，完善了灾害信息的管理机制，更加注重救灾的社会动员以及救灾的综合协调，使救灾更加有序、科学。此外，《社会救助暂行办法》也对受灾人员救助进行了较为详细的规定，明确指出我国将建立健全自然灾害救助制度，对基本生活受到自然灾害严重影响的人员提供生活救助。但是，在实际实施过程中还是存在一些问题。因此，对于受灾人员的救助首先应该完善并明确救助临时机构的设置、权限范围、组成人员、救助活动开展方式等规定；其次，要建立和完善快速反应机制，灾害救助需要的是速度，要及时保障受助人员的基本生活；再次，在完成基本生活救助后，还应联合社会力量继续展开后续救助，帮助受灾人员彻底走出困境，这样才能真正摆脱贫困；最后，还要将灾害救助与临时救助结合起来，灾害发生之后，需要临时救助的人员将大幅度增加。

8.2.5.6　加强农村基层干部队伍建设，确保各项保障制度的顺利实施

农村社会救助制度对于西部农村老年贫困群体脱贫具有重要意义，具有兜底的作用。我国农村社会救助体系也已基本建立，救助内容日益完善，救助范围应助尽助。在建立农村社会救助体系的同时，我国也已初步形成了农村社会救助工作机制，社会救助工作的管理体制基本建立，社会救助工作的实施程序逐步规范，社会救助的资金保障机制也逐步健全。但是，由于我国农村社会救助仍然处于建立和完善阶段，在制度协调等方面仍然有待进一步完善。国家各项政策制度的宣传和执行者是农村村镇两级的基层干部，村党支部、村委会是农村最基层的组织，是全村各种组织和各项工作的领导核心。农民群众有什么困难、是否需要照顾和救济等，只有村干部去了解和落实，因此，跟扶贫有关的各项政策是否宣传到位、低保和其他各项救助是否发到了真正需要的农民手里，村干部的工作态度非常重要。但是，由于我国基层的部分管理人员素质较差，西部农村社会救助完善难度增加、时间延长，更导致了部分救助资金流失，影响了农村社会救助制度的整体效果。

因此，我们应该加强农村基层干部队伍的建设，具体做法如下：一是加大基层干部的培训和学习力度，提高执政能力；二是加强监督力度，上级政府部门应定期下基层体察民情，并畅通基层群众反映问题的渠道；三是加强对国家各项扶贫、保障、救助等政策的宣传，让所有的农村贫困居民都能清楚自己能否享受政策、如何得到救助等，对于无人照顾的贫困老年人，可成立互助小组，采用"一对一"或"一对多"的帮扶，帮助贫困老年人理解政策并及时得到救助，如此

一来，既能让国家的救助制度更加敞亮和深入民心，还能起到监督的作用；四是对有违法违规行为的干部要及时提出批评和警告，情节严重的一定要按党规法纪严肃处理，绝不姑息。

8.3 社会方面的对策

老年贫困是一种经济现象，也是一种社会现象，是出现于当前社会的一种特定现象，因此，发挥社会机能有利于西部地区农村老年贫困问题的解决。发挥社会机能就是要发挥社会力量参与到扶贫中，以期更好地解决农村老年贫困。

8.3.1 发挥社会机构的筹资作用

解决西部地区农村老年贫困问题，不管是老年人群的养老问题还是医疗问题，最缺乏的就是资金，所以通过多渠道筹集资金可以更好地解决相关问题。可以采取并完善的措施主要有：①建立相应的西部农村老年贫困基金。基金的来源主要包括团体、个人的捐赠，其他发达地区政府机构的扶持资金、发展良好的企业捐赠的扶持资金等。该部分基金的使用既可以是针对以老年人为主的开发项目，也可以是特定的老年贫困者，既可以用于养老医疗，也可以用于社会救助，但是应健全基金使用的相应规范。②通过发行公益彩票、债券筹集资金。通过公益彩票筹集的资金使用范围可以比较广泛，但是由于发行公益债券筹集的资金仍然需要偿还，所以应该以在西部贫困地区投资前景比较好的项目为主，以期能够按时收回或者地方发行债券的政府能够按时偿还。③健全东西部扶贫协作联动机制，加大东部富裕地区政府、企业对西部贫困地区扶贫资金的投入。这种方式的帮扶资金应该更精准地投入主要的贫困村或者贫困户，以便在最短的时间内见到扶贫脱困的效果，顺便解决西部贫困地区农村的老年贫困问题。

8.3.2 发挥民间组织的作用

民间组织又称非政府组织，在我国产生和发展已经历了很长时间，但学术界对民间组织的概念并未形成统一界定。就官方的界定而言，1994 年《中共中央办公厅、国务院办公厅关于进一步加强民间组织管理工作的通知》（中办发〔1999〕34 号）中，明确将民间组织定义为"由民间力量主办的，为社会提供服务，不以营利为目的的社会组织"。

关于非政府组织的概念，国际上提法众多，如"非营利组织""公民社会组织""志愿组织""慈善组织""免税组织""公益组织""第三部门""非政府部门""独立部门"等。国内外学术界就非政府组织并无统一的界定。1950 年，联合国经济及社会理事会第 288（X）号决议将非政府组织定义为："任何国际组织，凡不是经由政府间协议建立的，都被认为是为某种安排而成立的非政府组织。"非政府组织即是"非政府性"的组织，政府在这一组织的结构中不发挥任何作用。世界银行组织在对非政府组织的解释中重点强调了非政府组织是"非营利性"的组织，注重"非营利性"。目前，比较公认的非政府组织的概念，指依靠社会权利，以增进社会公共利益为组织目标的非官方的、非营利性的社会公共组织（亢犁、杨宇霞，2015）。

非政府组织在世界扶贫史上发挥着重要作用，取得了良好的效果，值得我国借鉴。在宏观层面上，非政府组织可以协助政府为更多贫困人口和处于贫困边缘人口提供服务，是公共部门扶贫的有力补充；在微观层面上，非政府组织利用自己的非官方性质和非营利性质以及程序的简便性，较易受到部分贫困人口的信任，从而比较快速而直接地了解贫困人群的现状和需求，帮助贫困人口尽快获得增加收入所需的必要条件，如基础设施、教育和医疗卫生条件等，而程序较为复杂的公共部门，有可能因为需要较长时间走完研究、评估等程序，从而错失解决贫困人口贫困问题的最佳时机，进而可能失去部分贫困人口的信任。

非政府组织在解决农村贫困问题方面有资金、管理和经验优势。近年来，我国加强了与非政府组织的合作，利用了部分外部资金以尽快解决我国农村的贫困问题，这样的措施也帮助了农村贫困老年人养老问题的解决。这已经充分说明我国政府开始重视非政府组织在解决农村贫困中的作用，为非政府组织帮助解决西部农村老年贫困问题打下了基础。

但是，目前世界上非政府组织众多，良莠不齐，我们需要加强对非政府组织的甄别和选择，防止被不良非政府组织利用。我们应该选择比较好的非政府组织进行合作，以更快解决西部地区老年贫困问题。而且，农村贫困人群，特别是农村老年贫困者除了防风险能力薄弱外，防骗能力也非常弱，所以还应该加强对非政府组织的监管和宣传。

8.4　家庭方面的对策

我们的调查发现，大部分西部农村老年人希望"家庭养老"，希望得到子女的关爱和照顾，这也是目前我国农村的主要养老模式。因此，构建和谐的家庭代际关系，巩固现有家庭养老制度，让所有的农村老年人特别是贫困老年人老有所养，是目前迫切需要解决的问题。重视家庭养老是我国传统文化的精髓之一，但改革开放以来，随着流动人口的不断增加，年青一代离开农村接受了外来文化的冲击，导致农村家庭代际关系紧张，家庭养老受到较大影响，部分老年人由于无收入也无家庭互助陷入贫困。所以，建立新型代际关系对于构建老少和谐、代际融合的社会环境起着重要的作用，也是现代和谐社会的迫切需求。构建和谐的代际关系对于解决我国西部地区农村的家庭养老和防止老年贫困都具有积极意义。

8.4.1　代际关系及影响代际关系的主要因素

代际关系是指两代人之间的人际关系，泛指老年人与年轻人之间的各种社会关系，既存在于家庭之中，如家庭中的父母辈或祖父母辈与儿女、孙子女辈的关系，也存在于社会之中。影响代际关系的因素众多，简单分析这些因素有利于有针对性地构建和谐的家庭代际关系，更好地解决农村老年贫困者的养老问题。

第一，社会变迁对家庭代际关系有比较显著的影响。人类社会一直处于一个不断动态变迁的过程，社会变迁对家庭结构有重要的影响，即家庭结构虽然在一段时间内会表现比较稳定，但是随着社会的长时间变迁，家庭结构也会发生变化。家庭结构是指家庭中成员的构成及其相互联系、相互影响、相互作用的状态。家庭成员之中既有横向的关系组合，也有纵向的关系组合，主要区别在于前者是指同代人之间的关系，而后者是指不同代人的关系。我们这里研究的家庭代际关系主要是指后者，主要表现为"养老"和"扶优"。随着社会的进步、时代的变迁，我国的家庭结构也出现了较大的变化，即家庭规模小型化、家庭结构核心化。家庭结构的这种变化导致家庭的养老功能弱化，在人口老龄化和高龄化的背景下完全依靠家庭养老已经变得不现实：由于家庭结构变化，老年抚养比增大、家庭人均收入下降，"空巢"家庭也在不断增加，使家庭养老功能趋于弱化（吕宜灵，2007）。也有学者认为，虽然家庭结构在变化，但是我国家庭的代际关系并未根本变化，家庭仍然可以承载承上启下的作用，可以作为养老的依靠。特别是农村家庭中，大多数情况下亲情依然是比较可靠的关系，仍然承担着主要的养老功能，社会养老是家庭养老的补充，而不是要取代家庭养老。

第二，社会福利状况将影响代际关系。我们不能否认，即使在目前的现代社会，老年人获得养老资源的主要渠道依然是子女以及代际间的亲属，即代际关系的影响深刻。代际之间资源的流向是双向错时的，一个人从小开始慢慢长大、成家，资源的流向基本是父母流向子女；之后处于一个资源双向同时流动时期，即子女和父母都同时通过劳动取得收入，成为资源双向同时流动的坚实基础；随着父母退出劳动，很有可能再次变为资源单向流动，即由子女流向父母。一个社会福利比较成熟的社会对这种资源的双向流动影响比较大，对代际关系影响比较显著。社会福利越好，老年人就会拥有更多的满足基本生活需要以外的各种资源，子女赡养负担相对较轻甚至还可以从年老父母处获得一些资助，这样代际关系就比较和谐。国外有专家也进行了实证研究，证明国家慷慨的福利供给将会加深亲情并增大代际之间亲近的机会（Kunemund and Rein，1999）。当然，这只是微观层面的表现，即家庭内部的代际关系。从宏观层面分析，国家的福利供给越多，也可能给整个社会的代际关系带来负面影响，因为国家当前的福利支出可能会消耗掉未来社会的福利，所以，任何社会的过度福利都不具有可持续性。而且，社会福利对微观的家庭代际关系也有负面影响，因为社会福利丰富之后，极有可能会将家庭的责任推向弱化的一边，家庭责任的弱化无疑会弱化代际关系的休戚相关性（Abrams and Schmitz，1984）。所以，社会保障制度越是完善，越有可能降低子女向老年父母提供养老资源及相关服务的意愿，从而弱化代际之间的和谐融洽关系。但是从本书的研究角度来看，我们欢迎慷慨的社会福利，因为它解决了老年人的贫困问题。

　　第三，家庭类型转变对代际关系的影响也较大。传统家庭中，父母养育子女是义不容辞的责任，反过来子女赡养父母也是义不容辞的责任，这种"责任观"是中华民族的传统美德。传统家庭在代际关系方面表现为长辈本位，在长辈眼中家庭利益至上，这种代际关系主要是纵向关系，晚辈的利益往往处于被长辈的"安排"之中，所以晚辈的利益及小家庭的利益被忽视了。现代家庭多为平权家庭，家庭比较民主，也相互尊重，代际之间的自由度比较大，由于代际之间的互敬互爱，反而使这种家庭代际关系更容易和谐。当然，不同的家庭类型所体现的代际关系是不同的：①核心家庭代际关系是子女本位，以子女为重，家庭决策也主要体现子女利益。②直系家庭是世代辈分上的纵向连接的直系亲属关系，这种关系既具有凝聚力又存在排斥力。凝聚力主要体现在子女成家之后仍然继续与父母同住，而不是选择分家独居；排斥力主要体现在第二代的同代兄弟姐妹会分出去单独成家立户，从而形成若干个核心家庭，这些核心家庭又会逐渐发展成直系家庭。③联合家庭是由纵向直系亲属和横向旁系亲属关系共同构成的家庭。联合家庭由于子女即使成婚以后基本还是留在父母身边，从而成为具有最强家庭凝聚力的家庭类型。

　　在我国，由于社会经济体制的不断深入以及社会的不断变迁，加之对外开放的不断深化，工业化、现代化和城市化的快速发展，促进了人们思想观念的变化，使传统赡养老年人的直系家庭受到严重的冲击，家庭模式向核心化发展。虽然父母与子女分居，但两代人仍然保持着密切关系，同辈兄弟姐妹之间经常来往。当一方遇到困难时，绝大多数也能互相帮助，尽力而为，形成了理性加感情及以父母为中介的支持型关系。

　　第四，居住方式对代际关系的影响。长辈与晚辈的居住方式体现着一定的代际关系。成年子女是否与父母共同居住会影响与父母的关系，共同居住的子女与父母关系更亲密。居住距离远近将影响子女与父母之间的接触频率，从而也会影响子女与父母的关系。进入21世纪，随着我国社会经济的快速发展，传统的代际关系正在迅速发生变化。比如，随着外出打工的增加、居住条件的改善和经济实力的增强，父母与子女分居生活，各自拥有自己独立的生活空间，已经成为很多老年人的选择，并成为老年人一种理想的晚年生活方式。在我国，虽然父母与子女在经济上基本独立，分居生活，但大多数家庭仍保持着代际关系的传统模式，生活上互相关心互相帮助，关系密切。父母大多数情况下既抚育子女成人，也帮其成家立业，甚至还继续照顾、教育、抚养第三代，这极大地加强了代际之间的频繁接触与联系，增加了精神上的互慰，虽然两代人之间存在代沟，但是代际之间的关系较为和谐也是不争的事实。事实也证明，这种分而不离的居住方式使代际之间的关系比较和谐，是比较协调、比较完美的家庭类型组合形式。

第五，养老方式对代际关系的影响。养老方式是指一个人由于年龄的原因退出社会劳动之后，度过老年（生命的最后）阶段所采取的生活形式。决定养老方式的因素是多方面的，不同社会、不同的发展阶段、不同的生产力发展水平、不同社会结构、不同家庭结构、代际关系等因素都可以影响养老方式的选择。家庭养老方式历时几千年的发展，在我国仍然是不可或缺的养老方式，原因在于家庭养老具有成本相对较低、适应性强、方式方法灵活多样的特点，它充分体现了两代人之间的双向收入转移支付的特征，这一转移支付方式很容易被人们理解和接受，也是家庭养老方式长盛不衰的原因。但是随着我国社会的变迁、社会经济的发展，家庭养老方式也出现了多种形式，主要有共居式家庭养老、分居式养老、居家养老、社区服务等。当然，随着社会保障制度的逐步完善，在未来，家庭不一定是养老资源的直接提供者，但不管怎样，家庭责任、亲情的关怀和互助是永远存在的。所以，在发展现代养老方式的同时，必须吸收传统中国养老文化的核心思想、科学素养，只有这样，才能维护家庭和社会代际关系的双和谐、维护养老方式的科学性。

8.4.2　建立和谐的家庭代际关系，充分发挥家庭养老功能

建立良好的代际关系就是弥合代沟所带来的代际之间的感情差异，使双方相互认同、友好相处，实现代际认可、代际资源共享，完成家庭代际养老，是防止老年贫困的有力措施。实际上，我们的调查研究发现，在西部农村，特别是贫困老年人，有和谐良好的家庭代际关系的并不太多。在被调查的 1519 位有子女的老年人，只有 57.7% 的老年人反映与子女的关系好，与子女关系不好的老年人贫困率明显大于与子女关系好的老年人；在有子女而且不与子女同住的老年人中，有子女经常看望的老年人占 45.3%，33.5% 的老年人反映子女不给赡养费。因此，要解决西部农村老年人的贫困问题，必须要建立和谐的家庭代际关系。

8.4.2.1　重塑社会主义新型孝文化，增强子女的赡养意识

上面的分析表明，社会变迁、社会福利、家庭类型和结构的转变、居住方式和养老方式等都影响代际关系，但是其影响都具有两面性。对于经济条件比较好的农村老年人，不管家庭代际关系如何变化，可能并不会造成基本生活困难的结果；而对于农村贫困老年人来讲，在社会保障不完善的背景下，以子女为核心的家庭代际关系中，如果子女不孝顺、不尽赡养义务，老年人必将陷入贫困。

对于仍处于发展中的中国，国家社会虽然算不上富裕，但是人口老龄化却比较突出，由于多种原因，农村的人口老龄化尤其突出。在社会养老保障体系不健全、老年人口又不断增多的情况下，家庭仍是农村老年人养老的主要依靠，家庭养老仍然是主要的养老方式。在家里，子女不仅为老人提供经济支持和日常照料，还能给老人提供精神支持，避免老人的空虚和寂寞，所以家庭是老年人安度晚年的理想场所，是其他社会保障无法完全替代的。即使子女的经济条件确实不能改善父母的生活，但只要有孝心，日常照顾和陪伴也足以慰藉和温暖老年人。因而，延续千年传统，继续发挥家庭的养老优势仍然是我国西部农村解决贫困老人养老问题的必然选择。

第一，在农村各级镇村地区加强尊老、敬老的宣传教育工作。受现代文明及观念的冲击，传统的养老文化及观念受到一定的排斥，特别是部分年轻人更加排斥，不再愿意承担家庭养老的责任，一定程度上影响了农村老年人的养老。加强传统养老文化的宣传教育，是要宣传其中的健康、科学的部分，不是要强行传教一切所谓的传统文化。所以，主要应该加强"尊老、敬老"等养老文化的宣传，营造良好的尊老、敬老的社会环境和风气，加强社会教育（包括老年人和年轻人），克服不健康的家庭道德观念，倡导文明、和谐、平等的家庭伦理道德观念；定期评选文明家庭和尊老、敬老模范并广泛地宣传，同时给予一定的物质奖励；村干部和邻里之间要加强监督，发现不孝行为，一定要给予谴责和批评教育。总结部分农村地区签订《家庭赡养协议书》的经验，可在西部农村地区推广《家庭赡养协议书》的签订，同时建立起多种形式的农村尊老、敬老社会监督机制。这种方式的宣传推广，将农村家庭养老提高到了社会化管理层面，可以在政府引导、舆论监督、典型带动和基层组织的干预中，尽快形成尊老、敬老的良好社会氛围。

第二，子女赡养父母不能流于形式，甚至互相推诿。要切实考虑老年人的生活需求，要从能实质上改善老年人生活的目的出发。家里有两个老人与一个老人的赡养方式应该有所区别：一个老人生活需要更多的是陪伴，两个老人同住的需要更多的是经济支持，而不是象征性地给点生活费或者生活用品就行，以免出现两个老人更易贫困的现象。对于子女较多的家庭，要切实发挥"多子多福"的优势，预防因子女多而出现互相推诿的现象，造成子女越多越贫困的不正常现象。但上述现象在农村比较普遍，需要全社会的努力和积极倡导。

第三，将农村家庭养老纳入到法治化轨道上来。一是加大并突出《老年人权益保障法》的宣传普及工作，辅以其他相关法律法规的宣传，提高老年人的法律意识，也增强其他社会成员对尊老、爱老相关法律法规的认知。通过相应的宣传教育活动，增强老年人的自我保护意识，增强老年人正确运用社会舆论、法律武器维护自己合法权益的能力。二是司法行政部门要重视老年人的法律援助和法律服务工作，解决老年人的后顾之忧。特别是要做好关于农村老年赡养权案件的法律援助和服务工作，为农村贫困老年人提供尽可能优惠的优质服务。三是人民法院要通过审判及时有效地维护老年人合法权益。特别是人民法院在审理虐待、遗弃、伤害农村老年人刑事案件时，要依法制裁侵犯人身安全和财产权利的犯罪行为（李委沙，2008）。

8.4.2.2　平等对待老年人，避免出现老年歧视

"老年歧视"（Ageism）一词是指专门针对老年人的偏见和歧视，由美国罗伯特·巴特勒首次提出（Butler，1969）。美国学者拉克斯勒（Traxler A. J.，1980）则认为，老年歧视是一种纯粹以年龄为依据进行社会角色分配的现象，是由于年龄原因而对个人或群体做出判断的态度、行为或者制度。中国大百科全书将老年歧视定义为对老年人的成见、偏见以及由此产生的思想和行为。老年歧视是老年人不能得到应有赡养的重要原因，也是老年人口贫困的原因之一，尤其在农村。在农村中尤其是落后的偏远农村，由于老年人文化水平普遍较低，很多又存在身体差、生活习惯不好等问题，常常被看成是弱者和依赖者，被认为是社会或者家庭的负担，因而受到子女和周围邻居乃至社会的歧视。老年人得到赡养是其生存的基本权利，但现实是被歧视的老人根本无法获得相应的养老资源，老年人应有的权利被剥夺，造成社会养老资源分配的不公平。要改变老年歧视这种社

会现象，需要在经济快速发展的同时加强社会精神文明建设，使年轻人在成长过程中养成理性、公正、关爱、尊老、敬老等精神，把尊重老人当成一种习惯，自觉受其约束，自觉摒弃歧视老人的观念。同时，国家、各级政府也应该从政策层面加以完善，促使非老年人群体在构建一个公平的社会过程中扮演更为积极的角色（吴帆，2008）。此外，还需要修订完善相关法律制度，维护老年人的合法权益免受代际侵害，这也是防止老年歧视、解决老年贫困的重要措施。

8.4.2.3 加快西部农村社区建设，发挥社区养老服务功能，为贫困老人解决养老问题打下基础

目前，对老年人的日常生活照料问题是引起代际冲突的一个很重要的原因，特别是有高龄老年人和重病老年人的家庭，最容易爆发代际冲突。所以，加强农村社区建设、丰富社区养老服务功能是解决老年人生活照料问题的重要手段，也是满足不同层次老年人养老需求的重要措施，还能在一定程度上解决代际之间的矛盾。

《中国农村扶贫开发纲要（2011～2020年）》明确提出要加快贫困地区社区建设。民政部民发〔2016〕57号更加明确地提出："各地要抓紧出台深入推进农村社区建设试点工作的具体实施意见，加强对偏远、经济欠发达地区农村社区建设的分类指导，切实增强自治功能和发展能力"。要"促进农村社区建设规划与易地扶贫搬迁规划有效衔接，优先支持易地搬迁安置区配建农村社区综合服务设施。探索培育贫困地区农村社区社会组织、引入社区社会工作服务，动员社会各方面力量扩大贫困地区农村社区服务供给，不断提高服务贫困人口的专业化、精细化水平"。这些政策规定在一定程度上为解决西部地区农村老年贫困的养老问题、提供更好的养老服务打下了坚实的基础。

我们认为，在农村社区建设的同时，还需要及时建立符合西部农村发展要求及发展水平的养老机构，实现部分农村贫困老人的集体养老（在我们的调查访谈中，少数贫困老年人也提出了这方面的要求）。如此一来，在提供西部农村社区养老服务时，要加强功能设计，增加服务项目和服务层次。主要包括：提供上门服务、提供集中供养服务；对经济条件好的老年人提供价格较高的高档次的服务，对经济条件较差老年人提供价格较低的普通服务；同时必须接收贫困老人，尽量多地提供社区养老福利服务，完成政府供养任务。

社区养老服务中，社区养老服务设施建设必须先行。因此，首先要加强农村基层社区初级服务体系的基础设施建设，只有不断完善农村基层社区硬件和软件的养老支持，农村现代家庭养老、社区养老才能可持续健康发展，农村老年贫困问题才可能最终得以解决。

8.4.2.4　加强代际之间的交流与沟通，避免老年人精神贫困

根据我们的调查分析，与子女关系很好的老年人贫困率比关系一般或者不好的老年人的贫困率要低得多，这充分说明了良好代际关系对改善老年人贫困状况的影响。可以利用社会活动资源为代际之间建立一定的沟通渠道，还可通过举办相关的讲座，分别对老年人和年轻人进行指导，让他们了解两代人在生活态度、处事方式以及行为习惯上的特点；农村社区也可以组织一些老年人和青年人共同参加的活动，提供更多可促进两代人情感交流的机会；通过心理辅导和疏导，针对特定家庭的情况进行沟通，鼓励彼此本着相互尊重的基础上，搁置代际之间固有的矛盾冲突，从情感出发，相互关怀和体谅。

和谐的代际关系还是解决贫困老人精神贫困的重要手段。在老年人物质保障逐步满足的同时，还应该重视老年人的精神需求，可以通过立法来着重强调老年人的精神养老保障问题，以强化代与代之间的精神交流，为和谐代际关系打下法制与道德的基础。我们调查的不少老人都希望子女孝顺，多回家看看，也希望子女留在身边多陪伴、多照顾。

精神养老保障，大体上就是老年人的精神赡养问题。精神赡养是指各类社会主体共同关注老年人心理和精神上的各种需求，并为尽量满足老年人的相关需求而采取的行动。精神赡养与其他的养老措施相比较具有明显的相对独立性和不可替代性，因为所有的老年人和其他年龄段的人一样都会有精神需求，只是不同老年人的精神需求不同，精神需求的程度也不同，和其他年龄段的人精神需求也不相同。精神赡养直接关系着老年人的身心健康状况、生活质量和幸福程度（李瑞芬、童春林，2006）。由于西部农村经济较落后，年青一代多外出打工，或者是分户离开父母外出居住，或者部分年轻人歧视老年人等，多种因素影响的结果就是子女一定程度上忽视了老年人的精神需求，或者虽未忽视但无法为老年人提供相应的关爱，或关爱明显不足。要解决精神赡养问题，需要在一定程度上改变外部环境，动员更多的社会力量，因为这需要政府等各类社会主体共同努力一起来

建设强大的精神赡养社会支持体系。同时，老年人自身也需要不断随着社会变迁，增强适应社会和家庭变化的能力。在庞大的社会支持体系中，社区精神养老服务占有重要地位，社区精神养老服务是指社区为满足老年群体人际交往、文化娱乐、社会参与、知识教育等精神需求而开展的一系列服务活动（耿香玲、冯磊，2009）。如果老年人的精神赡养问题解决了，精神养老保障问题也就解决了。

总之，家庭是社会的基本细胞，是解决老年贫困的基础，是农村老年人生活的纽带，是农村老年人财富积累的担当者，还是纾解农村老年精神贫困的关键。所以，重视家庭和谐代际关系的构建是解决西部农村老年贫困的重要措施。

8.5 个人方面的对策

解决西部农村老年贫困，老年人自身的努力是不可或缺的重要因素。老年人自身因素也是导致贫困的重要原因，也是走出贫困的重要因素。我们对西部农村老年贫困群体的调查发现，老年贫困的个体差异比较大，除了收入低下这一基础性原因外，还存在较多贫困个体的原因。所以，要彻底解决这些贫困者的贫困状态，还需要贫困老年人自身的努力，更需要现在的年轻者、未来的老年人共同努力。

8.5.1 积极提高自身素质，为解决老年贫困打下基础

老年贫困者中部分老年人还具有一定的劳动能力，因而必须积极参与劳动，获得劳动报酬，以期以自身的努力达到摆脱贫困的目的。这就需要老年贫困者提高自身素质，适应改革开放时期社会的激烈变革。

（1）要提高自身的思想认识，积极主动参与和适应社会变革，努力改变自身处境和贫困状态。要认识到勤劳是中华民族的美德，即使有了国家、社会、家庭的支持和救助，自己也需要努力面对自身的现状，不能"等、靠、要"，要行动起来积极寻找摆脱贫困的途径。同时要告诫现在还年轻但会慢慢老去的一代人，在年轻的时候要有所储蓄，为自己将要到来的老年生活做准备。本书的调查

显示，有存款利息以及房屋土地设备出租收入者中，贫困率为10.8%；反之，没有这类收入的老年人贫困率高达38.9%，所以趁年轻时储蓄并积累财产非常重要。

（2）要多途径的学习，提高自己适应社会的能力。部分有一定劳动能力的老年贫困者之所以贫困，是因为不善于学习，或者根本不学习。不提高自己的劳动技能，即使有机会通过劳动摆脱贫困状态，但由于缺乏劳动技能而无法把握机会，只能继续贫困。所以，这部分老年贫困者要善于学习，主动学习，积极主动参与政府或社会组织的各种培训，提高劳动技能。

（3）要善于向年轻人学习，克服固执己见的毛病。新时代的年轻人比较善于学习，容易接受新知识和新生事物，对时代的发展比较能够适应，而且有能力的年轻人甚至可以创造新事物。这就需要老年人不仅能够接受年轻人，还应该向年轻人学习，提高自身对社会的适应性，提升自己的素质。当然，需要向年轻人学的是劳动技能、科学知识，而不是学怎么赶时髦。

（4）要多渠道、主动学习医疗健康方面的知识，不要迷信。部分贫困老年人因为缺少文化知识，不能够正确认识自己身体是否健康，即使有病也不积极治疗而是去相信迷信，耽误了治疗时间，最后不得不花费更多的钱去治疗疾病，从而陷入贫困。部分贫困老年人保健知识更是缺乏，最后导致生病，耗完毕生积蓄，走向贫困。所以，一方面政府要加强对西部地区农村人口的医疗保健知识的宣传教育，另一方面老年人自身也要积极学习相关知识，相信科学，用科学的眼光审视自己身体的健康状况，防止生病特别是生大病，防止因病致贫。

8.5.2 改变部分传统观念，避免不必要的贫困

我们的调查发现，部分老年贫困者之所以贫困完全是一些传统观念引起的，如"养儿防老"的观念、坚持长期为子女服务和付出的观念等。在这些传统观念的支撑下，部分老年人子女众多，为子女献出了毕生心血和积累，但最后没有得到该有的回报，走向贫困。比较典型的就是为儿子建房、娶媳妇，有学者称为代际资源向下转移的家庭结构。在农村婚嫁彩礼不断走高的当下，越来越容易导致老年农民的贫困。很多农村老年人，不管自己经济条件好不好，把为儿子建房、娶媳妇当作他们必须要完成的人生任务，他们任劳任怨地付出，很少为自己

着想。建房与娶媳妇通常要花掉农民一辈子的积蓄，甚至要欠很多债，而这笔为儿子欠下的债，有一部分还要靠老人自己来还，因此很容易造成农民老年的贫困，这是比较典型的"恩往下流"现象。这种以儿子为中心的家庭结构中，父母将资源不断向下传递给儿子，很少有回报或者根本没有回报，从而导致老年贫困。在条件较差的农村中，下层家庭面对日益激烈的社会竞争，为了支持子女参与社会竞争，过上更好的生活，代际资源向下传递的幅度更大，代际关系更加不平衡，被一些学者称为"代际剥削"，甚至还出现了不少老年人被利用、被忽悠、被遗弃的比较极端的例子。所以，对处于农村中下阶层的家庭而言，其老人就更容易陷入经济贫困（王翠琴，2016）。

由此可见，老年人必须改变自身的一些观念，不攀比，量力而行，避免在老年到来时陷入贫困境地。同时，子女也需要改变观念，不能事事都靠父母，要自己努力工作、劳动，尽量用自己的积累来走自己的人生道路。

总之，西部地区农村老年贫困问题的治理是一个系统工程，既需要集合政府、社会、家庭和个人的力量攻坚式地攻下这一堡垒，又需要合理科学的安排并坚持长期作战的思路去梳理解决问题。因为老年贫困既是一个时点，也是一个过程，既是绝对的贫困，也是相对的贫困，每天都有老年人摆脱困境，又会有新的老年人陷入贫困，所以老年贫困的解决是复杂的、漫长的，也是困难的。我们解决西部农村老年贫困的对策措施既要着眼于当下，也要着眼于长远，这样制定的对策措施才能保证是系统的、有针对性的，并且是有可持续性的，才能更快地、更高效地解决西部农村老年贫困。

参考文献

[1] Abrams B A, M D Schmitz. The crowding – out effect of governmental trans- fers on private charitable contri – butions: Cross – sectional evidence [J] . National- TaxJournal, 1984 (37): 563 – 568.

[2] Boaz, David. Time for New Thinking About Poverty [J] . Business Journal (Central New York), 2005, 19 (42): 29.

[3] Brady, David. Reconsidering the divergence between elderly, child and o- verall poverty [J] . Research on Aging, 2004, 26 (5): 487 – 510.

[4] Brady, David. Rethinking the sociological measurement of poverty [J] . So- cial Forces, 2003 (81): 715 – 752.

[5] Bulter R N. Age – ism: Another form of Bigotry [J] . Gerontologist, 1969 (9): 234 – 246.

[6] Carr, Dara. Improving the health of the world's poorest people health Bulle- tin [J] . Population Reference Bureau, 2004.

[7] Citro F. Constance and Robert T. Michael. Measuring Poverty: A New Ap- proach [M] . Washington, D. C. : National Academy Press, 1995.

[8] Drury, Tracey. Poverty – related issues tackled by United Way [J] . Busi- ness First of Buffalo, 2008, 24 (53): 6.

[9] Gregorio J D, J W Lee. Education and Income Inequality: New Evidence from Corss – Country Data [J] . Review of Income and Wealth, 2002 (48): 395 – 416.

［10］House J S. Social Relationships and Health ［J］. Science, 1988 （241）: 540 – 545.

［11］Jiang L. Changing Kinship Structure and Its Implications for Old – Age Support in Urban and Rural China ［J］. Population Studies, 1995 （49）: 127 – 145.

［12］Kunemund, Harald, Martin Rein. There is more toreceiving than needing: Theoretical arguments and empirical ex – plorations of crowding in and crowding out ［J］. Ageing and Soci – ety, 1999 （19）: 93 – 121.

［13］Martin Ravallion. Poverty lines in theory and practice ［J］. World Bank First Printing, 1998 （7）.

［14］M. Makiwane, S A Kwizera. An Investigation of Life of the Elderly in South Africa With Specific Reference to Mpumalanga Province ［J］. Applied Reserch in Quality of Life, 2006 （1）: 310.

［15］Sen, Amartya. Development as Freedom ［M］. New York: Anchor Books, 1999.

［16］Smeeding, Timothy M, Lee Rainwater, Gary Burtless. U. S. Poverty in Cross – National Context, 2001.

［17］Steck lov, Guy. Evaluating the Economic Returns to Childbearing in Coted' lvoire ［J］. Population Studies, 1999 （1）: 1 – 17.

［18］t20111207_ 2424983. htm, 2011 – 12 – 07.

［19］Teal F. Education, Incomes, Poverty and Inequality in Ghana in the 1990s. GSAE WPS/2001 – 21, 2001.

［20］Traxler A J. Let's get gerontologized: Developing a sensitivity to aging, 1980.

［21］UN. The Aging of Population and Its Economic and Social Implications ［J］. Population Studies, 1956 （26）: 7.

［22］Winegarden C R. Schooling and Income Distribution ［J］. Economica, 1972 （46）: 83 – 87.

［23］Zimmer, Zachary, and Julia Kwong. Family Size and Support of Older Adults in Urban and Rural China: Current Effects and Future Implications ［J］. Demogra – phy，2003（1）：23 – 44.

　　［24］阿玛蒂亚·森. 贫困与饥荒［M］. 王宇，王文玉译. 北京：商务印书馆，2001.

　　［25］安增龙. 中国农村社会养老保险制度研究［M］. 北京：中国农业出版社，2006.

　　［26］陈友华，苗国. 老年贫困与社会救助［J］. 山东社会科学，2015（7）：104 – 113.

　　［27］陈宗胜，沈扬扬，周云波. 中国农村贫困状况的绝对与相对变动——兼论相对贫困线的设定［J］. 管理世界，2013（1）：67 – 77.

　　［28］程冠杰，汤敏慧. 农村养老保险购买决策的经济模型分析及其启示［J］. 安徽农业科学，2009，37（35）.

　　［29］辞海编辑委员会. 辞海［M］. 上海：上海辞书出版社，2000.

　　［30］道吉曼，王沙. 农村老年贫困现状及社会保障体系构建研究［J］. 金卡工程·经济与法，2011（4）.

　　［31］邓大松，仙蜜花. 新的城乡居民基本养老保险制度实施面临的问题及对策［J］. 经济纵横，2015（9）.

　　［32］丁英顺. 韩国应对老年贫困的启示［J］. 中国人力资源社会保障，2016（4）：35 – 36.

　　［33］杜军林. 西部少数民族农村地区反贫困策略［J］. 农村经济，2013（6）.

　　［34］杜丽红，周忠. 新农村建设中的老年人口贫困问题研究［J］. 四川行政学院学报，2007（1）：65 – 67.

　　［35］多吉才让. 中国最低生活保障制度研究与实践［M］. 北京：人民出版社，2001.

　　［36］葛珺沂. 西部少数民族地区贫困脆弱性研究［J］. 经济问题探索，2013（8）.

　　［37］耿香玲，冯磊. 城镇社区老年群体精神需求与精神养老服务体系的构建——以苏州龙华苑社区为例［J］. 常熟理工学院学报，2009（9）.

　　［38］郭荣丽，吕裔良. 中国老年贫困人口社会救助研究［J］. 理论探

讨，2012.

[39] 郭荣丽．老年人口贫困的成因及对策研究［J］．商业经济，2012（5）．

[40] 郭熙保．论贫困概念的内涵［J］．山东社会科学，2005（12）.

[41] 国家统计局住户调查办公室．2011 中国农村贫困检测报告［M］．北京：中国统计出版社，2011.

[42] 国家统计局住户调查办公室．2016 中国农村贫困检测报告［M］．北京：中国统计出版社，2016.

[43] 国务院扶贫开发领导小组办公室．中国扶贫开发概要［EB/OL］．http：//www. cpad. gov. cn/art/2006/11/20/art_ 46_ 12309. html，2006 - 11 - 20.

[44] 国务院新闻办公室．中国农村扶贫开发白皮书（2001）［EB/OL］．http：//www. people. com. cn/GB/Shizheng/16/20011015/581724. html，2001 - 10 - 15.

[45] 国务院新闻办公室．中国农村扶贫开发纲要（2011—2020）有关情况［EB/OL］．http：//www. agri. cn/V20/SC/jjps/201112/.

[46] 洪兴建，邓倩．中国农村贫困的动态研究［J］．统计研究，2013（5）：25 - 30.

[47] 胡兵，胡宝娣，赖景生．经济增长、收入分配对农村贫困变动的影响［J］．财经研究，2005（8）．

[48] 亢犁，杨宇霞．地方政府管理［M］．重庆：西南师范大学出版社，2015.

[49] 赖志杰．我国新型农村社会养老保险现状研究及推进建议［J］．海南金融，2011（8）．

[50] 雷德雨．"一带一路"建设背景下的西部经济发展：机遇、问题和策略［J］．经济研究参考，2016（8）：50 - 61.

[51] 李俊君．西部地区农村老年贫困影响因素分析［J］．重庆理工大学硕士学位论文，2016.

[52] 李瑞芬，童春林．中国老年人精神赡养问题［J］．中国老年学杂志，2006（12）．

［53］李瑞华．贫困与反贫困的经济学研究［M］．北京：中央编译出版社，2014.

［54］李若建．老人对子女的依靠心态与养老模式选择［J］．社会科学，2000（8）：50－54.

［55］李委沙．消除农村老年人口贫困的路径探讨［J］．江汉论坛，2008（12）.

［56］李小尉．当代中国社会救助史研究论略［J］．辽宁师范大学学报（社会科学版），2006（9）.

［57］李子奈，潘文卿．计量经济学（第三版）［M］．北京：高等教育出版社，2010.

［58］刘昌平，赵洁．新农合制度的医疗服务可及性评价及其影响因素［J］.经济问题，2016（2）：86－91.

［59］刘生龙，李军．健康、劳动参与及中国农村老年贫困［J］．中国农村经济，2012（1）：56－68.

［60］刘颖．农村贫困问题特点、成因及扶贫策略［J］．经济与管理，2013（12）.

［61］刘渊．西部偏远山区农村贫困对象瞄准问题探究［J］．农村经济，2015（4）.

［62］柳如眉，柳清瑞．人口老龄化、老年贫困与养老保障——基于德国的数据与经验［J］．人口与经济，2016（2）：104－114.

［63］吕文婧．贫困理论的系统分析［D］．东北财经大学硕士学位论文，2003.

［64］吕宜灵．家庭养老方式的可行性分析［J］．医学与社会，2007（11）.

［65］罗遐，于立繁．我国农村老年贫困原因分析与对策思考［J］．生产力研究，2009（1）：110－123.

［66］民政部计划财务司．中国民政统计年鉴（1992）［M］．北京：中国社会出版社，1992.

［67］穆治锟．老年贫困：老龄化的人道主义危机［J］．世界知识，2004

（17）.

［68］欧志强，乔勤.“健康扶贫”照亮小康路［N］.山西经济日报，2017 -
04 - 19（006）.

［69］乔晓春.未来农村养老问题的估计和判断［J］.市场与人口分析，
2000（5）.

［70］乔晓春等.对中国老年贫困人口的估计［J］.人口研究，2005（3）.

［71］乔晓春等.中国老年贫困人口特征分析［J］.人口学刊，2006（4）.

［72］秦立建，蒋中一.新型农村合作医疗与城镇居民医疗保险合并研究
［J］.经济体制改革，2012（6）.

［73］时正新，容鸿.中国社会救助体系研究［M］.北京：中国社会出版
社，2002.

［74］世界银行.1990 年世界发展报告［M］.北京：经济出版社，1991.

［75］世界银行.2000/2002 年世界发展报告［M］.北京：中国财政经济出
版社，2001.

［76］孙文中.场域视阈下农村老年贫困问题分析——基于闽西地区 SM 村
的个案调查［J］.华中农业大学学报（社会科学版），2011（5）：67 - 73.

［77］唐钧.完善社会救助制度的思路与对策［J］.社会工作，2004（9）：
24 - 29.

［78］童星，林闽钢.我国农村贫困标准线研究［J］.中国社会科学，1994
（3）.

［79］汪晓文.甘肃农村贫困影响因素分析［J］.兰州大学学报（社会科学
版），2012，40（4）.

［80］王翠琴.农村老年贫困的类型与成因探析——基于鄂东白村的考察
［J］.华中农业大学学报（社会科学版），2016（2）.

［81］王德文，张恺悌.中国老年人口的生活状况与贫困发生率估计［J］.
中国人口科学，2005（1）.

［82］王东进.整合城乡居民医保的关键在于认识自觉与责任担当［J］.中
国医疗保险，2015（8）.

［83］王飞跃.基本养老保险制度建设与老年贫困研究［M］.北京：中国

社会科学出版社，2012.

[84] 王琳. 中国未来老年贫困的风险研究 [J]. 人口与经济，2006 (4).

[85] 王宁，庄亚儿. 中国农村老年贫困与养老保障 [J]. 西北人口，2004 (2).

[86] 王萍萍，徐鑫，郝彦宏. 中国农村贫困标准问题研究 [J]. 调研世界，2015 (8)：3 – 8.

[87] 王瑜，汪三贵. 人口老龄化与农村老年贫困问题——兼论人口流动的影响 [J]. 中国农业大学学报（社会科学版），2014 (3)：108 – 120.

[88] 温永高等. 人口政策学 [M]. 四川：四川人民出版社，2005.

[89] 吴帆. 认知、态度和社会环境：老年歧视的多维解构 [J]. 人口研究，2008 (4).

[90] 谢增毅. 中国社会救助制度：问题、趋势与立法完善 [J]. 社会科学，2014 (12)：91 – 101.

[91] 薛薇. 基于 SPSS 的数据分析（第三版）[M]. 北京：中国人民大学出版社，2014.

[92] 闫坤，刘轶芳. 中国特色的反贫困理论与实践研究 [M]. 北京：中国社会科学出版社，2016.

[93] 严佩升. 欠发达地区农村老年贫困现状及贫困防治政策体系研究 [J]. 经济与管理，2014 (6)：237 – 243.

[94] 杨菊华，陈志光. 老年绝对经济贫困的影响因素：一个定量和定性分析 [J]. 人口研究，2010 (5)：52 – 67.

[95] 杨菊华，姜向群，陈志光. 老年社会贫困影响因素的定量和定性分析 [J]. 人口学刊，2010 (4)：30 – 40.

[96] 杨菊华. 人口转变与老年贫困 [M]. 北京：中国人民大学出版社，2011.

[97] 杨菊华. 人口转变与老年贫困问题的理论思考 [J]. 中国人口科学，2007 (5).

[98] 杨立雄. 社会救助研究 [M]. 北京：经济日报出版社，2008.

[99] 杨立雄. 中国老年贫困人口规模研究 [J]. 人口学刊，2011 (4)：

37 – 45.

　　［100］于学军．从上海看中国老年人口贫困与保障［J］．人口研究，2003
（3）．

　　［101］于学军．积极预防和治理老年贫困［J］．人口与计划生育，2002
（5）．

　　［102］于学军．老年人口贫困问题研究//中国老龄科学研究中心．中国城乡
老年人日状况一次性抽样调查数据分析［M］．北京：中国标准出版社，2003.

　　［103］曾学华．农村老年贫困的成因及对策研究［J］．生产力研究，2016
（2）：86 – 99.

　　［104］张军．中国经济未尽的改革［M］．张媛译．北京：东方出版
社，2015.

　　［105］张磊等．中国扶贫开发政策演变（1949 ~ 2005）［M］．北京：中国
财政经济出版社，2007.

　　［106］张莉莉．对贫困含义的理解［J］．经济研究导刊，2006（5）．

　　［107］张立东．中国农村贫困代际传递实证研究［J］．中国人口·资源与
环境，2013（6）：45 – 50.

　　［108］张艳玲．立法社会救助［J］．财经，2008（9）．

　　［109］张映芹，郭维维．中国农村贫困的西部集中化特征及其成因［J］．
陕西师范大学学报（哲学社会科学版），2015（3）：13 – 20.

　　［110］章晓英，李俊君．西部地区农村老年贫困影响因素实证分析——基于
西部地区 106 个村落的调查数据［J］．重庆理工大学学报（社会科学版），2016
（11）：67 – 74.

　　［111］章晓英，王筱欣．农民参加新农保的影响因素实证分析［J］．重庆
理工大学学报，2013（7）：26 – 31.

　　［112］章元，丁绎镁．一个"农业大国"的反贫困之战——中国农村扶贫
政策分析［J］．南方经济，2008（3）：3 – 17.

　　［113］赵曦．中国西部农村反贫困模式研究［M］．北京：商务印书
馆，2009.

　　［114］郑功成．论中国特色的社会保障道路［M］．武汉：武汉大学出版

社，1997.

[115] 郑功成. 社会保障学 [M]. 北京：中国劳动社会保障出版社，2007.

[116] 中国发展研究基金会. 农村全面建成小康社会之路 [M]. 北京：中国发展出版社，2015.

[117] 中华人民共和国国家统计局. 中国统计年鉴（2015）[M]. 北京：中国统计出版社，2015.

[118] 中华人民共和国劳动和社会保障部. 1998 年劳动和社会保障事业发展年度统计公报.

[119] 中华人民共和国民政部. 中国民政统计年鉴（2014）[M]. 北京：中国统计出版社，2014.

[120] 周怡. 解读社会：文化与结构的视角 [M]. 北京：社会科学文献出版社，2004.

[121] 周忠，孙开庆. 转型期我国农村老年贫困问题成因及对策思考[J]. 中共四川省委省级机关党校学报，2009（1）：53－55.

[122] 朱德云. 我国贫困群体社会救助研究 [J]. 当代经济研究，2011（8）：51－55.

[123] 朱玲，蒋中一. 以工代赈与缓解贫困 [M]. 上海：上海三联书店，上海人民出版社，1994.

[124] 朱玲. 应对极端贫困和边缘化：来自中国农村的经验 [J]. 经济学动态，2011（7）：27－34.

[125] 朱庆芳. 从指标体系看老年人口的贫困化 [J]. 中国党政干部论坛，2005（8）.

附录 抽样调查问卷

问卷编码

《中国西部地区农村老年贫困问题研究》

个人调查问卷

调查说明：本调查系国家社会科学基金项目《中国西部地区农村老年贫困问题研究》的研究内容，由重庆理工大学承担本次调查任务。现在占用您一点时间，希望您配合，谢谢。您的合作有助于政府了解农村老年贫困的现状和成因，有助于政府进一步完善对农村老年人口的生活和医疗救助政策，为您的生活提供更多的帮助。所有调查信息仅用于研究用途，将根据有关法规对个人及家庭信息严格保密。

调查对象：农村常住 60 岁及以上老年人口。

调查地点：_____省（市、区）_____市（县）_____镇（乡）_____村

被调查人联系信息		调查者信息	
姓名：	电话：	调查员姓名：	学号：
调查日期： 年 月 日		数据录入员姓名：	学号：

A 个人及家庭信息

A1. 您的性别：1. 男 2. 女

A2. 您的年龄：_____

A3. 您的民族：1. 少数民族 2. 汉族

A4. 您的文化程度：

1. 不识字或识字很少 2. 小学 3. 初中 4. 高中及以上

A5. 您的婚姻状况：1. 从未结婚 2. 已婚 3. 离婚 4. 丧偶

A6. 您的子女数：1. 无（无须回答 A9. ~ A11.，B5. ~ B6.） 2.1 个 3.2 个 4.3 个及以上

A7. 您家常住人口有几人（住在一起的）：_____

A8. 您与谁同住？1. 独居 2. 与老伴同住 3. 与子女同住（跳到 A11）

4. 与亲戚朋友同住

A9. 您是否有子女住在附近？

1. 有 2. 没有，外出打工 3. 没有，外出经商 4. 其他_____

A10. 您的子女是否经常来看您？1. 经常 2. 很少 3. 基本不来

A11. 您与子女的关系如何？1. 很好 2. 一般 3. 不好

A12. 您有自己的住房吗？1. 有 2. 没有

A13. 您的住房条件是：1. 楼房 2. 砖瓦房 3. 土坯房 4. 其他_____

住房面积（建筑面积，每层楼面积相加）：_____平方米。

B 经济收入与支持信息

B1. 您目前是否从事有收入的劳动和工作？1. 是 2. 否（跳到 B4.）

B2. 您的工作性质是：1. 务农 2. 打工 3. 做小生意 4. 其他_____

B3. 您每年的劳动和工作收入大概有多少（扣除成本）_____元？

B4. 您有没有存款利息以及房屋、土地和设备出租等收入？

1. 有，_____元/每年 2. 没有

B5. 您子女的经济状况如何？1. 好　2. 一般　3. 不好

B6. 您的子女每年给您的生活费是_____元。

B7. 您目前参加哪些养老保险？

1. 新型农村养老保险（新农保）　2. 城镇居民社会养老保险　3. 商业养老保险　4. 其他养老保险　5. 没有参加任何养老保险（跳到 B9.）

B8. 您每个月领取的养老保险金是_____元。

B9. 您现在是否正在拿低保？1. 是，金额是_____元/每月　2. 否

B10. 政府和集体还有没有其他补贴和救济金发给您？

1. 有，金额是_____元/每月　2. 没有

B11. 您上个月的基本生活开支是_____元（不含看病）。

B12. 您感觉自己的经济状况如何？

1. 很困难　2. 比较困难　3. 一般　4. 比较宽裕　5. 很宽裕

C　健康与医疗保障

C1. 您的健康状况：1. 差　2. 一般（无明显疾病）　3. 好

C2. 您的残疾状况：1. 无残疾　2. 肢体残疾　3. 听力语言残疾　4. 视力残疾　5. 其他残疾

C3. 您平常生病了，会怎么办？1. 忽略或者撑过去　2. 自己配药　3. 看医生

C4. 您的医疗费用主要来源于：

1. 新型农村合作医疗（新农合）　2. 商业医疗保险　3. 完全自费　4. 其他

C5. 您去年的医疗费用支出是_____元，其中自费_____元。

C6. 您和您的家人能够承担您的医疗费用吗？

1. 能够承担　2. 基本能够承担　3. 比较困难　4. 不能承担

D　生活照顾和满意程度

D1. 您目前的基本生活自理能力如何？1. 能自理　2. 半自理　3. 完全不能自理

D2. 是否有人长期帮助和照顾您？1. 有　2. 没有（跳到 D4.）

D3. 请问是哪些人在帮助和照顾您？1. 子女和家人　2. 保姆　3. 亲戚朋友或邻居　4. 养老服务人员、志愿者、义工等

D4. 您对自己的生活状况满意吗？

1. 很不满意　2. 不太满意　3. 一般　4. 比较满意　5. 很满意

D5. 您希望自己最好在哪里养老？

1. 家庭养老（完全靠自己或者家人，不依赖社会）

2. 社会养老机构（养老院、老年公寓等）

3. 社区养老（住在自己家，社区提供养老服务）

4. 其他

D6. 您现在主要靠什么养老（可多选）？

1. 子女　2. 自己的收入和退休金　3. 养老保险金　4. 低保及各种社会救助

5. 其他

D7. 您最担心的问题是什么？

1. 没有收入来源　2. 生病时不能支付医疗费　3. 晚年生活没人照料　4. 子女过得不好　5. 其他

D8. 您最迫切需要解决的问题是：

1. 基本生活保障　2. 医疗保障　3. 改善住房条件　4. 改善生活照料　5. 消除孤独　6. 其他

☆除了上述问题以外，您对晚年生活还有哪些诉求或者意见？

再次感谢您的合作，祝您身体健康，谢谢！

后 记

本书系根据国家社会科学基金项目"中国西部地区农村老年贫困问题研究"（项目批准号：12XRK005）的研究成果修改而成。

在我国的经济发展过程中，落后的西部经济、"三农"问题、老年问题、贫困问题等一直是我国需要重点关注和努力解决的问题，任何一个问题的解决都极其不易。本书研究的是西部农村老年贫困问题，正好把四个关键词叠加在一起，西部农村的老年人口应该是最为贫困的一个群体，由此也决定了本书的重要程度。目前国内对于贫困和农村贫困的研究比较多，但对于老年贫困尤其是农村老年贫困的研究很少，西部农村老年贫困的研究成果就更为少见。研究老年贫困、农村老年贫困，必须要有老年人的收入数据，但目前各个部门还没有这种数据，已有文献对于农村老年贫困的研究都是基于某个课题组的调查。因此，本书所需要的数据需要亲自组织调查，且涉及西部 12 个省、市、自治区，所以研究工作量很大。

本书的抽样调查是在 2013～2015 年期间完成的，随着经济的发展、社会的进步以及我国扶贫攻坚工作的逐渐推进，西部农村老年人的贫困情况可能已经有所改善，但本书发现的西部农村老年人的贫困现状、特征、成因等问题的总体规律是不变的，提出的对策是与时俱进的，紧密结合了实际变化。虽然基金项目的研究暂时告一段落，但笔者对西部农村老年贫困的研究还将继续，展开对西部农村老年贫困新的调查，对比前后不同时间的调查结果，研究其发展变化趋势，进行动态跟踪，持之以恒地研究西部农村老年贫困，为我国的扶贫工作提供系列参考意见。

在研究过程中，得到了全国哲学社会科学规划办公室、重庆市社会科学界联合会、重庆市统计局、重庆市民政局、重庆市扶贫开发办公室、重庆市老龄工作委员会、重庆调查总队农村住户调查处、重庆市人力资源和社会保障局及重庆理工大学科研处等许多单位的热情帮助和大力支持，为本书提供了大量的宝贵资料和研究信息，并提出了许多宝贵意见，使本书能够顺利完成。感谢基金项目课题组郑茜、秦雷、漆晓均等老师的大力支持和辛勤付出，感谢学校的许多研究生、本科生为本书的调查、整理所付出的劳动。

最后，向为本书出版提供全力支持的经济管理出版社的编辑致以由衷的感谢。

章晓英

2019 年 7 月于重庆理工大学